한자의 즐거움

■ 한 손에 잡히는 중국, 차이나하우스

한자의 즐거움

이규갑李圭甲 지음

차이나하우스

머리말

　이 책이 나오게 된 연유를 되돌아 생각하니 실로 뜻밖의 일이다. 작년 이맘때 한자漢字를 전공으로 하지 않는 학생들을 대상으로 '중국문화와 예술'이란 과목을 강의했었다.
　중국문화를 이해함에 있어서 한자에 대한 설명이 없으면 안 될 것이라는 생각에서 잠시 동안 한자에 대해 상식이 될만한 여러 가지 사항들을 이야기하게 되었는데, 학생들의 반응이 내 마음과 같지 않았다. 그 연고를 물은즉, 학생들의 한자에 대한 이해 수준이 나의 추측과는 상당한 거리가 있었던 것이다.
　그래서 학생들에게 한자의 모든 것에 대해 알고 싶은 것을 아무 것이라도 적어 내라고 하니, 그 질문의 종류가 너무도 다양하여, 평범한 것부터 기발한 것까지, 나아가 평소 내가 그리 심각하게 생각해본 적이 없는 내용까지 다수 포함되어 있었다.
　그래서 이들에 대한 공부도 할 겸, 이에 대한 답변 형식의 글을 쓰지 않을 수가 없었는데, 그것을 정리하다 보니 이렇게 한 권의 책으로 엮어지게 되었다.
　처음에 그 질문들을 접했을 때는 답변에 그다지 커다란 문제점이 없을 것으로 막연히 생각했다. 그러나 하나하나에 대한 글을 써가면서 새삼 답변의 어려움을 느끼게 되었으며, 평소에 늘 알고 있으며, 언제든지 답변이 가능한 것들이라고 여기고 있었던 것들조차도 막상 글로 옮기려니 내 신의 머리 속에 들어있는 지식의 한계를 느끼지 않을 수 없었다.

그래서 부득이 적지 않은 선학先學들의 저술들을 참고하기도 하고, 기존의 연구 결과가 없던 것은 스스로 고찰하면서 지면을 채워나갔다.

내용의 수준 조절도 쉽지 않았다. 너무 쉽게 쓰다 보면 내용의 소홀함이 지나치고, 자세한 내용까지 쓰다 보니 일반인들이 알 필요가 없는 부분이 아닌가 하는 경계심도 생겨 생각의 방황彷徨이 한 동안 지속되었다.

그런 과정을 거치면서 한자를 전공하지 않은 일반인들이 쉽게 읽을 수가 있으면서, 전공하는 사람들도 재미삼아 읽다가 간혹 일말一抹의 참고가 될 수 있는 중도의 수준에 맞추려고 노력하였다.

한글을 사용하는 요즘 사람들의 한자에 대한 인식은, 한자가 우리말에서 차지하는 비중의 높고 낮음을 떠나 대체적으로 낮다고 말할 수 있다.

그런데 우리가 사용하는 글이 거의가 한글로 가능하다고 해도, 우리말에는 이미 상당수의 한자어漢字語가 포함되어 있으므로, 그것들에 대한 이해는 한글의 이해를 보다 쉽게 만들어준다. 비록 한글 전용을 한다고 해도 한자를 알면서 사용치 않는 것과 몰라서 안 쓰는 것에는 상당한 차이가 있다.

그런 면에서 우리는 한자에 대해 어느 정도의 상식을 가져야 하며, 그것이 우리말을 보다 더 아름답게 구사할 수 있는 지름길이 될 수도 있는 것이다.

이 책은 그러한 한자에 대한 상식을 널리 알리기 위해 쓴 것이며, 이를 통해 한자에 대한 관심이 보다 많이 생겨나기를 기대하는 소박한 마음에서 엮은 것이다.

그러나 이것을 만들어가는 과정에서 내가 글쓰는 재주가 미약하다는 사실을 다시 한번 확인했으며, 이런 부족한 부분을 위해 자신들의 바쁨을 돌보지 않고 흔쾌히 도와준 우리 대학의 윤창준, 김시연, 김준용, 김은희, 김지현 다섯 동학同學에게 깊은 감사를 드린다.

아울러 자료 조사의 어려움을 도와준 여러 대학원생에게도 사의謝意를 표하며, 내용상의 문제점에 대해 많은 독자들의 아낌없는 가르침을 기대한다.

2000년 5월
신촌(新村)의 연구실에서
이 규 갑

개정 증보판에 부쳐

이 책은 2000년에 출간된 초판 『한자가 궁금하다』의 표지와 내용을 수정·보완한 개정 증보판이다.

2000년 7월 본서를 출간한 이래 독자 여러분의 성원으로 15년이 지난 지금 개정 증보판을 낼 수있게 된 것에 謝意를 표한다. 오자와 탈자를 비롯해 잘못된 부분은 수정하고, 부족한 부분은 보충하였다. 초반에 비해 모양이 갖춰지기는 했지만, 아직도 내용에 부족한 면이 적지 않다. 이에 독자 여러분의 高見과 叱正을 구하는 바이다.

2016년 04월
이 규 갑

목차

제1부
한자의 창제

한자는 언제 만들어졌을까 ································ 12
한자는 누가 만들었을까 ································ 15
한자는 어떤 과정을 거치며 만들어졌을까 ················ 17
한자는 모두 몇 자일까 ································ 24
한자 창제 전에는 무엇을 사용했을까 ···················· 28
옛 글자는 어떻게 알아냈을까 ·························· 34
한자는 무엇으로 썼을까 ································ 38
한자는 어디에 썼을까 ································ 45
한자(漢字)라는 명칭은 언제 붙여졌을까 ················ 54
한자의 발음은 어떻게 정했을까 ························ 60
한자는 언제 우리나라에 들어왔을까 ···················· 64

제2부
한자의 변천

한자는 어떻게 변해왔나 ································ 74
거북 등에 새겨진 한자, 갑골문(甲骨文) ················ 80
청동기(靑銅器)에 쓰인 한자, 금문(金文) ················ 86
인장(印章)의 모범, 전서(篆書) ························ 90
단아(端雅)한 글자, 예서(隸書) ························ 95
흘려 쓴 글자, 초서(草書) ······························ 102
모범적인 글자, 해서(楷書) ···························· 107
일반인의 필기체, 행서(行書) ·························· 113
중국 대륙의 문맹퇴치, 간체자(簡體字) ················ 119
다른 나라에서 만들어진 한자들 ························ 126
나라마다 모양이 다른 한자 ···························· 132
새로 생기는 한자와 사라지는 한자 ···················· 135

제3부
한자의 배우기의 기본

- 편방(偏旁) ·· 142
- 편방이 같아도 결합에 다라 다른 글자가 된다 ················· 147
- 같은 편방이라도 글자에 따라 편방 모양이 다를 수 있다 ········· 156
- 부수(部首) ·· 161
- 가장 많은 글자를 거느리고 있는 부수자 ························· 167
- 필획(筆劃) ·· 171
- 자전(字典)과 사전(辭典) ·· 175
- 자전에서 한자 찾는 법 ··· 179
- 한자는 몇 자를 배우면 되나 ··· 188
- 한자 교육용 교재, 천자문(千字文) ····································· 191
- 서로 구별이 어려운 한자들 ··· 197
- 같은 글자라도 음이 다르면 뜻이 다르다 ··························· 199

제4부
한자와 한자문화

- 한문이 세로쓰기를 해온 까닭 ··· 210
- 한문은 왜 띄어쓰기를 안 하나 ··· 215
- 중국의 글자는 한자밖에 없나 ··· 220
- 가장 많이 사용되는 한자 ··· 226
- 중국보다 한국에서 더 많이 쓰는 글자 ····························· 232
- 중국인들이 좋아하는 글자와 싫어하는 글자 ··················· 236
- 피휘자(避諱字) ·· 243
- 중국의 기발한 외래어 표기 ··· 248
- 한자는 컴퓨터에 어떻게 입력시키나 ································· 254

- 부록 ·· 261
- 색인 ·· 326

제 1 부

한자의 창제

한자는 언제 만들어졌을까

우리가 사용하는 한글은 지금부터 약 500여 년 전인 세종대왕 때에 만들어졌다. 그렇다면 그 전부터 써오던 한자는 언제부터 만들어졌을까? 이에 대한 정확한 대답을 하기란 실로 불가능하다.

한글은 그것을 만든 동기와 목적, 그리고 창제와 반포시기가 명확히 기록되어 있는 반면, 한자는 처음 만들어졌을 당시의 기록이 아무것도 없기 때문이다. 한자의 창제에 대해 알고자 한다면 사용된 최초의 시기가 어느 때인가를 살핌으로써 대략적인 추측만 할 수 있을 것이다.

지금까지 발견된 초기 한자는 금문金文과 갑골문甲骨文, 더 거슬러 올라가 도문陶文까지를 한자로 볼 수 있을 것이다. 금문은 사용시기가 3,000년 전부터이고, 갑골문은 3,300년 전이며, 도문은 그보다 훨씬 이전인 6,800년 전부터 나타나고 있다. 하지만 도문이 과연 한자인가의 여부를 놓고 아직도 많은 논란이 벌어지고 있기 때문에, 도문을 제외하고 누구나 한자로 인정하는 갑골문을 가지고 계산한다 하더라도 최소 3,300년 전에는 한자가 사용되었다.

갑골문을 대상으로 살펴보아도, 갑골문의 글자 형태나 구조를 살펴보면 글자가 어느 정도 발전된 단계에서 나타나는 형성문자形聲文字 등이 이미 존재하는 것으로 보아 이것은 벌써 상당

금문(金文)
청동기에 주조되거나 새겨진 문자. 주된 사용시기는 서주(西周)시대로, 서주금문이라고도 한다.

갑골문(甲骨文)
거북껍질과 짐승 뼈에 새겨진 문자. 지금으로부터 약 3,300년 전의 중국 고대 은나라의 역사·사회·문화를 기록한 역사 문헌이다.

도문(陶文)
중국 고대 토기의 표면에 새겨진 부호와 명문(銘文).

히 발전된 단계의 글자라는 것을 알 수 있다. 그렇다면 초기의 한자는 이보다 먼저 만들어졌을 것이 분명하다. 그래서 일부 학자들 중에는 이를 근거로 한자가 만들어진 시기를 추정하고 있다.

이효정李孝定은 갑골문의 사용 시기와 글자모양의 변화기간 등을 통해 한자가 만들어진 시기를 최소 3,800년 전으로 추측하고 있다. 그에 의하면 갑골문이 일반적으로 사용된 시기는 3,300년 전이며, 이때부터 갑골문과 모양이 약간 다른 소전小篆이 유행한 2,200여 년 전까지는 약 1,000년의 세월이 소요된 것으로 보인다. 이 시기는 사회정세가 매우 불안정한 시기로, 사회가 불안정하면 문화의 변천속도도 매우 빨라 모든 것이 많이 바뀌게 된다. 그런데도 글자의 모양이 약간 다른 모습으로 변하는데 약 천 년이 걸렸다면, 그 반대로 갑골문에서 최초의 한자까지는 보다 많은 기간이 흘렀을 것이다. 왜냐하면 갑골문 이전 시기는 사회적으로 매우 안정된 시기였기 때문에 문화의 변화과정이 매우 느렸을 것이기 때문이다.

이렇게 볼 때 최초의 한자는 갑골문보다 1,500년 이상은 앞섰을 것이라는 추정도 가능하며, 좀 양보한다 하더라도 1,000년 이상, 또 아무리 적게 잡아도 500년 이상은 된다. 따라서 최초의 한자 발생 시기를 적어도 3,800년 이전일 것이라 말하고 있는 것이다.

반면에 당란唐蘭은 도문陶文을 한자로 보고 그것이 6,000~7,000년 이전에 만들어진 형태이므로 최초의 한자는 적어도 그 이전에 생성되었으며, 더 나아가 1만 년 전에 만들어졌을 가능성이 있다고 말하고 있다.

앞에서도 언급한 바와 같이 일반적으로 갑골문이 최초의 한

이효정(李孝定)
중국의 문자학자로서 주로 대만에서 활동했으며, 저서로는 『갑골문자집석(甲骨文字集釋)』 등이 있다.

당란(唐蘭)
중국의 문자학자로서 『고문자학도론(古文字學導論)』을 저술하였다.

반파도문(半坡陶文)

자로 여겨지고 있고 도문이 한자인가에 대한 논란이 지속되고 있다. 하지만 필자가 도문을 보다 체계적으로 분석해본 결과, 그것은 한자가 틀림없다고 생각한다. 이 도문 중에 가장 오래된 것은 서안西安의 반파半坡 유적지에서 발견된 반파도문인데, 이것의 사용연대를 나이테 측정 방법으로 계산한 결과에 의하면 약 6,800년 전이 된다. 여기에서 발견된 도문 22종은 현재까지 발견된 것 중에서는 가장 오래된 형태이지만 그것이 결코 최초의 한자라고 볼 수는 없다. 앞으로 그것보다 더 오래된 도문이 발견될 수도 있기 때문이다. 게다가 도문이 써진 도자기는 보통 글자를 쓰는 재료가 아닌데도, 그곳에 써진 글자가 지금까지 발견된 것만 22종이라는 사실은 이 외에도 훨씬 더 많은 글자가 당시에 이미 사용되었을 것이며, 이에 따라 최초의 한자는 이보다 더 오래되었을 것으로 추정되는 것이다.

그러나 그 시기가 언제였나 하는 문제는 현재로서는 결코 쉽게 해결할 수 없다. 다만 현재까지 발견된 자료만으로 볼 때 한자는 최소한 6,800년 전에 만들어졌다는 것 정도만을 알 수 있다.

한자는 누가 만들었을까

옛날의 많은 기록들, 예컨대 『한비자韓非子』나 『여씨춘추呂氏春秋』같은 책에 의하면 한자는 창힐倉頡이라는 사람이 만들었다고 한다. 그런데 창힐이란 사람이 누구이며 어느 시기의 사람인가에 대해서는 의견이 분분하다. 단순히 상고上古 시기의 사람이라고도 하고, 상고시기의 황제皇帝라고도 하며, 황제黃帝 때의 사관史官이라고도 한다. 아울러 한자를 만든 것에 대해서도 이 사람이 어려서부터 한자를 만들었다고 말하기도 하고, 심지어는 태어나면서부터 글자를 잘 알아 한자를 만들게 되었다고도 하여 마치 신神과 비슷한 사람으로 묘사하기도 했다. 나중에는 그가 한자를 만든 방법까지 구체적으로 서술하여, 자연계의 사물 모양이나 짐승들의 발자국을 본떠 한자를 만들었다고 하는 기록도 생겨났다.

그러나 창힐이 실존인물인가에 대해서는 아직 믿을만한 증거가 없다. 만일 실존했던 사람이라 하더라도 그 사람 혼자서 한

창힐(倉頡)

창힐(倉頡)
중국 고대의 전설적 인물. 모래 위에 남겨진 새의 발자취를 보고 처음으로 문자를 고안해 냈다고 전해진다.

자를 만들었다는 말은 수긍하기 어렵다. 왜냐하면 글자라는 것은 한 개인이 만들 수가 있는 것이 아니며, 또한 한 시기에 만들 수 있는 것이 아니기 때문이다.

그렇다면 창힐과 한자는 어떤 관계일까? 순자荀子에 의하면 "창힐이라는 사람이 한자를 매우 좋아하여 한자에 관련된 일에 전념하였으며, 그래서 한자를 잘 정리하여 후세에 전했다"고 한다. 그 말이 사실이라면 창힐이 실제로 존재했었다는 가정 하에, 다만 한자를 잘 정리한 사람이라 생각할 수 있을 것이다.

그렇다면 한자는 과연 누가 만들었을까? 글자는 오래된 것일수록 한 개인이 만들 수가 없다. 왜냐하면 글자란 서로의 약속에 의해 사용되어질 때 생명을 얻게 되는 것인데, 한 개인이 많은 글자들을 만들어 많은 사람들에게 그것의 의미를 이해시키고 공동의 약속을 얻기란 실로 불가능하기 때문이다. 따라서 한자는 여러 사람이 오랜 기간을 거치면서 조금씩 만들어온 것으로 보아야 할 것이다.

한자는 어떤 과정을 거치며 만들어졌을까

한자가 없었을 때는 그림이나 새끼매듭결승(結繩), 부호새김서계(書契) 등과 같은 간단한 방법으로 자신들의 의사를 전달하였다. 이 그림에서 좀 더 추상적이면서 간단한 형태로 발전된 것이 한자이다. 즉 한자는 사물의 모양을 본떠 만드는 상형象形의 방식에 의해 만들어진 것이다.

그렇다면 모든 한자가 상형의 방식으로 만들어진 것일까? 그렇지는 않다. 처음에는 한자가 상형의 방식으로 만들어졌지만, 이러한 방식으로 만들 수 있는 한자의 숫자는 제한될 수밖에 없었다. 사람들이 표현하고자 하는 의사意思가 점점 많아짐에 따라 이를 충족시키기 위해 또 다른 방식으로 글자를 만들어야만 했던 것이다.

앞에서도 말했듯이 한자를 만드는 가장 처음의 방식은 사물의 모양을 본뜨는 것, 즉 사물의 외형을 전체 윤곽이나 특정 부위만을 간략하게 그려 만드는 것이다. 그러나 이것은 하나의 형상만을 그리는 것이기 때문에 그리려는 사물을 바라보는 각도에 따라 다양한 글자들이 만들어졌다. 이를 몇 가지만 살펴보자.

:: 앞에서 보고 그린 것
　大(大): 사람, 특히 성인(成人)의 전체 모습을 그린 것.
　自(自): 사람의 얼굴에 있는 코를 그린 것.

:: 옆에서 보고 그린 것
　馬(馬): 말의 모습을 그린 것.
　人(人): 사람의 모습을 그린 것.

:: 아래에서 위로 쳐다보고 그린 것
　燕(燕): 제비가 날아가는 모습을 그린 것.
　申(申): 하늘에서 번개 치는 모습을 그린 것.

:: 위에서 아래로 내려다보고 그린 것
　行(行): 사방으로 뻗은 길거리를 그린 것.
　卜(卜): 점치기 위해 쑥 불을 놓은 거북의 뼈가 갈라지는 것을 그린 것.

:: 단면(斷面)을 그린 것
　臼(臼): 절구의 모습을 단면으로 그린 것.
　心(心): 사람의 심장을 그린 것.

　위의 방식으로 만든 글자들은 모두 간단한 의미를 지닌 것들이다. 그런데 이러한 방식으로 글자를 만들다 보니, 약간 어려운 의미는 나타내기가 어려웠다. 그래서 찾은 새로운 방식 중 가장 쉬운 방식은 부호를 이용하는 것이었다. 즉 숫자는 一일, 二이, 十십 등으로 표시하고, '나눈다'는 의미는 八팔이라는 부호로 표현하며, 위와 아래는 上상과 下하로 표기하였다.

그 외의 방법으로 이미 만들어진 상형문자象形文字에 일부의 모양을 더하여 다른 의미를 만들었는데, 그 예를 들면 다음과 같다.

> :: 木( )과 果( ): 나무 위에 과일의 모양을 더해 과일의 의미인 果(과)를 만든 것임(果는 본래 과일의 뜻).
> :: 目( )과 眉( ): 눈 위에 눈썹의 모양을 더해 눈썹을 의미하는 眉(미)를 만든 것임.
> :: 刀( )와 刃( ): 칼의 칼날 부분에 그곳이 칼날임을 표시하는 부호를 더해 刃(인)을 만든 것임.
> :: 又( )와 尹( ): 본래 손을 의미하는 又(우)에 침의 형태를 더해 손으로 침을 놓는 것을 표시하는 尹(윤)을 만든 것임.

위의 단계 다음에는 하나의 글자에 다른 글자를 합치는 방식이 나타났다. 즉 이미 존재하는 두 개 이상의 글자를 합쳐 새로운 의미를 나타내는 글자를 만드는 방식이었다. 여기에는 같은 모양의 글자를 합쳐 만든 것도 있고, 다른 글자들을 합쳐 만든 것도 있다. 하나의 글자에 다른 자형字形을 더해 만드는 기본적인 방식 외에, 다시 그 위에 또 다른 글자를 더함으로써 새로운 글자를 만들게 되었다. 다시 말해 이때부터는 다른 글자들을 조합하여 수많은 글자를 만들 수가 있었다.

이렇게 글자에 글자를 더해 만드는 방법은 그 결합방식이 매우 다양하여 위아래로 글자가 결합되는 것이 있는가 하면, 좌우

육서(六書)
한자를 구성하는 여섯 가지 원리. 상형(象形), 상사(象事), 상의(象意), 상성(象聲), 전주(轉注), 가차(假借)가 이에 해당된다.

나 내외, 혹은 혼합된 형태로 결합되기도 한다. 이렇게 다양한 결합위치를 갖는 것은 글자의 의미를 정확하게 나타내기 위한 것으로, 만약 결합하는 위치를 바꾼다면 그 의미가 변질되거나 아주 다른 의미가 되어 버린다.

또 이와 비슷하면서 약간 차이가 있는 방법으로는 동일한 글자를 중첩重疊시켜 만드는 방법이 있다. 이것은 같은 글자를 두 개 이상 중첩시켜 새로운 글자를 만드는 것인데, 이렇게 만들어진 글자는 같은 글자를 중첩해야 한다는 제약 때문에 그 수가 별로 많지 않다. 이 방법은 단순히 하나의 글자를 두 개 합쳐서 의미를 알 수 있게 한 것도 있고, 표현하고자 하는 바에 따라 그 중첩의 방향이나 수효를 다르게 한 것들도 있다. 이것 역시 중첩되는 위치를 바꾼다면 그 의미가 아주 달라진다. 이들에 대한 예를 살펴보자.

:: 休(휴): 사람이 나무 옆에서 쉰다는 뜻으로 人과 木을 더해 만들었다.
:: 好(호): 엄마는 아이를 안고 있는 것을 가장 좋아한다는 뜻에서 女와 子를 합해 만들었다.
:: 林(림): 숲에는 나무가 많다는 뜻에서 木을 두 개 모아서 만들었다.
:: 比(비): 두 사람이 나란히 한다는 의미에서 人을 두 개 모아 만들었다.

이 단계까지는 단순히 글자의 형체만을 이용하여 글자를 만들었던 것에 반해, 다음 단계에서는 글자의 소리를 나타내는 부분인 음音을 이용하는 방식이 생겨났다. 형체만을 이용해 글자를 만드는 것에는 한계가 있기 때문에, 글자의 음音까지 활용하는 방법이 필요하게 된 것이다. 이러한 방법을 보통 형성形聲이라고 말한다.

이러한 형성도 처음부터 글자의 소리부분만을 이용한 것은 아니었다. 한자가 얼마 없었을 때는 한 개의 글자를 가지고 여러 가지의 의미로 사용하는 경우가 많았다. 예컨대 魚어라는 글자는 원래 '물고기'를 뜻하는 것이었는데, 사람들이 '물고기를 잡다'라는 뜻을 표현하고자 할 때 마땅한 글자가 없어 할 수 없이 魚를 대신 사용했다. 그래서 魚라는 글자는 '물고기'와 '물고기를 잡다'라는 두 가지의 뜻으로 사용되었던 것이다.

이렇게 되자 이 글자가 사용된 글에서 그 뜻이 '물고기'인지 '물고기를 잡다'인지 분명하게 알 수 없을 때가 많았다. 그래서 사람들은 물고기는 물에서 잡는 것이므로 魚에 水수를 더해 漁어라는 글자를 만들고 '물고기를 잡다'라는 뜻으로만 사용하였다. 여기서 본래의 魚는 새로 만들어진 漁라는 글자의 소리 역할도 담당했다.

또한 본래의 뜻과는 전혀 다른 뜻으로 쓰이는 글자도 있다. 예컨대 正정은 본래 '쳐들어가다'라는 뜻인데, 후에 '올바르다'라는 전혀 다른 뜻으로 쓰이자 할 수 없이 '가다'라는 의미가 있는 彳척을 더해 지금의 征정을 만들었다. 여기서 본래부터 있던 正은 征의 소리 역할도 하고 있다. 이와 같이 본래 글자의 의미와 전혀 다른 뜻으로 쓰이는 것을 가차假借라고 한다. 그 예를 살펴보자.

:: 眉와 媚: 眉는 원래 '눈썹'인데, 이것이 '예쁘다'는 뜻으로도 쓰이자 다시 女를 더하여 예쁘다는 뜻의 媚를 만들었다.

:: 文과 紋: 文은 원래 '무늬'라는 뜻인데, 이것이 '글자'라는 뜻으로도 쓰이자 이것을 그대로 '글자'라는 뜻으로 쓰도록 두고, 糸(사)를 더하여 본래의 '무늬'라는 뜻을 나타나게 하는 紋이라는 글자를 만들었다.

:: 八과 分: 八은 원래 '나누다'라는 뜻인데, 나중에 이것이 '여덟'이라는 숫자로 쓰이자 '나누는' 역할을 하는 칼(刀)을 더해 '나누다'라는 뜻을 갖는 지금의 分을 만들었다.

:: 酉와 酒: 酉는 술독을 그려 만든 것으로써 원래 '술'을 뜻하는 글자이다. 그런데 이것이 '십간십이지(十干十二支)'의 하나로 쓰이자, 술은 물로 만든 것이라는 점에 착안하여 水를 더해 지금의 酒를 만들었다.

    한자를 만드는 마지막 단계의 방법으로서, 순수하게 뜻을 나타내는 형체부분과 소리를 나타내는 부분을 합쳐 만들기도 한다. 이 경우 소리를 나타내는 부분이 글자의 뜻을 나타낼 수도 있다. 예컨대 祥상이라는 글자는 神신을 뜻하는 示시: 원래 이것은 제사지낼 때 앞에 놓인 신주의 모양을 그려 만든 글자임와 온순하여 좋은 짐승인 羊양이 합쳐져 '신이 내린 아주 좋은 모습'을 의미하게 되었다. 여기서 示는 祥의 뜻 부분을 나타내고, 羊은 祥의 소리 부분과 뜻 부분을 모두 나타낸다. 이렇게 만들어진 글자를 살펴보자.

:: 恙(양): 나약한 동물을 뜻하는 羊(양)과, 마음을 뜻하는 心(심)이 합해져 '걱정하다'는 뜻을 갖게 되었으며, 여기서 羊은 소리 부분을 나타내기도 한다.

:: 客(객): 宀(면: 집의 모양을 그려 만든 글자)과 各(각: 본래 '오다'라는 의미의 글자)이 합해져 만들어진 것으로써 '집에 온 사람'을 뜻한다. 여기서 各은 소리 부분을 나타낸다.

:: 盞(잔): 皿(명)은 '그릇'을 뜻하는 글자이고, 戔(전)은 작다는 뜻을 가진 글자로, 이들이 합해져 만들어진 글자인 盞(잔)은 '작은 그릇'을 뜻하게 된다. 여기서 戔(전과 잔은 발음이 비슷함. 발음이 비슷한 것이 소리 부분을 나타내기도 함)은 盞의 소리 부분을 나타낸다.

한자는 모두 몇 자일까

처음 만들어졌을 때부터 지금 우리가 사용하는 글자까지 한자를 모두 합치면 얼마나 될까? 이에 대해 어느 누구도 정확하게 말할 수가 없을 것이다. 왜냐하면 한자는 탄생 초기부터 지금까지 지속적으로 만들어져 왔고 지금도 만들어지고 있으며, 이 외에도 옛날의 어느 시기에는 존재했었는데 후대로 오면서 사라져 버린 글자도 많기 때문이다.

또한 한자의 총 숫자를 헤아릴 때 어떤 기준을 사용해야 할 것인가 하는 문제도 있다. 같은 글자라도 다른 모양을 하고 있는 것도 있기 때문에 한자의 숫자에 대한 정확한 통계를 내기란 실로 어렵다.

예를 들어 주대周代에 만들어졌던 금문金文 중에는 한漢나라로 넘어오면서 사라진 것이 있는가하면, 당대唐代에 만들어진 글자도 명대明代로 오면 사라지는 예가 적지 않으며, 群군과 羣군은 같은 글자임에도 두 가지 모양으로 나타나기 때문에 이를 하나로 보아야할지 아니면 두 개의 글자로 인정해야할 것인지 불분명하다. 그래서 한자의 글자 수를 말하려면 나름대로의 기준을 정하고, 그 기준에 의거한 글자 수를 말할 수밖에 없다.

같은 글자임에도 불구하고 群과 같이 두 가지의 형태로 나타나는 글자의 수를 모두 합해 계산한다면 이것은 글자의 형체 숫자字

形數를 말하는 것이고, 이들을 하나로 계산하여 통계를 낸다면 그것은 글자의 종류 숫자字種數를 지칭하게 될 것이다.

하지만 실제로 한자의 숫자를 헤아린다면 자종수字種數를 헤아린다는 것이 얼마나 어렵고 위험한 일인지 알게 될 것이다. 왜냐하면 자전字典에 수록된 글자들을 헤아리다 보면 어떤 글자가 독립된 글자하나의 字種인지 판단하기가 매우 어렵기 때문이다. 물론 자전에 글자를 수록할 때 '이 글자는 어떤 글자와 같은 글자'라고 설명해놓은 것이 있지만 그런 설명이 없는데도 실제로는 같은 글자가 있으며, 또 반대로 같은 글자라고 설명하고 있지만 어떤 상황에서는 전혀 다른 글자로 쓰이는 경우도 적지 않다. 게다가 옛날의 책들을 살펴보면 자전에 수록되지 않은 글자도 엄청나게 많아 정확한 자종字種을 파악한다는 것은 상당히 어려운 일이다.

현재로서는 자형수字形數를 기준으로 한자의 숫자를 파악하는 것이 보다 합리적이며, 그 방법은 자전에 수록된 글자의 수가 기준이 될 수밖에 없다. 왜냐하면 자전은 당시까지 존재했던 글자들이 이미 사용되지 않는다 하더라도 기록상에 남아있으면 모두 수록하려고 노력하였으며, 그러한 사실은 기존의 자전을 살펴보면 알 수가 있기 때문이다.

그러나 자전에 수록된 글자의 수도 정확한 자형수를 나타내주지는 못한다. 왜냐하면 자전에서도 모든 자형을 그대로 수록하지 못했으며, 이러한 것은 현존하는 자전 중 가장 많은 글자를 수록하고 있는 중국의 『한어대자전漢語大字典』조차 고대의 문헌에 나오는 한자 중 찾을 수 없는 글자들이 많다는 것에서 증명된다.

이는 자전을 만드는 나라마다 자기 나라 고유의 한자는 수록하면서 남의 나라 고유의 한자를 제대로 수록하지 못하였을 뿐만 아니라, 각 나라와 각 시기의 모든 문헌에 나오는 같은 글자이면서도 모양이 다른 글자, 즉 이체자異體字를 모두 파악하지 못해서 발생하는 문제점이다. 이러한 것은 이체자만을 모아 놓은 『이체자전異體字典』과 같은 특수한 자전과 일반적인 자전을 모두 통합하여 완전한 자전을 완성하기 전에는 해결할 수가 없다.

위와 같은 문제점이 있지만, 그래도 한자의 글자 수가 얼마나 될 것인가를 말한다면 자전에 수록된 글자가 몇 개나 되는가를 살펴보는 수밖에 없다. 비록 그것이 정확한 통계가 되지 못한다 하더라도, 우리는 그 이상의 통계를 아직 어떠한 형태로도 보유하고 있지 못하고 있기 때문이다.

역대의 자전을 통해 본 글자의 숫자는 다음과 같다. 한漢나라 중기의 『창힐편蒼頡篇』에는 3,300자가 수록되어 있으며, 동한東漢 때의 『설문해자說文解字』에는 9,353자, 543년에 만들어진 『옥편玉篇』에는 22,726자 단행본에는 16,917자, 송宋나라 때의 『광운廣韻』

한어대자전(漢語大字典)

에는 26,194자, 명明나라 때의 『자휘字彙』에는 33,179자, 청淸나라 때의 『강희자전康熙字典』에는 42,174자 단행본에는 47,035자이다.

현대를 살펴보면 1957년에 일본에서 만든 『대한화자전大漢和字典』에는 48,902자, 1964년에 한국에서 만든 『대한한사전大漢韓辭典』에는 41,388자, 1969년에 대만에서 만든 『중문대사전中文大詞典』에는 49,905자, 1990년에 중국에서 만든 『한어대자전漢語大字典』에는 54,678자, 1994년에 나온 『중화자해中華字海』가 85,568자 수록되었으며, 현재 우리나라의 단국대학교에서 만들고 있는 사전은 총 15권 중 제1권만이 출판된 상태이나 전체가 완성된다면 약 6만여 자를 수록한다고 한다.

그런데 이들 숫자는 사실상 역사상의 모든 한자를 모두 수록하지 못한 것이고, 또 실제로는 같은 글자인데 모양만 다른 글자들도 대부분 수록하고 있기 때문에 완전히 다른 글자의 숫자는 대략 30,000자를 넘지 못할 것이라고 보면 무난할 것이다.

강희자전(康熙字典)

강희자전(康熙字典)
중국의 한자사전으로, 청나라 강희제의 칙선에 따라 한나라의 『설문해자(說文解字)』 다음의 역대 자전을 모두 종합해 편찬한 것이다.

한자 창제 전에는 무엇을 사용했을까

한자가 만들어진 것은 아주 오래 전의 일이지만, 인류의 역사에 비하면 그리 오래되었다고는 볼 수 없다. 사람들이 더불어 살기 위해서는 자신의 의사를 전달하고 남의 의견을 받아들일 필요가 있는데, 글자가 없던 시절에는 그것의 한계가 분명했었다.

하지만 글자가 없다고 해서 의사소통이 불가능했던 것은 아니고, 나름대로의 여러 가지 방법을 통해서 그것을 가능하게 만들었다. 이러한 것은 지금도 글자가 없는 지역에서 사람들이 별다른 불편을 느끼지 못하면서 살아가는 것에서도 알 수 있다. 다만 보다 원활한 의사소통이 불가능해 다른 지역보다 문명이 덜 발달되었을 뿐이다.

현재 남아있는 가장 원시적인 형태의 의사표현은 바위 위에 그려진 암각화巖刻畵들이다. 암각화는 그 모습에서 그린 사람이 나타내고자 하는 뜻을 쉽게 알 수 있는 것들이 많이 있는데, 이러한 암각화들은 주로 신석기 후반기와 청동시대에 많이 사용되었다고 한다. 우리나라에도 경북 울진의 유명한 반구대 암각화와 근처의 천전리川前里 암각화가 있어 당시 생활의 일부를 엿볼 수 있다.

천전리 암각화
기하학무늬, 신라 화랑의 명문 등 선사시대부터 역사시대까지 다양한 층위의 기록이 남아 있는 역사의 타임머신이다.

천전리 암각화 탁본

중국에서는 한자가 없던 시절에 어떻게 서로의 의견을 교환하며 지냈을까? 이에 대해서는 정확한 자료가 없어 명확하게 알기 어려운데, 다만 예전의 기록을 통해 한자가 있기 전에 어떤 방식으로 의견을 교환했는지를 대략이나마 추측할 뿐이다.

현재 보이는 기록으로는 결승結繩과 서계書契를 이용한 것이 가장 편리한 방식이었다. 결승이란 새끼줄에 매듭을 묶는 방식인데, 미리 약속된 방식으로 새끼줄을 묶어 그 모양에 따라 자신들의 의견을 교환하는 방법이다. 즉 어떤 사건이 있을 때, 그 일이 큰 것이면 매듭을 큰 것으로 하고 작은 것이면 작은 매듭으로 하며, 또한 사물이 많을 때는 여러 번 묶고 적을 때는 적게 묶어 그 의미를 표시하는 것이다.

이것이 사용된 시기는 복희씨伏犧氏 시대라고 한다. 하지만 복희씨는 아직까지 전설상의 인물로 묘사되고 있으며, 역사적으로 복희씨가 살던 시기가 정확하게 언제인지를 알 수가 없어 지금으로서는 그 시기를 점치기가 매우 어렵다. 또 그 방식을 사용한 그림이나 유물이 남아있지 않아 정확한 방법도 자세히 알 수가 없다.

그러나 이 방법은 중국이 아닌 다른 나라에서 사용했던 결승의 예를 보면 그 효용성이 매우 높았다는 것을 알 수 있다. 숫자를 대신했던 것은 역사가인 헤로도투스Herodotus에 의하면, 페르시아의 왕인 다리우스Darius가 이오니아인Ionians 병사들에게 명하여 이스터Ister의 부교浮橋를 넘어가 가죽 띠 60마디를 묶은 후 시시안족Scythians들과 싸우도록 하고, 전쟁이 발생한 날로부터 하루에 한 매듭씩 풀어 나가도록 하였다고 한다.

또 1532년에 피사로가 발견한 잉카제국도 퀴푸quipu라는 매듭문자를 사용했다. 퀴푸는 매듭지어진 끈으로, 매듭의 형태와 수1~9, 각 매듭의 위치십진법에 의한 위치값, 끈의 색깔과 가닥 수, 중심 줄에 이어진 끈의 위치 등을 달리하면서 인구조사와 납세 등의 수량을 표기했던 것이다. 또한 퀴푸 카마요크quipu-camayoc란 전문 해독관이 끈을 읽고 해석하며, 퀴푸를 옮기는 전령에게 구두로 소식을 전하기도 했다. 퀴푸는 단순한 수의 기록뿐 아니라 설화시, 계보, 제사시의 암송을 위한 기억 보조장치 구실도 했다

잉카의 퀴푸

고 한다. 이와 같은 매듭은 메이지 중기까지 일본의 오키나와 지방에서 사용되었던 '볏짚 계산'이라는 수량 표기법과, 천 매듭을 이용한 티베트 및 유럽지역의 기록방법에서도 찾아볼 수 있다.

그리고 새끼 매듭은 아니지만 비슷한 방식의 의사전달수단으로 북아메리카 이로쿼이Iroquois족의 조개 구슬띠wampum belt를 들 수 있다. 이것은 축제나 제의 때 화폐나 장식으로 사용되기도 했는데, 베틀에서 직물을 짜는 것과 유사하게 조개껍질을 염주처럼 엮고 이것을 여러 가닥으로 펼친 뒤에 염주를 엮은 형태나 조개껍질 색깔에 따라 각종 의미와 약속을 표시했다고 한다. 예를 들면 어두운 색은 엄숙과 장엄·위험·적의·슬픔과 죽음을 뜻하며, 흰색은 행복을, 붉은 색은 싸움을 나타낸다.

아메리카 지역의 경우, 캘리포니아의 팔로니 인디안Paloni Indians들이 사용했던 새끼줄도 역시 페루 사람들의 것과 비슷했다. 그들은 매년 대표자를 뽑아 상가브리엘San Gabriel에 보내 융으로 만든 담요를 팔게 했다. 물건의 본래 주인은 각기 머리카락이나 양털로 만든 끈 두 가닥을 대표자인 판매 대리인에게 주어 하나로는 물건 값을 표시하고 다른 하나는 담요 숫자를 표시한 후, 판매 대리인이 돌아오면 물건 주인은 각기 그가 떠날 때 준 끈을 보고 총 판매가격이 어느 정도였는지를 알 수 있었다. 이 밖에 서아프리카의 아르브라Arbrah, 제부스Jebus, 하와이안Hawaian 토인들도 모두 결승을 사용했다고 한다.

중국인들이 사용한 또 한 가지 방법은 서계書契이다. 서계란 부절符節이라고도 불리는 것으로서 '쓰고 새기는'이란 뜻을 가진 것인데, 하나의 나무토막 위에 두 사람간의 약속사항 내용을 자

부절(符節)
부신(符信)이나 부절(符節)은 믿음의 표시다. 옥이나 대나무를 두 조각으로 나눠 서로 간직하다가 훗날 이를 맞춰 봄으로써 서로를 확인하는 것이다.

기들이 서로 알 수 있는 어떤 부호나 표시로 쓰거나 새긴 후 이를 둘로 나눠 서로 하나씩 가지고 있다가, 나중에 약속사항을 이행할 때 그 각각을 서로 맞추어 봄으로써 원래 약속했던 내용을 기억해내거나 확인하는 방법을 말한다.

예를 들면, 갑이라는 사람이 을에게 쌀 다섯 가마를 빌려주었다고 가정해보자. 두 사람은 나무토막 위에 쌀 다섯 가마를 의미하는 표시로서 선 다섯줄을 그린다든가 혹은 칼로 다섯 개의 긴 홈을 판 후 그 가운데를 잘라 서로 하나씩 나누어 갖는다. 후에 을이 그 쌀을 상환하고자 할 때 서로의 막대기를 꺼내 맞추어보고, 그것이 서로 맞는 막대기이면 그 위에 써진 숫자에 따라 쌀을 상환하는 것이다. 특히 막대기를 자를 때는 위에 새겨진 부호들이 모두 관통되도록 함으로써 서로 속이는 것을 방지했을 것이다.

위의 예는 가장 간단한 방식이다. 만약 새겨 넣는 부호를 보다 다양하게 한다면 더 복잡한 계약도 가능할 것이다. 예컨대 갑이 을에게 창 두 자루와 활 세 개를 빌려준다면, 기다란 선 두 줄과 짧은 선 세 줄로 표시할 수 있다. 또 이 서계를 사용하는 사람들 간의 공동 약속에 의해 부호의 길이와 형태, 굵기 등에 어떤 의미들을 부여한다면 훨씬 더 복잡한 계약도 가능하다. 이 서계는 문자가 없는 지역에서는 매우 유용하게 사용될 수 있는 것이어서 후대 중국 변방의 문자가 없던 지역에서도 이것이 사용된 흔적이 많이 보이고 있다.

부절(符節)

중국에서는 서계를 볼 수 있는 유물이 거의 없지만, 서양의 경우에는 수량을 기록·저장하는 방식으로 부절符節이 있다. 부절은 막대기나 기둥에 틈이나 홈을 파서 물건·수·사건 등의 사실을 기록한 것인데 주로 사냥한 동물이나 죽인 적, 필요한 사람이나 말의 수·기간·물품 수 등을 기록했다. 부절의 기능 중 가장 중요한 것은 부채를 기록하는 것으로, 막대기에 눈금을 표시한 후 세로로 자르면 채권자와 채무자 쌍방의 계약서가 되는 것이다.

이러한 방법은 문자가 있는 지역에서도 통용이 되는 경우가 있다. 예를 들면 비록 그 지역에 문자가 통용되고 있기는 하지만 문자를 해독하지 못하는 사람들이 많을 때에 이 방법을 채택해 사용하는 것이다. 그 실례가 우리나라에도 있다. 과거 주막집의 주모가 손님에게 외상술을 준 다음, 이름을 기록할 수가 없어 나무판에 그 사람의 얼굴 중 특이한 부분, 즉 귀가 큰 사람이라면 귀의 모양을 칼로 새겨놓고 술의 양을 선으로 표시하는 경우가 있다. 이는 중국의 서계와 달리 둘로 쪼개어 나누어 갖지 않는다는 점이 특징이다.

옛 글자는 어떻게 알아냈을까

우리가 주위에서 흔히 볼 수 있는 병풍이나 족자에는 고풍스런 한자가 쓰여 있는 경우가 많다. 그 한자들을 읽다가 모르는 글자를 만나면 자전字典을 찾아 무슨 글자인지 알게 된다. 그러나 어떤 경우에는 자전에도 나오지 않는 글자들로 꽉 차 있는 경우가 있다. 이것은 현재 우리가 사용하는 정자체로 써진 것이 아니고 예서隸書나 전서篆書, 심지어는 이보다 더 오래된 글자체인 금문金文이나 갑골문甲骨文으로 쓴 것이어서 일반적인 자전으로는 글자를 찾아볼 수 없기 때문이다.

병풍이나 족자에 쓰인 이러한 글자들은 현재 통용되지 않는 글자들로, 오직 서예가들이 글자의 아름다운 표현을 위해 옛날의 그 글자들을 모방한 것에 불과하다. 현재는 옛 글자를 연구하는 사람들이 이 글자들을 해석함으로서 당시의 기록 내용을 밝히는 데 이용하고 있다. 이런 글자들은 일반 자전에도 나오지 않으므로 우리가 자전에서 찾을 수도 없는데, 이것을 쓴 사람들은 도대체 그것들이 무슨 글자인지를 어떻게 알고 썼던 것일까?

그것이 어떤 글자인지를 밝히는 방법에는 여러 가지가 있는데, 가장 기본적인 방법은 바로 지금의 글자와 직전에 사용되었던 글자의 자형을 비교하면서 점차 옛 시기로 거슬러 올라가는 방식이다. 글자의 변화과정은 지속적으로 일어나지만 대부분 급

격하게 변하지는 않는다. 그렇기 때문에 지금의 글자와 바로 직전의 글자 모양은 그리 많은 차이가 나지 않으며, 그 직전의 글자는 또 그 직전의 글자와 크게 차이가 나지 않는다.

　이러한 원리를 이용하여 현재 사용하고 있는 글자인 해서楷書와 직전의 글자인 예서隸書를 비교함으로써 예서의 어떤 형체가 지금의 어떤 글자인지를 알아내고, 예서와 바로 그 전 시기의 전문篆文을 비교함으로써 그 전문이 지금의 어떤 글자인지를 알아내며, 다시 전문을 다시 그 전 시기의 금문金文과 비교하고, 금문을 다시 갑골문甲骨文과 비교하면 그 오래된 갑골문이 지금의 어떤 글자인지를 알 수 있게 된다.

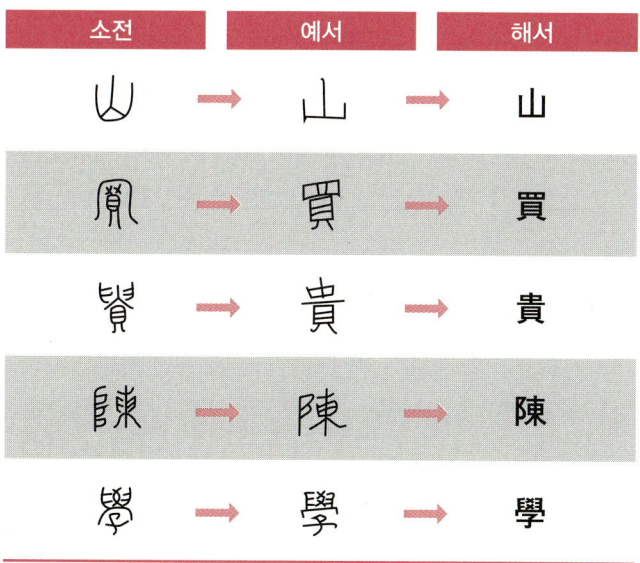

설문해자(說文解字)
1만여 자에 달하는 한자의 본래 글자 모양과 뜻 그리고 발음을 종합적으로 해설한 책이다. 중국 동한(東漢)시대의 허신(許愼)이 저술한 이 책은 중국인들에게 경전에 버금가는 대우를 받고 있다.

    그러나 이런 방법을 동원해도 갑골문과 금문의 경우는 어떤 글자인지 알 수 없는 경우가 많이 있다. 갑골문이나 금문은 워낙 오래전에 사용된 글자이기 때문에 그 다음 시기인 전문이나 예서, 해서 단계에 오면서 그것의 다음 형태에 해당되는 글자가 없어진 것들이 꽤 많기 때문이다. 또 오랜 세월이 흐르면서 글자의 모양이 어떤 단계에 와서는 급격히 바뀌는 경우도 있는데, 전문에서 예서로 바뀌는 단계를 그 예로 들 수 있다. 그러나 전문의 경우는 다행히도 전문의 모양을 모두 수록하여 2천 년 전에 만들어진 『설문해자說文解字』라는 자전이 있기 때문에 대강 그것이 어떤 글자인지를 추측할 수가 있다.

    또 다른 방법은 편방분석을 통해 알아내는 방식이다. 예컨대 '남男'자의 경우 그것이 '田'과 '力'이라는 편방으로 구성되었다는 점에 착안하여, 갑골문에 ▨·▨와 같은 글자가 있을 때 그것의 편방들이 비록 위치는 다르지만 결국은 田과 力으로 구성되어 있다는 사실에 입각하여 이 글자가 '男'이라는 글자임을 알아내는 것이다. 물론 그 글자가 모양이 비슷하다 하여 그렇게 확정지은 것은 아니고, 반드시 그것이 쓰인 문장 안에서 '남자' 혹은 이와 연관된 뜻으로 사용되었는가를 확인한 후에 확정짓는 것이다.

    그 외의 방식으로 글자의 편방들이 나타내는 의미를 통해 그 글자가 지금의 어떤 글자인지를 알아내는 방법이 있다. 예컨대 갑골문에 ▨·▨와 같은 글자가 있는데, 앞의 글자는 자형의 비교를 통해 '漁어'라는 것을 쉽게 알 수가 있지만 뒤에 있는 글자는 지금의 형체로 복원하면 '敘'가 된다. 그런데 여기서 편방인 '又우'는 지금은 '또'라는 뜻으로 사용되지만 본래 갑골문에서는 사람의 손을 그려 만든 글자로서 '손'이라는 뜻을 가지고 있다. 그렇기 때문에 이 '魰'자는 결국 '손으로 물고기를 잡은'이라는 의미를 지니게 된다. 이것 역시 '물고기를 잡다'라는 뜻이므로 지금의 '漁'와 같은 글자라는 것을 알아내는 것이다.

그런데 어떤 글자들은 서로 다른 글자인데도 같은 시기에 똑같은 모양을 하고 있는 경우가 있다. 예컨대 '좇는다'라는 뜻을 가진 '從종'과 '나란히 하다'라는 뜻을 갖는 '比비'는 갑골문에서 모두 으로 쓰여 있다. 그래서 그것 하나만 따로 떼어 놓으면 무슨 글자인지 알 수가 없다. 그럴 때는 이 글자가 문장에서 무슨 의미로 쓰였는지를 파악함으로써 어떤 글자인지를 판별해낸다. 즉 갑골문의 그 글자가 문장에서 '좇는다'라는 의미로 사용되었으면 바로 '從'이 되는 것이다.

이와 같이 고대에 쓰인 한자들은 지금의 시점에서 보면 매우 이상하게 보이지만, 하나하나 살펴보면 그것이 어떤 글자인지를 상당부분 파악할 수가 있다.

한자는 무엇으로 썼을까?

요즘 우리가 글씨를 쓰거나 보고서를 작성할 때 많이 사용하는 필기도구로는 컴퓨터와 프린터가 큰 자리를 차지하고 있다. 물론 일반인들이 개인적으로 쓰는 필기도구로는 볼펜이 가장 많겠지만, 직업상 전문적으로 글을 많이 써야 하는 사람들은 거의 대부분이 컴퓨터의 워드프로세서를 애용하고 있다. 심지어는 손으로 펜을 잡고 한 글자씩 정성을 다해 써야하는 편지까지 워드로 작성하고 마지막에 발신인의 이름만 친필로 서명하는 경우까지 생겨나고 있으니, 짧은 기간에 실로 많은 변화가 일어났다고 할 수 있다.

그렇다면 중국에서는 처음 한자를 쓸 때 무을 사용했을까? 어느 민족이나 마찬가지지만 중국에서도 한자가 만들어지고 그것을 사용하기 아주 오래 전에는, 간단한 그림 같은 것으로 의사를 표시하고 있었다. 지금까지 남아있는 것들 가운데는 주로 벽화의 형태로 된 것들이 상당수 있는데, 그 그림들은 돌 위에 새긴 것도 있고 흑색의 염료로 그린 것도 있는 것으로 보아 초기의 필기도구는 뾰족한 송곳이거나 일종의 붓이라고 추측할 수 있다.

동굴의 벽화가 아닌 그림과 글자 형태로는 가장 오래된 것이 서안西安의 반파半坡 유적지에서 나온 도기陶器에 그려진 글자와 그림들이다. 이것들은 도기의 표면에 기하학적 무늬나 물고기 같은 동물들을 그리거나, 혹은 글자들을 새겨 넣은 것이다. 여기에 그린 것들은 붓을 이용한 것이고 새겨 넣은 것은 아마도 끝이 뾰족한 돌칼 같은 것을 이용한 것으로 추정되는데, 바로 이것이 지금 우리가 보편적으로 사용하는 펜의 시초가 아닐까 생각된다.

서안 유적지의 도기는 그림의 경우 붓으로 그려 넣었지만 글자의 경우에는 뾰족한 도구로 새겨 넣은 단계인 반면, 대문구大汶口에서 발견된 도문陶文은 글자 역시 붓을 사용하였다. 따라서 이것이 붓으로 쓴 글자 중에 가장 오래된 형태라고 볼 수 있다. 이 도문이 쓰인 시기는 대략 4,300여 년 전이므로, 중국에서 글자를 쓰는데 사용된 붓은 적어도 그 이전에 만들어졌을 가능성이 높다.

그러나 당시에 쓰였던 다른 글자들은 물론이고, 그 후에 사용된 것으로 보이는 다른 도문들과 은대殷代에 사용된 갑골문자甲骨文字, 주대周代에 통용되었던 금문金文의 글자 중에서도 어떤 뾰족한 도구를 이용하여 새겨 쓴 것이 많다는 점을 고려해 볼 때, 그때까지의 글자들은 붓으로 쓰는 방식이 아닌 칼과 같은 것으로 새겨 쓰는 방식을 주로 사용했음을 알 수 있다. 은대의 유적지에서 발견된 유물 중에는 옥玉이나 구리로 정교하게 만들어진 칼들이 있는데, 아마도 이것으로 갑골문자를 새겼을 가능성이 높다.

갑골문은 칼로 글자를 새겨 넣었기 때문에 필체가 매우 가늘고 날카로운데 반해, 금문의 글자들은 필체가 비교적 굵으면서도 부드러운 형체들이다. 이는 뼈 위에 직접 새겨 넣는 갑골문과 달리 청동기를 만드는 과정에서 새겨 넣은 것이기 때문이다. 즉 청동기를 만들기 위해서는 먼저 찰흙을 이용해 거푸집을 만드는데, 이 거푸집에 글자를 음각陰刻이나 양각陽刻으로 새겨 넣고 거푸집 사이에 쇳물을 부은 다음 쇳물이 굳으면 거푸집을 떼어냄으로써 청동기에 글자가 새겨지도록 한 것이다. 그렇기 때문에 금문에 새겨진 글자들은 실제로는 찰흙 거푸집에 새긴 것이며, 여기에 글자를 새기기 위해서는 끝부분이 부드러운 대나무나 나무 주걱을 사용했을 것이다. 이와 같이 흙에 글자를 새기기 때문에 글자의 획이 굵으면서도 부드럽게 나타난 것이다.

현재 우리가 볼 수 있는 갑골문과 같은 글자들은 모두 칼로 새겨 쓴 것만 남아있기 때문에, 은나라 전후 초기의 한자는 모두 칼로 새겨 쓴 것으로 알고 있는 사람들이 많다. 그러나 갑골문에도 붉은 물감을 이용해 붓으로 글자를 쓴 것도 있기 때문에 반드시 그렇지는 않다. 오히려 새겨 넣기 어려운 칼보다는 써넣기 쉬운 붓이 더 많이 사용되었을 가능성이 높다.

이렇게 주장하면 갑골문이라는 것은 모두 칼을 사용한 것이기 때문에 이 말이 맞지 않다고 반박할지도 모른다. 그러나 갑골문이 유행하던 시기라 할지라도 글자를 쓰는데 사용되었던 도구는 붓이 절대다수였을 것이라는 추측을 쉽게 할 수 있으며, 또한 이는 갑골문의 내용에서도 쉽게 추측할 수 있다. 즉 갑골문자 중 붓을 의미하는 '필筆'자는 본래 형체가 ↑으로 나타나고 있는데, 이 모양은 글자를 새길 때 쓰는 칼의 형체가 아니라 나무의 끝에 털을 묶어놓은 붓을 손으로 잡고 있는 모양이 분명하기 때문이다. 전설에서는 붓을 처음 만든 사람이 진시황 때의 장군인 몽념蒙恬이라고 하나 사실은 그보다 훨씬 전에 이미 붓이 사용된 흔적들이 보이고 있다.

몽념조필(蒙恬造筆)
진시황의 신하이자 장수인 몽념(蒙恬)이 처음으로 붓을 만들었다.

그렇다면 왜 붓으로 쓴 글자들은 거의 남아있지 않고 칼로 새긴 글자들만 남아있을까? 이 점은 왜 갑골문은 대부분 칼로 새겼을까라는 질문과 함께 생각해 볼 문제이다. 갑골문의 내용은 대부분 어떤 사건에 대해 점을 친 내용을 기록한 것이 절대 다수이고 거기에 특정 사건에 대한 기술記述이 일부 포함되어 있는데, 점 친 내용이나 특정 사건의 기술 등은 모두 위정자의 행위에 관련된 기록이기 때문에 소홀히 다룰 수 없는 것들이었다. 그렇기 때문에 아무데나 글자를 쓰지 않고 오랫동안 보관이 가능한 짐승의 뼛조각즉 갑골편(甲骨片)과 같은 것을 특별히 선택하여 거기에 기록한 결과 지금까지 남아있게 된 것이다.

  이와 같은 기록 소재의 선택은 주대周代에도 동일하게 나타난다. 주대에는 중요한 사건이 있는 경우 그 내용을 쇠로 만든 그릇에 글자를 새겨 넣어 기념물로 삼았었다. 또 후대로 오면서는 중요한 내용을 석비石碑에 새기거나 일반 종이 대신 비단에 씀으로써 글을 오랫동안 보존하고자 했고, 현재에는 보다 더 오래 보존하기 위해 종이 위에 글자를 쓴 다음 비닐로 코팅까지 하기도 한다. 이러한 것들은 모두 갑골문과 마찬가지로 글자의 장기간 보존을 위해 소재를 선택하는 현상이라고 볼 수 있다.

  갑골문이 중요한 사건의 기록이었기 때문에 갑골편 위에 쓴 것이라면, 일반적인 내용은 어디에 무엇을 이용하여 기록했을까? 갑골편은 대부분 거북의 껍질이나 소의 어깨 뼈였는데, 이러한 물건은 쉽게 구할 수도 없었거니와 글자를 새겨 넣기도 매우 힘이 들기 때문에 일반적인 내용에까지 사용하기는 어려웠을 것이다.

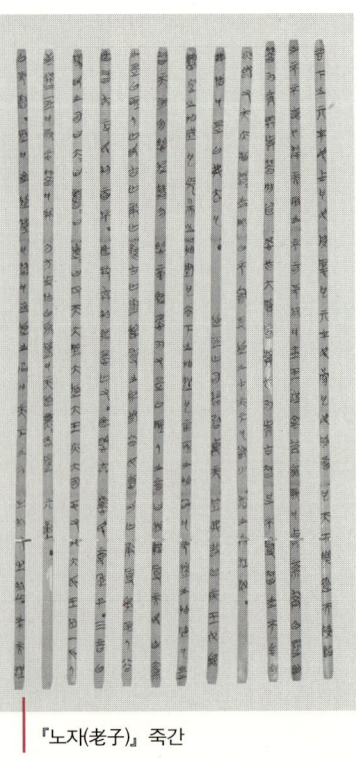

『노자(老子)』 죽간

아마도 일반적인 내용을 쓸 때에는 보다 구하기 쉬우면서 쓰기도 쉬운 소재인 대나무나 나무 판을 사용했을 것으로 추측된다. 이 점은 목간木簡이나 죽간竹簡으로 만든 冊책을 의미하는 글자인 ⊞이라는 갑골문자가 존재하는 것으로도 알 수가 있다. 그리고 그것에 글자를 쓸 때는 역시 칼로 새기는 방식과 붓으로 글자를 쓰는 방식이 함께 존재했을 가능성이 높다. 다만 나무나 대나무로 만든 죽간과 목간은 뼛조각보다 쉽게 썩기 때문에 지금까지 발견되지 않아 정확한 것을 증명할 방법이 없을 뿐이다.

전국戰國 시대로 넘어오면 붓이 일상적으로 사용된다. 현재까지 발견된 붓 가운데 가장 오래된 것은 호남성湖南省 장사長沙의 교외에서 발견된 초楚나라 때의 장사필長沙筆이다. 이것은 대나무를 붓대로 하고 그 끝에 토끼털을 끼워 넣고 실로 묶은 다음 옻으로 고정시킨 형태인데, 붓의 전체 길이는 약 21cm이다. 전국 시기에 붓으로 쓴 글자들이 죽간이나 목간뿐만 아니라 비단 위에도 많이 남아 있다. 이런 것으로 미루어보아 전국시대는 붓의 일상화가 이미 시작되었다고 볼 수 있다.

붓으로 글자를 쓰기 위해서는 먹물이 있어야 한다. 먹물을 만들기 위해서는 먹과 벼루가 반드시 있어야만 하며, 이것들이 모두 갖추어져야만 붓의 효용성이 살아난다. 그러나 춘추시대 이전에는 어떠한 형태의 벼루와 먹이 있었는지 확실하게 알 방법이 없다. 현재까지 발견된 가장 오래된 벼루는 호북성湖北省의 운몽雲夢에 있는 진秦나라 때의 묘지에서 발견된 것인데, 이것은 밑 부분의 지름이 약 9.8cm, 두께가 약 1.8cm 정도 되는 원형의 돌로 만들어졌다.

한편 진·한대秦漢代의 먹은 지금과 같이 기름을 태우는 과정에서 나오는 그을음에 접착제와 향료를 추가한 다음 딱딱하게 굳혀서 만든 것이 아니고, 소나무를 태울 때 나는 그을음에 아교와 옻만을 추가하여 경단 모양으로 만든 것이었다. 이것은 단단하게 굳힌 것이 아니고 물렁물렁한 상태였기 때문에, 이것으로 먹물을 만들려면 벼루 위에 물을 부은 다음 먹으로 갈아야 하는데 완전히 갈아지지 않고 알갱이로 남는 것들이 많아 연석硏石이라는 먹을 가는 돌을 보조기구로 이용했다.

붓이 일상적으로 쓰였음에도 불구하고 진·한대에는 아직까지 칼로 새겨 쓰는 방식이 사용되었다. 이런 것은 한대의 유적지에서 발견된 서도書刀라는 글자 새기는 칼과 당시의 목간·죽간의 존재로서 알 수 있는데, 서도는 글자를 새기는 것뿐만 아니라 잘못 쓴 글자를 깎아내는데도 사용되었다고 한다. 그러나 한대 후반으로 오면서 서도는 자취를 감추고 글자를 쓸 때는 대부분 붓만을 사용한 것으로 보인다.

붓은 끝이 부드러운 털로 되어 있기 때문에 숙달되기만 하

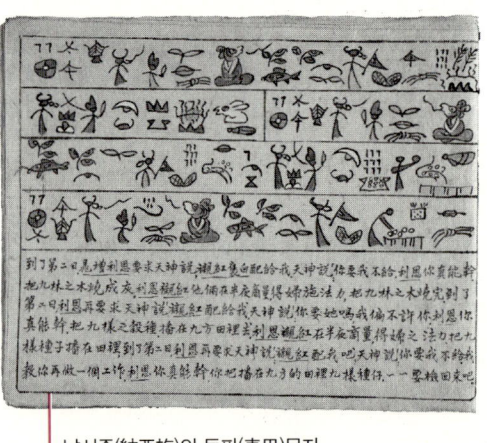

납서족(納西族)의 동파(東巴)문자

면 편리하면서도 아름답게 글씨를 쓸 수 있다. 하지만 숙달되기 전에는 부드러운 털로 되어 있기 때문에 오히려 글씨를 쓰기 어려울 뿐만 아니라 조금만 실수하면 글자의 모양도 아주 엉망으로 되기가 쉽다. 반면, 서양에서 사용되어 온 펜은 끝이 가늘면서도 단단하기 때문에 한자의 복잡한 획을 구분해 표현하기가 쉬울 뿐만 아니라 펜을 잡은 손의 힘을 조절할 필요도 적다. 그렇기 때문에 근래에 이르러서는 붓 대신 끝이 딱딱한 펜을 많이 이용하는 것이다. 이러한 펜의 형태가 중국에 전혀 없었던 것은 아니다.

물론 한자를 쓰기 위해 만든 것은 아니었지만, 지금도 운남성雲南省에 있는 납서족納西族들은 그들의 글자인 동파문자東巴文字를, 대나무를 쪽으로 자른 다음 마치 서양의 펜끝과 같이 만들어 그곳에 먹물을 칠해 글자를 쓰고 있으므로 중국 내에도 펜과 유사한 필기도구가 존재해 왔음을 알 수 있다. 이것이 언제부터 사용되었는지는 아직 확실하게 알 수는 없지만, 적어도 수백 년 전부터 계속 사용된 것으로 추정하고 있다.

납서족(納西族)의 동파(東巴)문자
운남성 납서족자치현을 중심으로 거주하는 납서족이 1000년 전부터 사용해온 독특한 상형문자로, 오늘날까지 사용되는 유일한 순수 상형문자다. '고대 납서 동파문화 필사본'은 2003년 유네스코에 의해 세계기록유산으로 등재되었다.

한자는 어디에 썼을까

중국 고대인이 살던 곳에는 벽화壁畵가 그려져 있는 것을 가끔 볼 수 있다. 벽화는 자신들의 감정을 표현한 것이기도 하지만, 어떤 의미를 전달하고자 했던 것이라는 점에서 한자의 기원起源이 되기도 한다. 그런 점에서 본다면 글자나 그림을 그린 소재 중에는 돌의 중요성이 아주 오래 전부터 자연스럽게 강조된 것 같은데, 이는 바위벽이 상당히 넓적하다는 점에서 비롯된 것 같다.

그렇다면 한자가 처음 만들어지고 사용되어 왔던 아주 오래 전에는 어디에다 글자를 썼을까? 글자를 쓰기 위해서는 넓고 평평해야 하고, 나아가 상당기간 보존이 가능한 내구성 있는 물건이 제격일 것이다. 그런 소재를 찾기 위해 옛 사람들은 여러 가지 노력을 했을 것인데, 현재까지 발견된 글자가 써진 소재 중 가장 오래된 것은 6천여 년 전의 도기陶器이다.

은대殷代에 사용된 것 중에는 갑골甲骨 조각이 많이 남아 있으며, 주대周代의 소재는 주로 청동기물靑銅器物에 글자가 새겨져 있다. 주대周代와 춘추春秋를 거쳐 전국戰國 시기에 오면 돌로 만든 북에 글자를 새긴 석고문石鼓文이 남아 있으며, 진시황秦始皇 때는 글자를 새긴 석비石碑가 곳곳에 세워지면서 돌도 귀중한 소재가 되고 있다.

그 이후로 오면서 죽간竹簡이나 목간木簡, 비단과 종이에 글자가 써진 흔적이 계속 보인다. 발견된 유물들을 대상으로 본다면 한자가 써진 소재는 도기→갑골→청동기→죽간과 목간→비단→종이의 순서로 변화된 것 같이 보인다.

그러나 이러한 변화의 과정은 유물의 보존 기간 때문에 그런 순서로 나타난 것에 불과할 뿐이며, 실제 사용된 소재의 변천 과정은 위와 다르다. 글자를 쓰는 소재는 글자를 쓸 때의 편리성과 내구성을 고려하는 동시에, 쉽게 구할 수 있는 소재를 우선적으로 사용하는 것이 상식이다. 하지만 갑골이나 청동기는 분명 죽간에 비해 글자를 쓰기도 어려울 뿐만 아니라, 그 소재를 구하기도 힘들었을 텐데도 불구하고 죽간 이전 시기에 보이고 있다. 현존하는 죽간 중 가장 오래된 것이 갑골이나 청동기보다 늦은 시기에 보이는 것은 이들 소재가 수천 년 동안 보존될 수 없었기 때문일 뿐, 갑골이나 청동기가 사용된 시기 이후에 비로소 사용된 것이라고는 볼 수 없다.

시기별로 본다면 글자를 쓰는 소재로 가장 오래된 것은 죽간일 것이다. 죽간은 글자를 쓰기도 편리할 뿐 아니라 내구성도 뛰어나고, 게다가 주위에서 얼마든지 쉽게 구할 수 있었기 때문에 아주 오래 전부터 사용되었을 가능성이 높다. 이것은 필기도구와 연관 지어 생각해 볼 수도 있다. 붓의 사용이 은대 이전부터였다는 것에서도 그 가능성을 살펴볼 수가 있으며, 또 앞에서도 언급했던 바와 같이 갑골문의 글자 중 책을 의미하는 '책⊞'과 '전⊞'이 모두 죽간의 형체와 연결되기 때문이다. 이들 글자로부터 갑골문 시기에 이미 죽간도 글자를 쓰는 일상적인 소재로 사용되었다는 것을 알 수 있다.

대나무로 죽간을 만들 때는 둥근 대나무를 먼저 평평한 조각[札]으로 다듬어야 했다. 가능한 한 평평하게 하기 위해 조각을 만들 때는 그 폭을 좁게 했으며, 그러다 보니 글자를 쓸 수 있는 공간이 한 조각에 한 줄씩 밖에 없게 되었다. 그나마 대나무의 겉면은 매끈해서 먹으로 쓸 수가 없었기 때문에, 글자를 쓴 부분은 모두가 안쪽이었다. 그러다가 후에 와서는 겉면의 푸

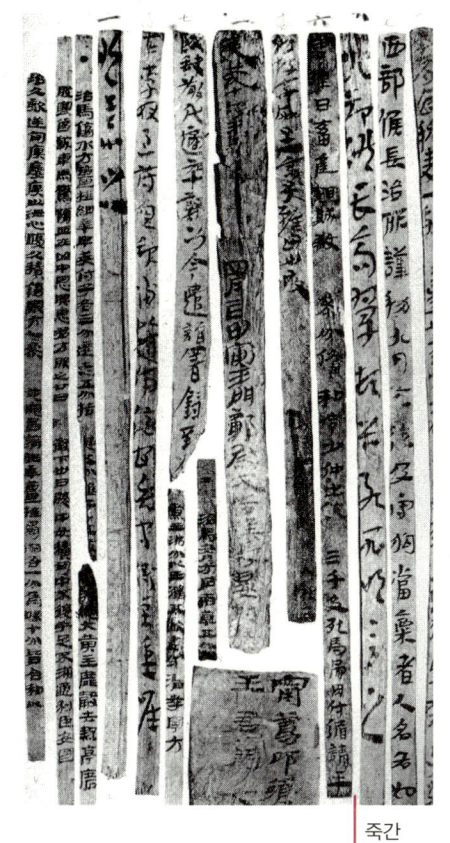

죽간

른 부분을 불로 살짝 구워 매끄러운 기름 성분을 모두 없앤 후 글자를 쓸 수 있게 하는 동시에 먹물이 잘 스며들도록 했는데, 이와 같이 대나무의 겉면을 불로 가공하는 것을 살청殺靑이라 했다.

현재까지 발견된 가장 오래된 죽간은 호남성 장사長沙의 옛 무덤에서 출토된 것으로서 이는 전국시대戰國時代 초나라의 것으로 보이며, 쓰여 있는 내용으로 보아 그 무덤에 수장된 부장품의 목록일명 견책(遣策)이라고 함이다. 출토된 죽간의 길이는 약 22cm, 너비는 1.2cm, 두께 1mm이며, 죽간마다 1행씩 글자가 있는데 모두 대나무의 안쪽에 써져있다. 이러한 죽간은 이후 종이

| 경(磬)

에 글자를 쓰면서부터 사실상 없어지게 되었다.

은상대股商代에 쓰인 소재로서 현재까지 남아있는 것은 돌과 갑골甲骨이다. 돌에 써진 것으로는 은나라의 왕비인 부호婦好가 묻힌 것으로 보이는 부호묘婦好墓에서 발견된 '경磬'이라는 돌로 만든 타악기에 써진 것이 남아있을 뿐이며, 그 외에는 모두가 갑골 조각에 써진 것들이다.

갑골은 주로 거북의 배와 소의 어깨뼈가 사용되었으며, 이 외에도 사슴이나 다른 짐승들의 뼈도 가끔 사용되었다. 그런데 이 짐승의 뼈는 주로 점을 치는 것과 같은 종교적인 목적에서 사용되었으며, 점을 치고 난 후에는 그 내용을 적기 위해 부득이 그 뼈 위에 글자를 쓰게 된 것이다. 즉 갑골은 앞에서도 말한 바와 같이 일상적으로 사용된 소재라기보다는 특수한 목적으로 일부에서만 사용된 소재라고 보는 것이 옳을 것이다.

뼈 위에 글자를 쓰기 위해서는 붓을 사용한 경우도 있지만, 대부분이 오랜 기간 동안 기록을 보존하기 위해 칼로 새겨서 썼다. 그러나 단단한 뼈이기 때문에 칼로 새긴다는 것도 결코 쉬운 일은 아니어서, 칼로 새기기 전에 먼저 그 뼈에 일종의 화학처리를 하여 약간 부드럽게 만든 후 새겨 넣었다고 한다. 또 단단하기 때문에 그것을 손상시키지 않고 글자를 단번에 정확하게 새기는 것은 상당한 기술이 필요했고, 이 때문에 글자를 새기는 사람들은 어느 정도의 글자 쓰는 연습을 했는데 이러한 쓰기 연습을 한 갑골편도 남아 있다.

주대周代에 사용된 소재로는 청동기가 있다. 물론 이것도 일상적으로 사용된 것은 아니며, 상賞을 받은 것을 기념하거나 혹은 특별한 역사적 사건들을 기록으로 남기고자 할 때 청동으로 그릇 등을 만들어 기념으로 삼으면서 거기에 이러한 내용들을 쓴 것이다.

후대로 오면서 목간木簡이 사용되었을 것이다. 목간은 죽간에 비해 훨씬 시기가 늦은 것으로 보이는데, 죽간에 비해 목간이 후대의 것이라는 증거는 오래된 목간의 대부분이 한 조각에 한 행씩밖에 글자가 쓰여 있지 않다는 점에서 찾을 수 있다. 목간은 대나무와 달리 처음부터 조각을 얼마든지 넓은 형태로 쪼개어 여러 행의 글자를 쓰도록 만들 수가 있다. 그런데도 불구하고 한 조각에 한 행씩 글자를 쓰도록 만든 이유는 바로 오랜 기간 동안 이어져 온 죽간의 관행을 답습했기 때문일 것이며, 그런 점에서 목간이 죽간보다 출현시기가 늦다고 추정되는 것이다.

또 다른 증거는 현재까지 목간이 발견된 지점에서 찾을 수 있다. 현재까지 발견된 목간 중 가장 오래된 것은 한대漢代의 목간인 거연한간居延漢簡이다. 이 외에도 한대와 위진魏晉 시기의 목간이 많이 발견되었는데 지리적으로는 누란樓蘭과 돈황敦煌 · 거연居延과 같이 감숙甘肅과 신강新疆 일대의 사막 지역이며, 이들 지역은 한대 이후에 개척된 곳이다. 이 지역은 매우 건조하기 때문에 대나무가 거의 없다는 점에 주목

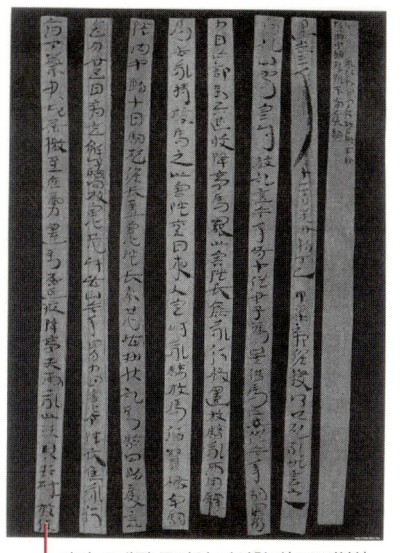

가장 오래된 목간인 거연한간(居延漢簡)

거연한간(居延漢簡)
발견된 장소는 흉노의 침입을 막기 위해 설치한 한나라의 방위전선기지가 있던 곳으로, 내용도 기지의 공문서·장부가 대부분이며, 시대는 BC 102~AD 98년까지의 것이다. 당시의 하급 관청의 기구·운영, 문서의 형식, 군대의 편성, 법령 등을 연구할 수 있는 귀중한 사료史料다.

해야 한다. 대나무를 구하기 어려웠기 때문에 하는 수 없이 대나무가 아닌 다른 소재를 이용해야만 했으며, 그 대체물로 찾아낸 것이 목간이었을 것이다. 그리고 목간의 사용 시기도 그 지역에 한족의 세력이 미치기 시작된 시기, 즉 한대漢代 전후가 아닐까 생각된다.

목간의 재질은 주로 버드나무와 포플러인데, 이는 이 나무들이 중국의 북방에 널리 분포되어 있을 뿐만 아니라 나무의 결이 희고 먹물이 잘 흡수되기 때문이라 한다. 목간의 크기는 대략 길이가 23cm이고 너비는 약 1cm, 두께는 2~3mm 정도로서 죽간과 비슷하다. 그러나 목간의 길이는 반드시 일정한 것은 아니었으며, 문서의 내용에 따라 목간의 길이가 달라진 것도 있었다고 한다. 대부분의 목간에는 글자가 한 줄로 써졌지만, 간혹 하나의 목간에 두 줄로 써진 것도 있었다. 후대에는 폭이 넓은 나무로 만들어 글자를 여러 줄로 쓴 것도 있었는데, 이와 같이 여러 줄로 써진 목간을 보통 목독木牘이라 한다.

목간 이후에 나온 소재는 비단이다. 비단은 얇을 뿐만 아니라 가볍고 질기면서 먹물도 잘 먹기 때문에 글자를 쓰는 소재로 매우 훌륭하였다. 그러나 비단은 매우 값비싼 물건이기 때문에 일상적으로 사용되었다고 보기는 어려우며, 중요한 내용을 기록할 때만 사용된 것으로 보인다. 비단이 사용된 예로는 전국시대의 유물로 보이는 초백서楚帛書가 있는데, 초백서

목독(木牘)

초백서(楚帛書)

진시황(秦始皇)의 태산각석(泰山刻石)

는 1937년에 호남성 장사시長沙市에 있는 전국시기 초楚나라 무덤에서 발견된 것이다. 이 백서는 비교적 거칠게 짜진 비단에 글자를 써 넣은 것으로서 전체의 크기는 가로 47cm, 세로 38.7cm의 장방형이다. 네 변마다 글자가 일부 쓰여 있기도 하지만 상당수의 글자는 중앙 부분에 배치되었는데, 중앙에는 글자와 더불어 그림까지 덧붙여 있다.

전국시기에는 또한 돌에 글자를 새기는 일도 많았다. 이것 역시 어떤 역사적 사실을 오래도록 기록하기 위한 목적으로 만들어진 것이었는데, 대표적인 예가 진시황秦始皇의 명령에 의해 만들어졌다는 태산각석泰山刻石과 지금은 소실된 여러 개의 진각석秦刻石이다. 이때부터 바위에 글자를 새기는 풍습이 일어나, 지금도 비석碑石과 명승지에 있는 바위 위에 이름을 새기는 형태로 이어지고 있다.

종이의 발명은 글자 쓰는 소재의 혁신을 불러왔다. 비단과 같이 가벼우면서도 먹물이 잘 먹고, 평면이 매우 고르게 되어 있어 글자를 쓰기에도 좋을 뿐만 아니라 값도 비단보다 훨씬 저렴해 글씨쓰기에는 이보다 좋은 것이 없었다. 다만 잘 찢어지고 물에 약하다는 단점이 있었지만, 장점이 너무 많기 때문에 종이를 멀리하는 일은 없었다.

전해지는 말에 의하면 종이는 한나라 때의 채륜蔡倫이라는 사람이 발명한 것으로 되어 있으나, 그가 태어나기 이전인 전국시기에 사용된 종이가 최근에 발견된 것으로 보아 채륜의 종이발명설은 잘못된 것 같다. 사실 종이는 글자를 쓰기 위한 목적에 의해 발명된 것이 아니라 물건을 싸기 위해 만들어졌다고 한다. 게다가 초기의 종이는 평평하기 보다는 울퉁불퉁한, 매우 조악한 수준이었기 때문에 처음부터 글자를 쓰는데 사용하기에는 무리가 있었다. 그러나 종이의 품질이 점점 좋아지면서 글자를 쓰기에 너무나도 좋은 재료로 바뀌었기 때문에 이전의 죽간이나 목간·비단 등은 모두 종이로 대체되었으며, 이것은 지금까지 계속되고 있다.

채륜(蔡倫)
채륜은 종이의 재료를 잘게 잘라 재료를 물에 녹이고 이를 대나무를 짜 만든 책에 얹어 말리는 공정으로 종이를 완성했는데, 이로 인해 문자를 기록할 수 있는 매끄러운 종이가 탄생하였고 인류의 학문 발전에 큰 영향을 미쳤다. 채륜이 만든 종이는 채후지(蔡侯紙)란 말로 높여 불렸다.

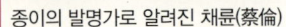
종이의 발명가로 알려진 채륜(蔡倫)

오늘날 가장 보편적으로 사용하는 소재는 종이지만, 아직도 중국의 일부 지역에서는 종이가 아닌 것에 글자를 쓰고 있다. 운남성雲南省의 태족傣族들은 대부분 불교를 믿고 있는데, 그들이 사찰에서 사용하는 불교 경전은 한자가 아닌 그들의 글자로 쓴 것인데, 글자를 쓴 소재는 종이가 아닌 다른 것이다. 그들은 주위에서 많이 자라고 있는 대야수大椰樹라는 일종의 야자수 잎을 따서 커다란 솥에 그들만이 사용하는 특수한 화학물질과 함께 넣고 상당시간을 찐 다음 그늘에서 서서히 말린 후 사용하고 있다. 이들의 경전은 이런 과정을 거친 잎을 길이 30~40cm, 폭 4~5cm 정도로 자른 다음, 그 표면에 날카로운 송곳 같은 것으로 불경의 내용을 새겨 넣는데 이런 과정을 거친 잎은 적어도 백년 이상은 썩지 않는다고 한다.

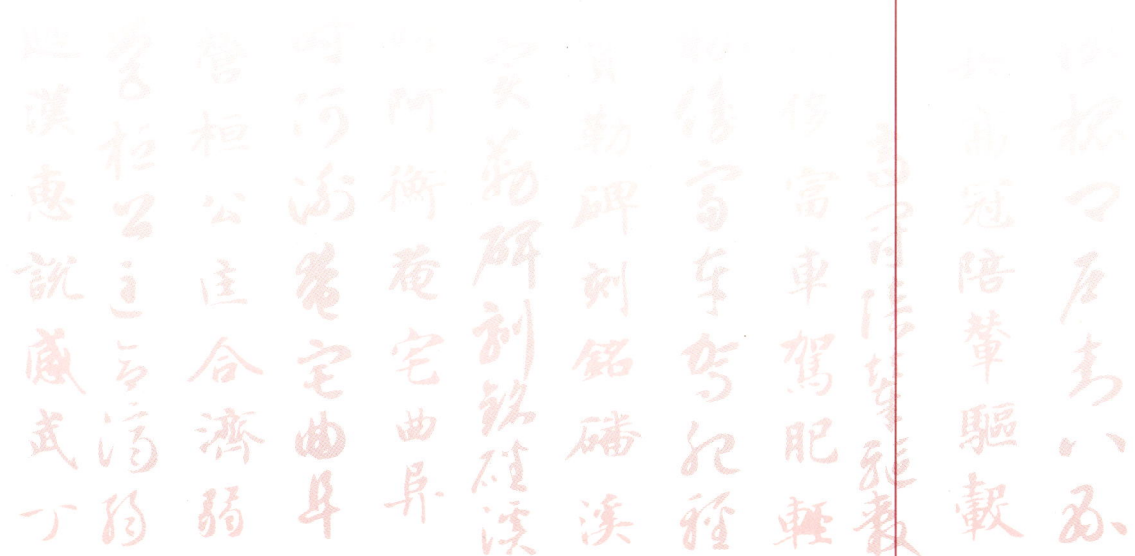

한자漢字라는 명칭은 언제 붙여졌을까

우리가 지금 사용하고 있는 한자는 처음부터 '한자漢字'라는 이름으로 불린 것이 아니다. 언뜻 생각해보면 한자라는 이름은 한족의 글자나 한漢나라의 글자라고 생각할 수 있다. 그러나 한자가 처음 만들어지고 사용된 것은 한족이나 한나라라는 이름이 나오기 시작한 것보다 훨씬 전부터의 일이니, 그 전에는 한자라는 이름이 사용되지 않았고 한자라는 명칭이 사용된 것은 적어도 그 이후의 일이 될 것이다.

그렇다면 과연 한자라는 이름은 언제부터 사용된 것일까? 이것을 알기 위해서는 처음에 한자를 어떻게 불렀는가 하는 것부터 시작되어야 할 것이다. 예전에는 한자를 '서書'나 '명名', 혹은 '문文', '자字', '문자文字' 등의 이름으로 불렀다.

'서書'란 글자를 쓰는 행위를 나타내는 글자인데, 한자라는 것이 글자이기 때문에 그것을 쓰는 행위를 지칭하는 '서書'로서 그 이름을 대용했다. 이러한 명칭이 사용된 것은 고대의 문헌에서 자주 보이는데, 『한비자韓非子』「오두편五蠹編」에 "倉頡之作書也창힐이 글자를 만들 때…"라는 기록이 있으며, 이 외에도 『회남자淮南子』「본경훈本經訓」이나 『설문해자說文解字』에 보면, '서書'를 글자의 의미로 사용한 흔적이 많이 나타난다.

'명名'이 한자를 나타내는 의미로 쓰인 것으로는 『주례周禮』「춘

관외사춘官外史의 "掌達書名于四方"에 대한 정현鄭玄의 주석에 "古曰名, 今曰字예전에는 名이라 했는데, 지금은 字라고 부른다"라는 기록이 있다. 이 외에도 『의례儀禮』「빙례기聘禮記」에 "百名以上書于策, 不及百名書于方백 자 이상은 대쪽에 쓰고, 백 자 이내는 목간에 쓴다"라 하여 그 당시에 '명名'이란 단어가 한자를 가리키는 것으로 사용된 것임을 알 수 있다.

'문文'이란 본래 사람의 가슴 부위에 여러 가지 문신을 새긴 형상을 본떠 만든 글자이다. 이것이 글자를 쓴다는 뜻과 서로 통하므로 글자를 의미하는 이름으로 사용되기도 하였다. 예컨대 『좌전左傳』「선공십이년宣公十二年」에 "夫文, 止戈爲武글자에서 止와 戈자로 이루어진 것을 武자라고 한다"라는 기록이 있는데, 여기서 '문文'이란 바로 한자를 가리키는 것이다. 이러한 예는 『설문해자』에도 나타난다.

『설문해자』에 의하면 본래 '자字'란 "자식을 집안에서 젖을 먹여 키운다"는 말이다. 이는 자식을 성장시키는 일이므로 '증식시킨다, 번식시킨다'라는 의미를 갖게 되었다. 따라서 기초적인 형태의 한자들이것을 文이라 함이 결합함으로써 새로 증식되어 만들어진 보다 복잡한 형태의 글자를 자字라고 부르게 된 것이다. 이렇게 글자를 '자字'라고 한 기록은 『설문해자』를 비롯하여 『한서漢書』「유흠전劉歆傳」의 "分文析字文과 字를 분석하

『설문해자(說文解字)』의 일부

낭야각석(琅邪刻石)
중국의 진시황제가 세운 자신의 송덕비 일곱 석 중 하나다. 문자는 모두 승상 이사(李斯)의 글씨라 하며, 균정하고 품격 있는 소전(小篆)의 전형으로 귀중히 여겨지고 있다.

다"라는 구절에도 나타나고 있다.

　글자를 나타내는 말들이 '문자文字'라는 용어로 사용된 것은 진시황秦始皇 28년B.C. 219에 세워진 낭야각석琅邪刻石에 '同書文字'라는 기록에서 처음 나타난다. 이것이 文과 字를 합쳐 부르게 된 시초로 보인다. 이전까지는 文과 字를 따로 사용하였다.

　위에서 보이는 기록들은 모두 한나라 이전에 나오는 것들이다. 즉 한나라 이전에는 어느 곳에서도 한자漢字라는 이름을 사용한 흔적이 없다. 이러한 것은 당대唐代 이전의 한자학 전문 서적에서도 '문文'이나 '자字'라는 용어를 사용했을 뿐, 전혀 '한자'라는 단어가 출현되지 않는 현상으로도 나타난다.

　그렇다면 한자라는 명칭은 언제부터 사용되었을까? 기록상으로 가장 먼저 '한자漢字'라는 용어가 출현한 것은 『원사元史』 「병지兵志」이다. 『원사』에 의하면 "몽고의 글자로 된 책을 만들어 이를 전래하도록 했는데, 그 총 숫자는 알 수가 없다造蒙古漢字文册聞, 其總數蓋不可知也"라 하여 '한자'는 몽고 문자에 대한 설명 과정에서 문자라는 의미로 사용되었다. 이 『원사』가 써진 시기가 명대明代이므로 '한자'라는 명칭은 명대 이전에 생긴 것으로 추정할 수 있다.

　일설에 의하면 한자란 명칭은 한나라 때부터 사용되었다고 한다. 그들의 주장에 의하면 다른 민족들이 한나라의 문자라는 의미로서 불렀다는 것이다. 왜냐하면 무제武帝 시기에 한나라의 국력과 군사력이 날로 강성해져 그 영향이 다른 먼 지역에까지 미치게 되자 그들은 중국인들을 한인漢人이라고 부르게 되었는데, 이에 따라 자연히 그들이 쓰는 문자를 한자라고 불렀다는 것이다.

그러나 여기에는 두 가지의 문제점이 있다. 하나는 한족이 아닌 다른 민족들도 자신들의 글자가 있어야만 한다. 그래야 자신들의 글자와 구별되는 글자로서 '한자'라는 용어를 사용했을 것이다. 다른 하나는 이미 중국인들이 자신들 글자의 명칭을 '문文'이나 '자字'로 쓰고 있는데, 다른 민족들이 그것을 빌려 사용하면서 이미 중국인들이 사용하고 있던 기존의 명칭을 무시하고 따로 이름을 붙였다는 전제가 있어야 한다는 점이다. 그러나 이러한 것은 그 가능성이 매우 낮다. 왜냐하면 한나라 시기 한족이 아닌 다른 민족들은 아직 자신들 고유의 글자를 갖고 있지 않았기 때문이다.

어쨌든 백번 양보해서 실제로 한나라 때부터 다른 민족들이 한자라는 이름을 사용했다고 하더라도 그것은 다른 민족이 그렇게 이름 붙였을 가능성에 불과한 것이고, 중국인들 스스로 그렇게 이름 지어 사용하기 시작한 정확한 시기는 알 수가 없다. 다만 한자라는 명칭이 처음 나온 명대 이전의 기록 중에는, 비록 '한자'나 '한문'이라는 용어는 아니지만 이들과 내용상으로나 용어상으

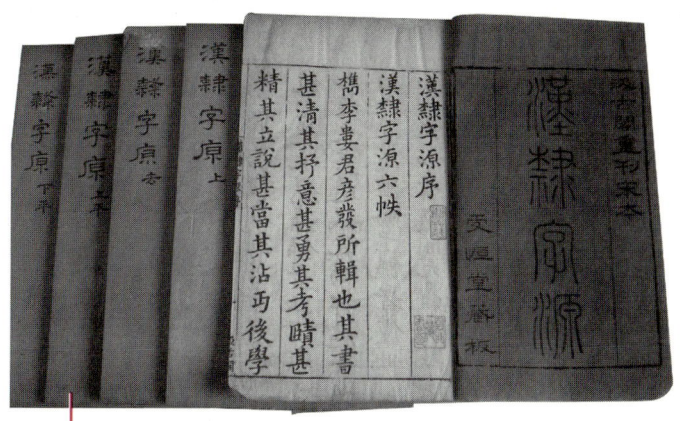

한나라 때 예서를 집대성한 『한예자원(漢隷字源)』

로 가장 근접한 책으로서 송대宋代의 루기婁機가 지은『한예자원漢隸字源』이 있다. 이것으로 보아 '한자'라는 명칭은 적어도 송대 이후가 되어서야 중국 내에서 사용되었다고 할 수 있다.

여기서 한 가지 의문이 생긴다. 만일 송대 이후에 중국인 스스로가 한자라는 용어를 사용하기 시작했다면 왜 하필 한자라는 말을 사용했을까? 다른 민족들이 한자라는 이름을 쓰고 있었기 때문에 그것을 그대로 받아들였을까? 그렇지 않다면 자신들의 글자를 일컫는 말로는 차라리 당시 중국의 국호가 '송宋'이었으니 '송자宋字'가 더 어울리지 않았을까?

이에 대한 답은 시대별 한자의 발전과정과 송대의 한자에 대한 연구 배경에서 찾을 수 있다. 한대는 예서隸書가 주로 사용되던 시기이다. 이전의 금문金文과 전문篆文에 비해 예서는 필획이 상당히 바뀌어 있어 그 이전에 사용되었던 글자들에 비해 그림의 형태가 전혀 나타나지 않고 있는데, 이것에서 발전된 해서楷書는 예서의 글자 구조를 거의 변화시키지 않았다. 그래서 한자의 발전 과정을 이야기할 때 갑골문 이래로부터 전문까지를 고문자古文字로 보는 반면, 예서 이후로는 근대문자로 보고 있다.

글자의 모양이 획기적으로 변화된 예서가 물론 전국시기에 이미 만들어진 것이기는 하지만, 실제생활에 사용된 것은 한나라 때이다. 그런데 예서와 흡사한 해서를 사용하고 있던 송대의 학자들이 한자에 관심을 가지고 금석문金石文을 연구하면서, 금석문이 현재 자신들이 쓰고 있는 해서와 모양이 너무 다르다고 느꼈기에 이에 대한 철저한 연구를 하지 않을 수가 없었다. 앞서 말한『한예자원』도 역시 한자의 기원에 대한 연구 서적인데, 책의 명칭을 지을 때 상당히 고심하여 이렇게 지은 것이다. 즉 한자의 기원을 연구하자면 고문자에 대해 연구할 수밖에 없는데, 고문자와 구별되는 글자이자 자신들이 주로 사용하는 해서는 그 시초가 한나라 때의 예서였던 것이다.

다시 말해 고문자는 자형이나 문장에서의 쓰임새가 한나라 이후와는 상당히 달라 그 의미를 정확하게 파악하기가 어려웠다. 즉 고문자와 한나라의 문자[隷書] 사이에는 커다란 격차가 있는 것이다. 그래서 고문자와 한나라 이후의 글자를 구분할 필요가 생겼고 이러한 배경에서 '한예자漢隷字'라는 명칭이 생겼으며, 시간이 점차 흘러 '한자'라는 명칭까지 탄생했을 것이다.

그렇다면 왜 '한자'라는 명칭의 발생이 늦어졌을까? 그 이유는 아마도 한자와 비교될 문자가 없었기 때문일 것이다. 즉 한자와 견줄만한 문자가 주변 국가에 없었고, 또 있다고 하더라도 그런 글자들이 다량으로 중국에 들어오지 못했기 때문에 다른 문자와 구별하기 위해 특별한 이름을 지을 필요성이 없었다. 그저 단순히 '文', '字', '文字' 등으로 표기만 해도 자연히 '한자'를 가리킬 수 있었던 것이다.

한자의 발음은 어떻게 정했을까

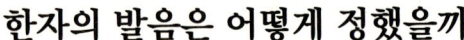

　우리가 쓰고 있는 한자는 모두 우리 식으로 읽는 발음을 가지고 있다. 만일 그것이 없다면 한자를 읽을 수가 없으며, 읽을 수 없는 한자이기에 사용할 수도 없었을 것이다. 그렇다면 한자의 발음은 어떻게 정해지게 되는 것일까?

　처음에 한자가 들어왔을 때 당연히 그 한자의 뜻과 형체, 그리고 발음도 함께 들어왔다. 그때의 한자 발음은 그것을 사용하는 중국인들의 발음을 그대로 받아들였다. 만일 그대로 받아들이지 않는다면, 한자에 대한 아무런 지식이 없던 우리들로서는 그것을 읽을 방법이 없었기 때문이다. 이것은 지금 우리가 사용하는 영어 중 이미 외래어로 된 단어들의 발음을 영어의 발음대로 적는 것과 마찬가지이다.

　그렇게 받아들인 한자의 발음은 우리 사회에서 오랜 기간 사용되면서 이미 우리말의 하나로 굳어졌고, 또 그때만 하더라도 그 한자의 발음을 본래 발음이 아닌 다른 발음으로 표현할 방법이 없었다. 그런 한자들이 수없이 많아지게 되자, 이제는 어지간한 한자는 모두 우리 식으로 어떻게 읽는다는 것이 굳어졌다. 그렇게 굳어진 발음은 우리나라에서 만들어진 자전에 그대로 채택되어, 자전을 보면 어떤 한자라도 우리말로 어떻게 읽는다는 것이 모두 표시되어 있다.

한편 중국에서는 전통적으로 한자의 음을 '반절反切'이라는 방식으로 표기했다. 반절이란 두개의 한자를 이용하여 표제자의 발음을 표시하는 방식이다. 예를 들어 '談담'이라는 글자의 발음은 '도감절徒甘切'로 표시했는데, 이 표기가 의미하는 바는 첫 번째 글자인 '徒'의 발음인 'tu'에서 성모聲母, 우리말의 초성에 해당함인 't'를 취하고, 두 번째 글자인 '甘'의 발음인 'gan'에서 운모韻母, 우리말의 중성과 종성에 해당함인 'an'을 취해 'tan탄'이라고 발음하라는 것이다. 이런 식으로 그들은 자전에 모든 한자의 발음을 반절로 표기해 놓았는데, 우리는 그 반절에 표기된 각 한자의 발음을 우리식으로 읽어 발음을 적는 것이다. 예컨대 위의 '談'을 읽을 때, 그들이 표기한 반절이 '徒甘切'이므로 '徒'의 발음인 '도'에서 'ㄷ'을 취하고, '甘'의 발음인 '감'에서 'ㅏㅁ'을 취해 '담'이라고 읽는 것이다.

그러나 이렇게 우리 식 발음으로 바꾸어 표기하는 경우, 반절에 사용된 글자의 본래 음이 그대로 재현되는 것은 아니다. 예컨대 '卦괘'자의 반절은 '고매절古賣切'이므로 원칙대로 라면 'ㄱ'과 'ㅐ'를 합친 발음인 '개'라고 읽어야 하겠지만, 이미 '괘'로 굳어졌기 때문에 '개'라 읽지 않고 '괘'라 읽는다. 또 '迥형'의 경우는 반절이 '호정절戶頂切'이므로 이 역시 본래대로 읽으면 '헝'이라는 발음으로 표기해야 하지만, 우리나라에서는 '헝'이라는 한자음을 사용치 않았기 때문에 그와 발음이 비슷하면서도 자주 쓰이고 있는 '형'으로 읽는다.

20세기 초까지 중국에서는 모든 한자를 반절로만 표기했는데, 그 반절을 우리말로 표기한 발음은 약 500여 종류가 된다.

그렇기 때문에 아직 한국의 자전에 수록되지 않은 한자라 하더라도 중국 자전에 반절이 표시되어 있으면 이를 이용하여 얼마든지 우리말로 바꾸어 표현할 수 있다.

중국에서는 지금도 한자를 계속 만들고 있는데, 우리나라에서는 그것들을 아직 수용하지 않고 있어서 그 한자들에 대한 발음을 정하지 않고 있는 것도 있다. 현재 중국에서는 통용되지만 한국에서는 사용되지 않아 우리 식의 발음이 없는 글자가 이미 상당수에 달한다. 그 중에는 최근 200~300년 사이에 만들어진 것도 있지만 그 이전 시기에 만들어진 글자들도 꽤 있다. 예를 들어 䎡北萌切 · 朡陟卦切 · 狘許月切 · 絩他兼切 · 糒落蓋切 · 䅼武遠切 · 磩古獲切 · 頏都挺切 · 獕莊陷切 · 鳶愚袁切 · 鵥邊孔切 등과 같은 글자들은 중국의 자전에는 있지만 우리나라의 자전에 없어 그 발음을 아직 확정하지 않은 글자들인데, 중국의 자전에 반절이 표시되어 있기 때문에 우리말로도 충분히 읽을 수가 있다.

그러나 이런 글자들의 발음 표기는 한자가 처음 우리나라에 수입되었던 옛날과 달리, 지금 중국에서 사용하는 발음을 소리나는 음값 그대로 똑같이 한글로 표기하지는 않는다. 한자가 처음 우리나라에 들어왔을 때는 그 발음을 그대로 표기하여 사용했지만, 그 후 오랜 시간이 지나면서 그 글자에 대한 중국과 우리의 발음이 달라졌고, 각자의 발음 방식이 그대로 굳어졌기 때문이다. 頏都挺切, ding 이라는 글자를 중국에서는 '딩'이라고 읽지만 우리는 '정'으로 읽는 것을 예로 들 수 있다.

이렇게 볼 때 위의 글자들을 䎡—병北萌切 · 朡—재陟卦切 · 狘—월許月切 · 絩—첨他兼切 · 糒—려落蓋切 · 䅼—면武遠切 · 磩—괵古獲

切・湏—정都挺切・獠—잠莊陷切・冤—원愚袁切・鞤—봉邊孔切으로 읽을 수 있다.

　중국의 한자 중에 우리식 발음이 확정되지 않은 한자가 있는 것과 마찬가지로 중국 역시 현재의 발음이 확정되지 않은 한자가 있다. 이것은 예전에 사용된 글자라서 옛날 자전에 수록도 되어 있고 예전의 발음표기법인 반절이 표시되어 있기도 하지만, 그 글자에 현대의 발음 표기법인 한어병음이 표시되어 있지 않기 때문에 현재의 발음으로는 읽을 수 없는 경우이다. 위에서 예를 들었던 㮰北萌切, beng・腉陟卦切, zhai・𦙫許月切, xue・綊他兼切, tian・𥝱落蓋切, li・湏都挺切, ding・獠莊陷切, zhan과 같은 글자는 현재의 한어병음으로 발음이 재현되어 있는 반면에, 稅武遠切・碱古獲切 같은 글자는 자신들의 자전에서도 아직 현대식 발음을 표시하지 못하고 있다. 이런 예는 그 쓰임새가 많지 않아 당장의 필요성이 적기 때문에 나타난 현상인데, 언젠가는 그리고 누군가는 이것을 읽어야 하는 때가 올 수 있기 때문에 지금이라도 그것의 정확한 발음을 현대식으로 표기해 놓아야 하지 않을까 생각한다.

한자는 언제 우리나라에 들어왔을까

한자는 언제 우리나라에 들어왔을까? 이 물음에 대해 정확히 대답할 사람은 아직 아무도 없다. 한자란 문화의 산물이고, 문화의 산물은 꼭 집어 어느 해에 들어왔다고 말하기 보다는 대체적으로 서서히 전파된 것으로 보아야 하기 때문에 그 정확한 시기를 말하기가 매우 어렵다.

한자의 전래 시기가 언제라고 기록된 것이 없기 때문에, 이를 알기 위해서는 중국과 우리와의 교류 시기가 언제부터였으며 어떠한 교류가 이루어졌는가를 밝힘으로써 한자의 전래 과정을 추정할 수밖에 없다.

현재까지 전하는 우리나라의 한자 자료 중 완벽한 형태이면서도 가장 오래된 것은 광개토왕비廣開土王碑이다. 이것은 광개토대왕이 사망한 이듬해인 서기 414년에 그의 아들 장수왕에 의해 만들어진 것으로 알려졌는데, 이 유물의 존재로 보아 최소한 광개토 대왕이 살았던 시기에는 우리나라에서도 한자가 보편적으로 사용되었다는 것을 알 수 있다.

비록 유물은 없지만, 그보다 앞서 백제의 아직기와 왕인王仁이 이미 4세기경에 『논어論語』 등을 비롯한 여러 책을 일본에 전했다는 기록이 있다. 이것으로 보

광개토왕비(廣開土王碑)

전한 시대의 칠기(漆器)

전한 시대의 동종(銅鐘)

아 한반도에는 4세기 이전에 상당 수준의 한자를 이용한 학문이 존재했으며, 이는 이미 오래 전에 한자가 들어왔을 것이라는 사실을 추정케 한다.

그렇다면 그 이전에는 중국과의 교류가 얼마나 있었을까? 역사에서 전하는 바에 의하면 B.C 104년에 중국 한나라의 무제武帝가 한반도에 한사군漢四郡을 설치했다고 한다. 낙랑의 옛터에서 발견된 유물 중에는 전한 시대의 칠기漆器, B.C 85와 동종銅鐘, B.C 41이 있는데, 한사군의 한반도 설치에 대한 진위 여부가 논란이 되고 있기는 하지만 만일 그것이 사실이라면 이때 한자가 들어왔을 가능성이 높다. 왜냐하면 한사군의 설치 목적은 한반도를 통치하기 위한 것이었고 그 통치를 위해서는 상부와 하부의 의사소통이 필요하며, 의사소통을 위해서는 언어나 문자가 반드시 필요한 것이다. 그런데 당시의 한나라에서는 이미 한자가 오래 전부터 사용되어 왔고, 그러므로 위정자들은 반드시 한자에 의거해 통치를 했을 것이다.

물론 문자가 없는 종족들도 다른 나라를 통치할 수는 있다.

그러나 이미 자기들이 고도의 문화수단인 한자를 사용하고 있음에도 불구하고 한사군을 설치하면서 통치에 한자를 이용하지 않았을 리는 없다. 이렇게 볼 때 한사군의 설치는 자연스럽게 한자의 전래를 동반했을 것이며, 한반도에는 늦어도 이때부터 한자의 사용이 시작되었을 가능성이 높다. 그러나 불행히도 당시에 사용되던 한자의 흔적을 찾을 만한 유물은 아직 발견되지 않고 있다.

한자와 관련된 유물 중에는 광개토왕비 외에도 다른 것이 있기는 하다. 경남 남해 섬 끝에 있는 금산錦山에 가면 산골짜기 길가에 '徐市過此서불과차: 서불이 여기를 지나다'라는 한자가 새겨진 돌이 있다. 전설에 의하면 진시황이 영생불사永生不死하기 위해 서불徐市이라는 신하로 하여금 선남선녀 각 500명씩을 데리고 신성스러운 곳에 가서 불로초不老草를 구해오라고 했다고 한다. 그래서 서불 일행은 동방의 우리나라까지 와서 여러 곳을 수소문하고 다녔는데, 마침 이곳이 불로초가 있다는 곳이라는 말을 듣고 찾아와 자신들이 온 것을 기념하기 위해 돌 위에 한자를 새

서불(徐市)
'서시'로 잘못 읽는 사람들이 많다. '시(市)'는 글자의 꼭대기 부분이 다음의 가로획과 분리된 반면, '불(市)'은 꼭대기부터 아래까지 하나로 이어진 수직 형태로 된 선이다.

'서불과차(徐市過此)'가 새겨진 바위

겨 넣었다고 한다.

그 말이 사실이라면 우리나라에 한자가 전래된 것은 진시황 때인 B.C 220년쯤이 되므로 한사군의 설치시기보다 100여 년이나 앞서게 된다. 그러나 이것은 전설에 불과한 것으로서 그 사실을 뒷받침할 만한 어떠한 근거도 찾을 수가 없고, 또 그 돌 위에 새겨진 글자가 한자이긴 하지만 그 글자들이 '徐市過此'인지 분명치도 않다. 또 '徐市過此'라는 글자가 분명하다하더라도, 그것을 서불 일행이 썼다고 볼 수는 없다. 그 이유는 당시의 진나라는 소전小篆과 예서隸書가 성행하던 시기였는데, 이곳에 쓰인 글자는 그 어떤 것도 아니기 때문이다. 따라서 이는 후대의 사람이 옛 전설을 기록하기 위해 이와 같이 써놓았을 가능성이 높다. 왜냐하면 우리나라의 바닷가 중에 경치가 유난히 좋은 곳에는 그 빼어난 경관을 더욱 미화시키기 위해, 진시황이 신하들을 그곳에 보내 불로초를 구해오도록 했다는 전설들이 많다. 예컨대 충무 앞바다의 해금강海金剛, 여수 앞바다의 백도白島, 서해안의 홍도紅島 등이 모두 이러한 전설을 간직하고 있는 곳들이다.

1. 일본

한자가 일본에 직접 전래된 시기는 5~6세기경이다. 당시 일본은 고유의 문자가 없었으므로 백제나 중국에서 전해진 한자를 대신 사용하였다. 중국과 직접적인 교류를 통해 한자를 습득했다는 사실을 보여주는 것으로서, 제2차 세계대전 후 유명해진 '와노나노고쿠오漢委奴國王'라는 금인金印이 있다. 이것은 에도 시

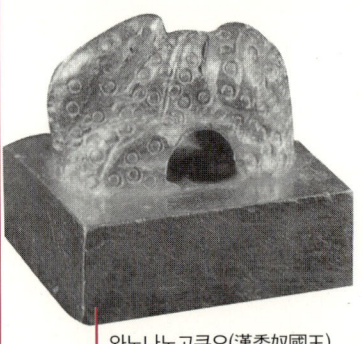

와노나노고쿠오(漢委奴國王)

대 중엽1784에 규슈 시가섬의 한 농부가 파낸 것으로, 이 금인문자를 어떻게 해석해야 하는지에 대해 아직 논란이 지속되고 있지만, 그것이 규슈에 있었던 한 작은 나라의 와노나노고쿠오를 위해 한나라의 광무제가 보낸 것은 틀림없는 듯하다.

한자 유입을 알 수 있는 또 다른 유물로는 일본에서 발굴된 구리거울과 철검을 들 수 있다. 구리거울에는 계미년440년이나 503년의 연월이 한자로 표기되어 있으며 철검에는 신해년471년으로 추정이라고 새겨져 있는데, 이것들로 일본인은 5세기 이전부터 이미 한자를 알고 있었다는 것을 알 수 있다. 또한 5세기경에는 상류귀족계급에 속하는 사람들 사이에 한자가 꽤 보급되었을 것이라 추측된다. 4세기 말 오오진 천황 때 왕인王仁이 백제로부터 『논어』 10권과 『천자문』 한 권을 전해주고 태자의 사부가 되었으며, 같은 시대에 왕인에 앞서 아직기가 백제왕의 사자로 건너와 경전을 전했다. 6세기에 건너간 오경박사와 7세기 중엽 백제 멸망 후 많은 유민이 도래하여 정착하였는데, 이 역시 한자가 전해질 수 있었던 환경으로 보인다.

2. 베트남

베트남은 북쪽으로 운남성雲南省과 맞닿아 있어 중국과의 관계가 매우 밀접했다. B.C 111년에 한나라에 의해서 비엣남(越南)

의 베트남어 음역이 멸망당하고 이후 1,000여 년간 중국의 통치를 받았는데, '비엣남'이라는 이름 자체가 중국에서 유래한 것으로서 대략 '월越 이남의 나라'임을 뜻하는 것이다.

예전부터 사회 질서, 정치, 종교 등 거의 모든 분야에서 중국의 영향을 받았던 베트남은 중국과의 관계가 시작되었을 때부터 문자 역시 한자를 사용하였다. 단순히 문자뿐 아니라 역사 서술로부터 시詩에 이르는 문학도 함께 들어와 이후 수백 년 동안 베트남의 문학을 지배했다. 한자는 '쯔뇨'학자 층의 문자라는 이름으로 사용되었고, 훈訓은 그대로 두고 음音 부분만을 베트남 발음에 상응하도록 변경시킨 '쯔놈字喃'이라는 대중적 문자가 생겨날 때까지 지속적으로 사용되었다.

베트남은 선사시대부터 자기의 말을 갖고 있었기 때문에 어떤 형태로든 문자가 존재했을 것이라는 가설을 세우고 언어학자와 사학자들은 그 흔적을 찾기 위한 노력을 계속했다. 하지만 아직까지는 베트남 문자에 관한 새로운 흔적을 찾아내거나 설득력 있는 설명을 하지 못하고 있다.

현재까지 알려진 베트남의 문자생활은 북속北屬시대 중국의 지배를 받으면서부터 시작한 것으로 보고 있다. 한자는 북속시대부터 20세기 초에 이를 때까지 베트남에서 공식문자로 사용되었다. 한학漢學에 의한 과거제가 폐지된 것은 북베트남에서 1915년, 중부 베트남에서 1919년의 일이다. 즉 오늘날의 베트남 문자는 1919년 이후에야 전국적으로 쓰였고, 그 전까지는 한자와 그들의 민속 문자인 '쯔놈'이 사용되었던 것이다.

베트남은 한자를 처음 받아들일 때, 한국에서처럼 중국식 발

쯔놈(字喃)
베트남에서 한자의 음을 빌리거나 한자의 음과 뜻, 의미를 합성하여 베트남어를 표기하던 글자다. 20세기에 들어와 로마자 표기법이 보편화되면서 더 이상 사용되지 않고 있다.

음을 그대로 받아들인 것이 아니라 베트남식 발음으로 받아들였다. 예를 들면 '一'자를 '녓nhat'이라고 읽었다.

그러나 한자는 베트남 사람들의 생각과 감정을 모두 표현하는 데 한계가 있었다. 그래서 자신만의 고유한 문자의 필요성을 인식하고 베트남 문자인 '쯔놈'을 만들었다. 쯔놈은 베트남어로 'chu nom'으로 읽으며 주로 구어체 문자로 알려졌다. '쯔'는 글자를 의미하며 '놈'은 베트남 사람의 일상적인 말이라는 고유 명사이다. 일부에서는 한자에 대응되는 개념으로서 '南方'이라는 뜻으로 사용하기도 하는데, 그 근거로 nom자는 gio nom동남풍에 유래되었다. 하지만 이 문자는 획순이 복잡하다는 문제와 한자·한문을 이해해야 한다는 점, 그리고 무엇보다 베트남족을 오랫동안 지배한 민족의 문자에서 파생되었다는 자주적인 민족의식 등의 이유로 일반 대중에게서는 널리 사용되지 않았다.

쯔놈은 언뜻 보기에는 한자 같지만 한자를 차용해서 만들어진 베트남 사람들의 글자이다. 쯔놈은 한자를 변형한 형태이기 때문에 한자를 모르는 사람들은 쯔놈을 한자라고 생각하기 쉽다. 쯔놈의 일부는 한자와 글자 모양이 같고 의미가 같은 글자도 있는데, 중국에서는 쯔놈을 '난위옌喃語言'이라 쓰고 주석을 달아 설명한다.

쯔놈은 베트남이 중국으로부터 독립을 쟁취하려던 시기인 8~9세기경에 출현했으며, 오랜 과도기를 거쳐 12세기에 이르러서야 쯔놈으로 쓰인 문건과 창작물이 나타나게 되었다.

쯔놈이 만들어진 이후 널리 사용될 때까지 긴 과도기를 거친 이유는 쯔놈이 특정인 또는 특정 그룹에 의해 만들어진 것이 아니고, 당시의 식자들이 글을 쓰면서 몇 자씩 사용했던 것을 후대 사람들이 계속 보충하는 방식으로 전승되었기 때문이다. 쭈놈은 12세기에 들어서야 비로소 당시까지 전해진 것들을 가지고 창작활동을 할 수 있을 정도로 어휘가 풍부해졌으며, 글자를 읽을 수 있는 식자층도 두터워졌다.

제 2 부

한 잡월의 변천

한자는 어떻게 변해왔나?

　한자가 만들어지기 이전 사람들은 그림이나 다른 방법으로 자신의 의사를 표현하고 전달해왔다. 그것이 점차 발전하여 글자가 만들어지게 되었는데, 맨 처음 만들어진 한자는 지금부터 약 6,000여 년 전단행본에는 6,800여 년 전의 도기陶器 위에 쓰인 부호형태의 글자이다. 이 글자를 도문陶文이라 하는데 한자는 여기서부터 점차 변하여 요즈음 우리가 사용하는 형태로 바뀌어 온 것이다. 이렇게 바뀌는 과정에서 중국에서는 각 시대마다 그 시대를 대표하는 글자 형태가 있어 왔다. 대략적으로 살펴보면 상대商代에는 주로 갑골문甲骨文을 사용하였고, 주대周代에는 주로 금문金文을 사용하였으며, 진대秦代에는 공식적으로는 전문篆文을 사용하였으나 일상적으로는 예서隸書를 사용하였다. 또 한대漢代에는 공식적으로는 예서를 사용하였으나 초서草書도 이미 유행하였고, 위진魏晉부터 현재에 이르기까지 해서楷書를 사용하고 있으며 행서行書가 보조적으로 사용되고 있다. 이들을 시대별로 간략히 살펴보자.

　최근 수십 년 동안 중국에서는 여러 지역에서 도문이 발견되었는데, 이들은 시기적으로 오랜 기간에 걸쳐 만들어지고 사용된 것들로 현재까지 발견된 도문은 모두 200여 자밖에 되지 않는다. 그 중 가장 오래되었으면서 수량도 많은 도문은 앙소문화仰昭文化에 속하는 섬서성陝西省 서안西岸 반파半坡지역에서 발견된 것이다. 이는 탄소14에 의한 연대 측정 결과 대략 B.C 4770±135~4290±200에 존재했던 것으로 추측되고 있다.

갑골문은 거북의 껍질이나 짐승의 뼈 위에 기록된 글자로서 주로 왕실에서 점을 칠 때 사용했으며, 대략 상대商代, B.C 1751~1111 말기에 주로 사용되었다. 거북의 껍질[龜甲]이나 짐승, 특히 소의 뼈[獸骨]에 새겨진 것이 가장 많으므로 재료의 이름을 따서 귀갑수골문자龜甲獸骨文字라 했는데 요즘은 이를 줄여 갑골문이라고 부른다. 갑골문은 칼로 새긴 것이 많아 대부분 필획이 날카롭고 선이 곧으며 모난 특징을 보인다. 또한 자형字形이 일정한 형식으로 통일되지 않아 좌우나 상하를 바꾸어 쓰는 것은 물론 종횡을 바꾸어 쓰기도 하며, 두개의 글자를 묶어 하나의 글자같이 쓴 합문合文도 상당히 많이 나타난다.

그 뒤를 이어 나타난 것이 금문이다. 금문은 청동기에 새겨진 글자로서 대략 주대周代부터 전국戰國 초기의 청동기 유물에서 많이 발견된다. 서주 시기대략 B.C 11세기~771의 문자가 대표적이라고 말할 수 있다. 금문은 갑골문처럼 칼로 문자를 새기지 않고 주조鑄造한 것이므로 갑골문에 비해 글자의 선이 두껍고 네모나 동그라미 형태의 모양이 자주 보이며, 글자도 더 규격화되어 좌우·상하·종횡을 바꾸어 사용하는 현상 등이 사라졌다. 서주西周 초기의 금문은 상대商代 후기와 글자 모양이 대동소이하였으

귀갑수골문자(龜甲獸骨文字)

나, 서주의 공恭·의懿 두 왕 이후부터는 자형의 변화가 비교적 심하게 일어나 두꺼운 선을 가늘게 하며 사물의 외형을 따라 구불구불하게 그렸던 선을 곧게 펴고 몇 개의 선을 하나의 획으로 잇는 경향이 강해졌다.

춘추春秋 시대대략 B.C 770~476의 한자는 제후諸侯의 세력이 점점 강해져 중·후기부터 각 지역마다 특징이 나타나기 시작하였고, 일부 지역의 자형은 보다 장식화裝飾化·미술화美術化, 오나라 초나라 지역의 새 모양 글자체되었으며, 이러한 경향은 오히려 한자의 상형성象形性을 더욱 약화시켰다.

전국시대대략 B.C 475~221는 진秦을 중심으로 한 서방의 글자와 육국六國을 중심으로 한 동방의 글자가 모양이 다르게 나타나는데, 서방의 글자는 방정형方正形인데 반해 동방의 글자들은 장방형長方形이 많다.

또한 춘추시기부터 다시 금문과는 약간 차이가 나는 전서篆書가 나타난다. 전서는 대전大篆과 소전小篆으로 나뉘는데, 대전은 주문籒文이라고도 불리며 소전보다 먼저 존재했던 글자이다. 그러나 주문 역시 전서의 일종이며, 허신許愼의 기록에 의하면 "진秦이 중국을 통일하기 이전의 문자를 대전大篆"이라 하였고, "중국 통일 이후의 규범화된 문자를 소전小篆"이라고 하였다. 그러나 실제 글자로 쓰인 유물을 살펴보면 대전의 일부 자형이 편방의 중복현상을 나타내고 있는 것 외에는, 사실상 대전과 소전의 자형 사이에는 커다란 차이가 없다.

소전의 자형은 선이 둥근 형태를 취하고 있으며, 약간 타원형으로 정연하다. 소전은 본래 고정된 형식이 없던 각종 편방을 통일하여 각 편방마다 하나의 자형만을 갖게 하였는데, 이것이 한자의 구성 성분을 통일시키는 데에 기초가 되었다. 소전은 편방마다 한자 내에서의 위치를 확정 시켜 마음대로 바꿀 수 없게 하였고, 글자마다 다른 편방으로 대체할 수 없도록 편방을 하나로 고정시켰다. 이러한 소전은 예서가 출현한 이후에도 서한西漢, B.C 206~A.D 8 말기까지

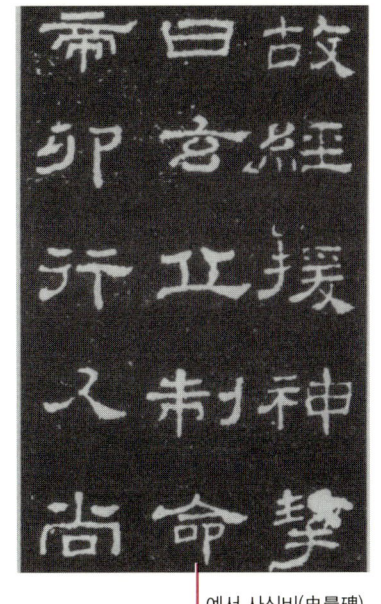

예서 사신비(史晨碑)

계속 사용되다가 점점 예서隸書로 대체되었다.

　예서는 전서의 속체俗體에서 기원한다. 처음 예서가 출현했을 때는 비교적 낮은 신분의 식자층이 많이 사용했기 때문에 귀족층들이 이를 비하해 예서라는 이름을 붙였다고 한다. 예서와 전서는 상당한 기간 동안 공존하였는데, 이 시기를 고문자古文字에서 금문자今文字로 넘어가는 과도기로 본다. 이 시기는 대략 전국 말기부터 서한 중·후기까지 약 200여 년에 이른다. 예서는 한나라의 무제B.C 140~87 때에 이르러서야 공식적인 분야에서도 사용하게 되었다. 전서는 획의 굵기가 일정하나, 예서는 가늘고 굵음의 변화가 있다. 또한 예서는 전서의 둥근 획을 곧은 획으로 바꾸었으며, 균형미를 강조하여 본래 전서에서 동일했던 편방의 모양을 위치에 따라 변화시킨 것도 있었다. 또한 운필運筆의 맺고 끊음이 명백하여 필획수를 셀 수가 있게 되었다.

예서가 전서에 비해 쓰기는 간편하지만 여전히 자형이 복잡하여 불편함이 있었기에 한대漢代에 초서草書가 나타나게 된다. 초서는 예서를 편리하게 쓰기 위해 예서의 윤곽만을 표시한다든가 혹은 자형의 일부만을 쓴다든가 하는 방식으로 만들어진 것이다. 초서에는 장초章草 · 금초今草 · 광초狂草의 세 종류가 있는데, 가장 오래된 장초는 예서에서 변한 것으로 한대漢代에서 시작되었다. 그리고 그 후의 금초와 광초로 변화하는 과정은 대체적으로 복잡한 자형 구조를 간단하게 만들고, 운필을 편하게 하기위해 여러 획을 한 번에 쓸 수 있도록 연속화하였다. 그래서 글자의 윤곽만이 남아 무슨 글자인지 알아보기 어렵게 되었다.

이러한 불편을 해소하고자 나타난 것이 해서楷書이다. 해서는 오늘 날 우리가 정자正字라고 말하는 것으로서, 예서의 쓰기 불편함과 초서가 갖는 식별의 어려움을 동시에 해결하고자 예서와 초서의 중간 형태를 취해 만들어진 것이다. 해서의 발생 시기에 대하여 확실하게 말하기는 어렵지만 대략 위진魏晉 시기에 만들어져 통용되기 시작했으며, 이에 따라 남북조 시기에는 해서가 점점 왕성해지고 예서는 점점 쇠락해 가는 단계라고 생각된다. 당대唐代에 이르러 비로소 현재 통용되는 해서와 같은 모양으로 정립되었다고 한다.

해서가 비록 예서에 비해 쓰기 편하다고는 하나. 필획수가 많고 정자체로 되어있어 여전히 불편했다. 그래서 해서의 명확함과 초서의 편리함을 취해 그 중간 형태의 자형으로 만든 것이 행서行書이다. 이것은 해서에 가까우나 서체가 자유롭고, 금초今草에 가까우나 서체가 난삽하지 않으며, 필획이 연결되어 있으나 각각 독립되어 알아보기가 쉽다. 이 때문에 일반인들이 해서의 보조 형태로 많이 사용한다.

최근 들어 중국 대륙에서 기존의 해서를 보다 간편하게 쓰기 위해 필획수를 줄이는 방법으로 간체자簡體字를 만들고 이를 일상생활에서 사용하고 있다. 그런데 간체자는 해서보다 쓰기 편하다는 장점이 있는 반면, 글자의 원형을 너무 훼손시켜 모르는 글자라도 글자의 형체만 보면 그 뜻이 쉽게 나타나는 한자의 장점이 사라져버린 감이 없지 않다. 그래서 대륙과는 달리 대만에서는 원래의 해서를 그대로 사용하고 있다.

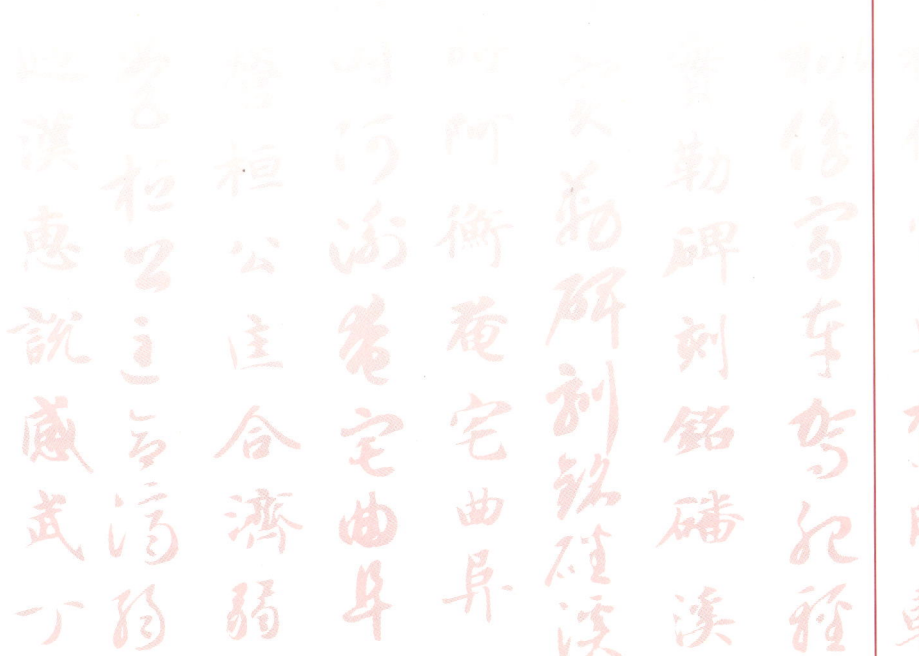

거북 등에 새겨진 한자, 갑골문甲骨文

갑골문이란 거북의 껍질이나 짐승의 뼈 위에 새겨진 한자를 말한다. 이것은 B.C 13세기에서 B.C 10세기에 이르는 은殷나라 후기부터 주周나라 초기까지 통용되었던 문자로서, 발견 초기에는 중국에서 가장 오래된 한자라고 생각되었다. 그러나 연구 결과 이 글자들은 한자를 만드는 방식인 상형象形 · 지사指事 · 회의會意 · 형성形聲 등을 모두 갖추고 있는 이미 성숙된 문자로 판명되어, 중국 문자의 기원이 그보다 훨씬 이른 시기로 거슬러 올라갈 수 있음을 밝혀준 귀중한 자료라 할 수 있다.

갑골문을 쓰기 위해 사용된 거북은 크기가 대략 30cm 전후이다. 요즘 박제로 만들어 벽에 걸어두는 거북만 보고 갑골문을 쓴 거북이 그 정도로 크다고 생각하면 큰 오산이다. 벽에 걸려 있는 크기 정도면 적어도 150년 이상은 된 거북이며, 그 정도로 큰 거북을 구하기는 매우 어렵기 때문에 글자 쓰는데 사용된 거북이는 그리 크지 않으며 글자의 크기도 대략 1cm 미만이다.

또 사람들은 거북의 등에 글자를 쓴 것으로 여기는데 이것도 잘못된 생각이다. 그렇게 생각하는 이유가 대부분 거북의 등이 딱딱하기 때문인데, 어디 거북의 등만 딱딱한가? 배도 딱딱하기는 마찬가지이다. 그렇다면 똑같이 딱딱한데 둥근 모양의 등껍질과 평평한 배껍질 중 어느 곳에 글자를 새겨 넣는 것이 편하겠는가.

물론 거북의 등에 쓴 글자도 있다. 그러나 비율로 볼 때 등껍질보다는 배껍질에 쓴 것이 훨씬 많다. 짐승의 뼈도 글자를 쓰기에 편한 넓적한 곳을 찾다 보니 소의 다리뼈가 가장 많이 사용되었다.

갑골문은 1899년 청나라 광서(光緒) 25년에 지금의 하남성河南省 안양시安陽市 소둔촌小屯村에서 발견되었다. 그리고 문헌에 이 지역이 은대의 도읍이었다고 기록되어 있기 때문에 갑골문은 은나라의 문자로 판명되었다.

갑골문이 발견된 과정도 매우 재미있다. 1899년 이전에 이 지역에서 농사를 짓던 사람들은 밭을 갈면서 돌멩이나 나무뿌리들을 골라내었다. 물론 그 지역에서는 수당隋唐 시기에도 갑골 조각들이 출토되기는 하였지만, 이때 특히 이상한 뼈들이 많이 나오게 되자 이를 매우 귀찮게 여기면서 돌멩이와 마찬가지로 밭의 한 귀퉁이에 쌓아두었다. 그러던 중 우연히 그 뼈의 가루가 상처를 낫게 하는데 효험이 큰 것을 알게 되었다. 그래서 농부들은 농한기에는 이것들을 모아 시장에 나가 약재로 팔았다. 그런데 그 뼈에 글자 같은 것이 새겨져 있는 것은 값을 싸게 치자 뼈 위에 글자가 있는 것들은 아예 갈아 없애 버렸고, 또 큰 뼈들은 작게 쪼개어 팔기도 했다. 그리고 이 뼈가 무슨 뼈인지는 모르나 약효가 대단한 것으로 보아 보통의 뼈가 아니라 틀림없이 용龍의 뼈일 것이라고 생각하여 이를 용골龍骨이라 이름 붙였다고 한다.

갑골문(甲骨文)

물론 당시의 사람들은 그것이 그토록 귀중한 유물인줄 모르고 그랬으니 지금 생각하면 너무 안타까운 일이다. 어쨌든 이 갑골 조각들은 약재로 많이 사용되어 이미 사라진 문자가 적지 않다.

그러던 중 이것의 약효가 북경까지 알려지게 되었고, 북경에 있는 약방들도 이를 구입하여 판매했다. 당시 북경에서 국자감좨주國子鑑祭酒: 지금의 국립대학교 총장에 해당였던 왕의영王懿榮이 병이 나서 북경 선무문宣武門 밖 채시구菜市口에 있는 달인당達仁堂이라는 약방에서 그 약재를 사가지고 왔는데, 집에 와서 약재를 살펴보니 그 위에 무언가가 새겨진 것이 있었다. 그는 본래 금석학자金石學者로서 금석문에 능통했기 때문에 한 눈에 그 약재 위에 새겨진 것이 글자일지도 모른다고 생각하게 되었고, 또 그것들이 매우 오래된 것이라는 점에 착안하여 이것이 고대의 문자임에 틀림없다고 판단했다. 그래서 산동성山東省 유현濰縣의 골동품상인 범유경范維卿으로 하여금 이를 수집케 했는데, 이때가 1899년이었다.

즉 갑골문은 그 이전부터 농부들 손에 의해 세상에 나왔고 또 약재로서 유명해졌지만, 이것이 글자로 판명된 시기가 이 때이므로 이 해를 갑골문의 발견 시기로 보고 있다. 왕의영이 발견하였다는 이러한 이야기가 전설일 뿐 사실이 아니라는 주장도 제기되고 있지만 아직까지는 이 이야기가 정설로 받아들여지고 있다.

왕의영이라는 뛰어난 안목을 가진 사람에 의해, 갑골 조각들은 밭가는 농부들에게 천대받는 천덕꾸러기에서 상처를 낫게 하는 약재의 신분을 거쳐 중국 문화·역사 시기를 앞당기게 만든 위대한

갑골문자를 처음 발견한 왕의영(王懿榮)

유산으로 탈바꿈하게 되었으니, 서양의 신데렐라도 이 앞에서는 맥을 못 출 수밖에 없다.

그 후 많은 사람들이 이것을 수집했는데, 이 과정에서도 재미있는 일화가 있다. 왕의영이 그 가치를 알고 약재 중개인을 시켜 계속 수집하자 갑골 조각들은 자꾸만 값이 올라갔다. 갑골편을 싸게 사려고 직접 갑골 조각이 출토되는 지역을 확인하기 위해 중개인들에게 물어보자 중개인들은 중간 유통마진이 사라질 것을 염려하여 정반대 쪽의 엉뚱한 장소를 알려주었고, 중개인들이 알려준 곳에 가보니 역시 아무 것도 없었다. 후에 나진옥羅振玉이라는 학자가 여러 곳을 수소문한 끝에 정확한 위치를 알게 되었는데, 그 때가 1908년이었으니 그동안 중개상들의 폭리는 가히 짐작하고도 남는다.

갑골문이 귀중한 유물이라고 판명되자 중국인은 물론 외국인들도 많이 수집을 했다. 그래서 미국·영국·프랑스·독일·캐나다·일본 등으로 유출되었으며, 그 분량은 수천 편이나 되었다. 이렇게 해외로 빠져나간 문화재의 유출은 중국의 입장에서 보면 엄청난 손실이 아닐 수 없다. 그런 와중에 한국에도 몇 개가 들어와 지금은 규장각에 보관되어 있으며, 최근에는 숙명여대에서 갑골편 몇 개를 해외에서 사들여 보관하고 있다.

이렇게 개인에 의해 수집된 갑골 조각들이 무려 8만 편이나 되자, 1928년 중국의 중앙연구원中央研究院에서 1937년까지 10년 계획으로 15차례의 발굴 작업을 벌였다. 그 중에서도 1936년에 진행한 제13차 발굴 작업에서는 갑골편이 무더기로 묻혀있는 지점이 발굴되기도 하였다. 그곳에는 완전한 형태의 귀갑龜甲이 200여 개나 있었고 한 지점에서 무려 17,804편이 발굴되었는데, 이는 이제까지 벌여온 작업 중에서 가장 많이 발굴된 기록이기도 하였다. 이와 같은 과정을 거쳐 현재까지 발견된 갑골편의 숫자는 대략 10만 편이 넘는데, 여기에 새겨진 문자의 숫자는 총 4,672자이며 그 중에서 식별이 가능한 글자만도 1,723자「교정갑골문편(校正甲骨文編)」에 의거함나 된다.

그렇다면 왜 갑골문이라는 이름을 붙였을까? 갑골문은 거북이의 배나 등, 그리고 짐승특히 소의 뼈 위에 붉은색의 칠이나 칼로 새겨서 써놓은 글자이다. 옛날 사람들은 어떤 일을 놓고 확실한 결정을 내리지 못할 때 신神에게 물어보기 위해 그 내용을 짐승의 뼈 위에 써놓고 점을 쳤다. 바로 여기에 사용한 문자가 바로 갑골문자이다.

지금 우리가 사용하고 있는 갑골문자나 갑골문이라는 명칭이 본래부터 있었던 것은 아니다. 처음에는 이 글자가 새겨진 재료가 거북의 껍질[龜甲]과 짐승의 뼈[獸骨]이므로 귀갑수골문자龜甲獸骨文字라고 하다가 이를 줄여서 갑골문자甲骨文字라 했고, 1921년 육무덕陸懋德이라는 사람이 이를 더 줄여서 갑골문이라 이름 붙인 이후로는 보통 갑골문으로 부른다.

이 외에 다른 이름들도 있다. 갑골문은 대부분이 점을 치는 내용이었으므로 정복문자貞卜文字, 혹은 복사卜辭라고 불렀다. 대부분은 구갑과 수골에 새겨진 점복과 관련이 있는 문자지만, 일반 수골과 골각기에 새겨진 문자도 있고, 드물지만 쓰기만 하고 새기지 않은 글자도 보이며 점복과 무관한 순수한 기록 위주의 글자도 있다. 또한 발견된 위치가 은대의 도읍이었으므로 은허문자殷虛文字라고도 하며, 글자를 칼로 새겨 만들었으므로 은허서계殷虛書契, 점을 치는 내용이 대부분이었으므로 은

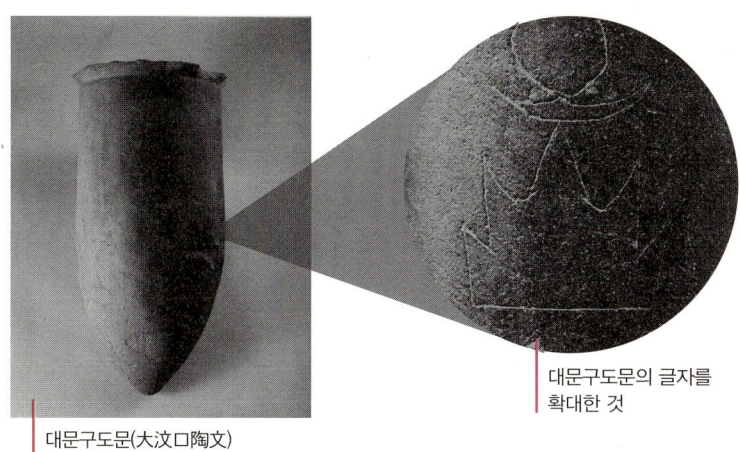

대문구도문(大汶口陶文)

대문구도문의 글자를 확대한 것

허정복문자殷虛貞卜文字라고도 하였다. 혹은 은허서계를 줄여 은계殷契, 혹은 은허복사殷虛卜辭라고 불렀다. 또 뼈에 새긴 글자라 해서 골각문자骨刻文字라 칭하기도 한다.

갑골문 문자의 기록 방식은 칼 같은 예리한 도구로 갑골 위에 새겨서 써넣는 것이 절대 다수를 차지하고 있지만, 붓으로 쓴 것이 없지는 않다. 붓으로 쓴 글자들이 있다는 것으로 이미 당시에 붓이 사용되었음을 알 수 있는데, 이러한 사실은 갑골문보다 훨씬 오래 전인 B.C 2400년경의 대문구도문大汶口陶文이나 B.C 2600년경의 마가만도문馬家灣陶文 역시 붓으로 쓴 것이라는 사실에 비추어보면 그리 놀라운 일은 아니다.

갑골문은 요즘의 한자에 비해 몇 가지의 특징이 있다. 첫째로는 칼로 새겼기 때문에 글자가 매우 날카롭고, 둘째로는 편방偏旁의 위치가 좌우·상하가 뒤바뀐 것이 많으며, 셋째로는 같은 글자의 모양이 통일되지 않았고, 넷째로는 두세 글자를 한 글자처럼 쓴 글자들이 많으며, 다섯째로는 같은 모양의 다른 글자들이 많다는 점이다.

청동기靑銅器에 쓰인 한자, 금문金文

금문이란 청동기 위에 쓰인 글자를 말한다. 청동기 위에 쓰였으므로 청동문靑銅文이라 해야 옳다고 생각할 수도 있지만, 청동도 금속의 일종이므로 보통 금문이라고 부르고 있다. 이 금문은 갑골문 보다는 약간 뒤지는 은나라 말기부터 서주시기를 거쳐 춘추시기에 많이 사용되었다. 이 시기에는 청동으로 만든 그릇들이 많이 만들어지고 사용되었는데, 금문은 아무 그릇에나 새긴 것이 아니고 장식용이나 기념품으로 만든 그릇들 위에 주로 새겨놓았다. 이것은 마치 요즈음 우리가 밥그릇 같이 일반적인 그릇에는 의미 있는 내용의 글자를 써넣지 않지만, 장식용 도자기 같은 것에는 멋들어진 그림이나 기념이 될 만한 글들을 써넣어 장식하는 것과 같다고 보면 무방할 것이다.

청동의 그릇 위에 쓰인 글자들은 극히 일부분 그릇 표면에 칼로 새겨 넣은 것도 있지만, 대부분은 주물鑄物의 방식으로 새겨진 것들이다. 흙으로 빚은 안틀과 겉틀 사이에 쇳물을 부어넣고 쇳물이 완전히 굳어진 후에 안틀과 겉틀을 벗겨내면 그릇이 만들어 지는데, 그릇의 외양은 당연히 안틀과 겉틀의 모양에 따라 결정된다. 이 안틀과 겉틀을 모模와 범范이라고 하는데, 모와 범의 모양이 좋아야 그릇도 좋게 만들어 질 수가 있다. 요즘 우리가 사용하는 '모범'이란 말이 바로 여기서 나온 것이며 지금은 '모범模範'으로 바꾸어 사용하고 있다. 어쨌든 금문이란 진흙으로 된 모나 범의 안쪽에 먼저 글자를 새겨 넣고, 그 사이로 쇳물을 부어 만든 글자이다.

금문을 보면 어떤 것은 글자가 그릇의 표면으로 튀어나오게 양각陽刻되었고 어떤 것은 표면에서 안으로 들어가도록 음각陰刻되었는데, 그것은 진흙에 글자를 써넣을 때 진흙의 표면을 양각으로 처리하면 그릇에는 음각이 되고 반대로 진흙의 표면을 음각으로 처리하면 그릇에는 양각이 되는 것이다.

금문의 다른 이름으로는 종정문鐘鼎文, 길금문吉金文, 관지款識가 있다. 종정문이라 불리는 것은 금문이 쓰인 그릇 중에 종鐘과 정鼎이 가장 많은데다 종과 정이 크면서도 중요하게 여겨졌기 때문이고실제로 금문이 쓰인 그릇의 숫자를 세어보면 종과 정이 가장 많지는 않음, 길금문吉金文이란 당시에는 구리를 의미하는 동銅이라는 글자가 없는 상태에서 구리라는 뜻을 지닌 '길금吉金'에 붙인 이름이다. 구리는 사용하기 좋은 금속이기 때문에 '좋은 쇠'라는 뜻에서 길금이라 불렀다. 또 음각된 금문을 '관款', 양각된 금문을 '지識'라 하므로 이를 합쳐 '관지款識'라고 부르기도 한다.

금문의 글자가 모두 몇 개인지는 정확하게 알 수 없다. 다만 현재까지 발견된 금문의 글자는 용경容庚이 편찬한 『금문편金文編』이란 책에 수록된 것만 가지고 추측할 수밖에 없다. 그 책에는 진한秦漢시기의 금문까지 모두 수록해 놓았는데, 그에 의하면 은주殷周시기의 금문은 2,965자로서 그 중 1,804자는 해독되었고 나머지는 아직 무슨 글자인지 알 수 없으며, 진한시기의 금문은 985자인데 이 중 951자는 해독되고 나머지 34는 아직 해독되지 않았다. 즉 발견된 총 3,950자 가운데 2,755자는 해독되었으며, 나머지 1,199자는 미해독 상태이다. 하나의 그릇에 한 글자만 쓰인 것이 있고, 가장 많이 쓰인 것은 497자가 새겨진 모공정毛公鼎이다. 모공정은 주나라 때 만들어진 것으로서, 내용은 문文임금과 무武임금이 주나라를 세우는 과정을 기록한 것이다.

 금문의 글자는 형체상 갑골문을 그대로 이어받았다. 그러나 금문은 진흙으로 만든 모범模范 위에 새겨 넣은 것이기 때문에, 갑골문에 비해 선이 굵으면서도 부드러워 필세筆勢가 돈후한 맛이 있으며 자형이 보다 네모진 모양으로 정제되었다. 그리고 갑골문과 비교해 보았을 때 금문의 사용 시기가 훨씬 길기 때문에 금문 자형의 구조 변화가 훨씬 심하며, 나름대로의 독자성을 가지고 있다. 즉 초기 금문殷商시기은 갑골문보다 그림에 더 가까우나 후기 금문西周 중후기~춘추으로 갈수록 필획은 둥글고 굵은 도형에서 선형線形으로 바뀌고, 후기 금문에 이르면 문자의 미술화 경향이 나타난다.

 초기에 청동기를 제작한 사람들은 대부분 대신과 관리들이었으며 제후국의 금문은 비교적 적었고, 특히 장문長文으로 된 금문은 매우 드물다. 그러나 서주西周가 멸망하고 주 왕실이 동천東遷한 이후 조정의 세력이 쇠락해지자 제후들의 기물이 점차 증가하기 시작했으며, 이 때문에 청동기의 지방색 또한 날로 선명해지기 시작했다. 어떤 지방에서 출토된 금문들은 그 자형이 괴상하고 문구 또한 해석하기가 쉽지 않다.

 내용상으로 볼 때 청동기의 많은 부분이 그릇 소유주의 공적을 기리기 위해 제작한 것이다. 그 내용은 보통 그릇 주인이 어

금문

떤 일에 공적이 있으며, 그리하여 군주에게 어떠한 포상을 받았는지에 대해 기록하고 있다. 그렇기 때문에 금문의 내용을 알면 당시의 역사를 정확하게 파악할 수가 있다. 다시 말해 책에 기록된 것은 오랜 시간이 지나면서 삭아 사라져 버렸지만, 청동기에 쓰인 글자들은 아직까지 원형을 그대로 유지하고 있으므로 당시의 상황을 이 기록을 통하여 정확하게 알 수가 있는 것이다.

인장印章의 모범, 전서篆書

요즘은 인장에 이름을 한자로 새길 때 해서나 예서를 사용하는 사람이 많지만, 과거에는 주로 전서를 사용했다. 그렇다면 전서란 무엇이고, 언제부터 만들어지고 쓰였는가?

전서는 크게 대전大篆과 소전小篆으로 나누어진다. 대전은 주문籒文이라고도 불리며 서주西周의 선왕宣王 때 태사太史의 직분을 가지고 있던 주籒라는 사람이 만들었다고 한다. 그러나 글자란 한 사람이 만들 수 없다는 점에서 이것을 그대로 믿을 수는 없고, 다만 당시의 자형 중에 지금의 주문으로 볼 수 있는 글자들을 그 사람이 정리하고 체계화했다고 생각할 수는 있을 것이다.

주문은 글자가 정방형正方形이고 중첩된 편방이 많다는 특징이 있다. 그런데 서주 시기에는 금문金文이 성행했기 때문에 주문이 빛을 보지 못했고, 기존의 금문과 약간 다른 형태의 글자가 나타나기 시작한 것은 춘추 시기부터이다. 또한 서주 말기의 '주'가 만들었다는 엄밀히 보면 정리한 주문이 어떠한 형태를 취하고 있는지 알 수도 없다. 그래서 왕국유王國維 같은 사람은

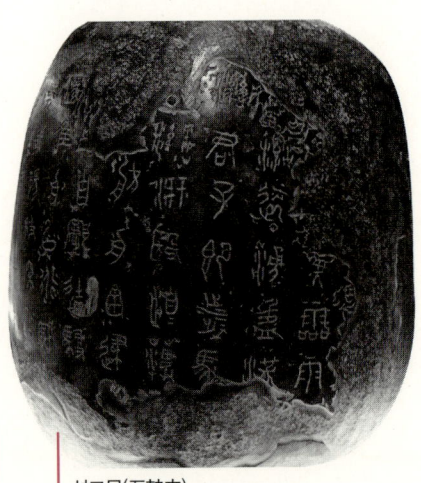

석고문(石鼓文)

주문이란 '주'라는 사람이 만든 글자가 아니라 서주 말기부터 당시 서방이었던 주周·진秦 지역에서 통용된 자형이라고 말하고 있는데, 현재 우리가 주문으로 볼 수 있는 것은 석고문石鼓文이 가장 근접한 형태라 할 수 있겠다.

주문의 뒤를 이어 나온 것이 소전이다. 그런데 이 소전의 탄생에 대해서도 하나의 일화가 있다. 진시황이 처음 천하를 통일한 후, 통치를 하는데 있어서 한자가 통일되지 않아 많은 고생을 했다고 한다. 본래부터 진秦이 있었던 서방에서 사용하던 글자와 진시황에 의해 통일 흡수된 동방의 여러 나라의 글자체가 달라 중앙정부에서 공문을 지방으로 내려 보내면, 그 지방의 관리들이 공문을 읽는데 어려움이 있었다. 뿐만 아니라 그들이 작성한 공문을 중앙정부로 올리면 중앙정부의 관리들 역시 그 글자들을 알아보기가 어려워 서로의 의사소통이 원활하게 이루어지지 않았다. 이러한 고충을 해결하기 위한 방법은 자형의 통일이라고 여겨, 당시의 재상이었던 이사李斯라는 사람이 전국에서 사용되고 있는 한자들 가운데 진나라에서 사용되는 글자와 자형이 다른 것들을 모두 없애버리고 이제까지 사용해왔던 대전을 기본으로 하되 일부 글자는 자형을 생략하고 일부는 자형을 고쳐 만든 것이 소전이라는 것이다.

그러나 이 역시 이사 한 사람이 소전을 만들었다고 볼 수는 없다. 앞서 언급되었던 바와 같이 한자의 창시자였다고 일컬어졌던 창힐倉頡이나, 주문籒文을 만들었다는 태사 주籒와 마찬가지로, 이사가 소전을 만든 것이 아니라 기존에 사용되어 왔던 소전들을 모으고 정리한 사람이라 보는 것이 옳다.

석고문(石鼓文)
현존하는 가장 오래 된 석각문이다. 원래는 700자 이상이었다고 하지만 현재 남아 있는 것은 272자뿐이며, 내용은 난해하지만 수렵에 관하여 노래한 운문이다. 현재는 베이징 자금성 내 고궁박물관에 진열되어 있다.

이사(李斯)
중국의 역사상 최초의 통일 제국이 기틀을 잡아 나가는 데 절대적인 역할을 담당했던 이시(李斯). 진시황의 천하 통일에 일등 공신 역할을 했다.

태산 아래 봉선제封禪祭를 지내는 대묘에 행차하는 황제의 모습을 그린 벽화

그는 소전을 정리한 것에 그치지 않고 스스로 소전의 모범이 되는 서체를 직접 써 후세에 남기기도 했는데, 유명한 태산각석泰山刻石이 바로 그것이다. 이 태산각석은 진시황과 관련이 있다. 진시황은 천하를 통일한 후 지금의 산동성에 있는 태산에서 봉선封禪이란 제사를 지낸 적이 있다. 봉선제封禪祭란 태산의 위에 흙으로 단壇을 쌓고 하늘의 신에게 제사지내는 것과 태산의 아래에 있는 양보산梁父山에서 땅의 신에게 제사를 지내는 것을 일컫는데, 이는 지상의 최고 통치자만이 지낼 수 있는 제사이다. 진시황은 자신이 천하를 제패한 것을 하늘과 땅에 알리고 도움을 구하는 영광스런 제사를 마치고 이를 기념하고자 산 위에 돌기둥을 세운 뒤 진秦의 역사와 자신의 공적을 찬양하는 문장을 새겨 넣도록 했는데, 이 돌기둥에 새긴 글씨를 바로 이사가 썼다.

여기에 쓰인 글씨체는 소전의 전형을 보여주는 아주 단아한 서체로, 후인들이 소전을 배우는 모범으로 삼고 있다. 진시황은 이러한 석각을 전국의 7곳에 세웠는데 지금은 거의 남아있지 않다.

이렇게 볼 때 소전은 진시황 때 만들어진 것이 아니고, 이미 그보다 전에 사용되었던 글자임이 분명해진다. 그렇다면 소전은 언제부터 사용되기 시작했을까? 이를 알기 위해서는 우선 소전의 자형이 어떤 모양이고, 그러한 모양을 한 글자가 쓰인 유물 중에 가장 오래된 것이 어떤 것인가를 밝혀야 할 것이다.

진대량조극(秦大良造戟)

소전의 자형은 선이 둥근 형태이고 약간 타원형으로 정연하다. 또 각 편방을 통일하여 편방마다 단지 하나의 자형만을 갖게 하였으며, 한자 내에서의 편방 위치를 고정시켰다는 특징이 있다. 이러한 특징을 보여주는 가장 오래된 글자는 진나라 효공 孝公 시기 B.C 340 전후의 진대량조앙동량 秦大良造鞅銅量과 진대량조극 秦大良造戟에 새겨진 글자들이다. 이 명문 銘文의 선은 비록 태산각석의 명문처럼 깨끗하지는 않지만, 이전의 금문 등과 비교할 때 필세 筆勢가 가늘고 강하며, 필획이 간단하여 얼핏 보아도 그것이 소전이라는 것을 금방 알 수 있다. 또 이것은 진시황이 천하를 통일하던 시기 B.C 221의 명문인 이십육년조

진대량조앙동량
(秦大良造鞅銅量)

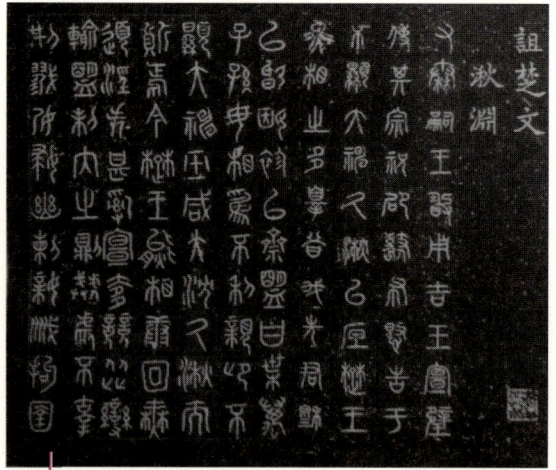

저초문(詛楚文)

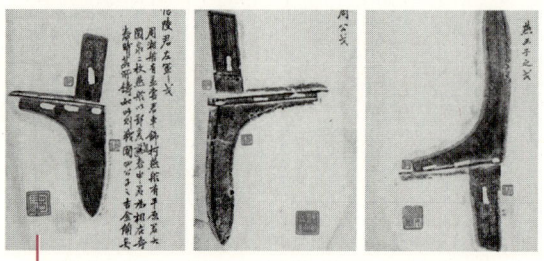

진(秦)나라 승상 여불위가 제작한 단창인 여불위과(呂不韋戈)

판二十六年詔版의 자형과 같은데, 이들은 모두 후대의 전형적인 소전인 태산각석의 명문에 비해 깨끗하지 못하다는 것을 제외하면 자형의 구조상으로는 전혀 다를 바가 없다.

   소전이 많이 사용된 시기는 전국시기부터 진나라 때까지이다. 위에서 말한 바와 같이 진의 효공 때 이미 소전의 형태가 출현했고, 또 이보다 약 15년 뒤지는 것으로 여불위과呂不韋戈의 글자와 저초문詛楚文의 글자도 모두 소전으로 쓰였으며, 진시황 시기의 호부虎符에 쓰인 글자들 역시 모두 소전으로 쓰였다.

단아端雅한 글자, 예서隸書

예서의 발생과 관련하여 전해지는 이야기는 다음과 같은 것이 있다. 지금으로부터 약 2,000여 년 전인 진시황 때 감옥의 죄수들을 관리하는 일을 맡고 있던 정막程邈이라는 사람이 있었다. 당시는 진시황이 무력으로 전 중국을 통일하여 전국시기戰國時期를 종식시킨 직후라 사회적으로 아직은 상당히 혼란스러운 시기였다. 각지에서 범죄가 들끓고 치안이 확립되지 않았으며, 사회 구조가 매우 불안하였다. 진시황은 이러한 것들을 해결하여 국가의 통치를 강고히 하기위해 모든 문물제도를 과감하게 정비하기 시작했다.

그러한 과정에서 진시황의 정책에 저항하는 사람들의 반발도 상당히 거세게 일어났으며, 이에 맞서 진시황은 자신의 시책을 더욱 강력하게 추진하기 위해 그들을 심하게 탄압했다. 이렇게 되자 그렇지 않아도 극도로 혼란스러운 시기라 온갖 범죄자들로 가득 찼던 감옥에는 정치범까지 투옥되는 바람에 감옥의 일을 맡았던 간수들은 더욱 바빠지게 되었다.

일단 죄수가 감옥에 들어오면 인적 사항을 비롯한 여러 가지 내용

정막(程邈)
중국 진(秦)나라의 서예가로 예서의 창시자다. 지방 현령으로 있다가 진시황에게 죄를 지어 옥살이를 했다. 이때 대전과 소전을 정리해서 예서체를 만들었는데, 진시황이 이것을 보고 사면했다고 한다.

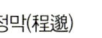
정막(程邈)

한나라 예서의 대표 작품으로 꼽히는 조전비(曹全碑)

을 기록하는 장부가 필요한데, 죄수의 숫자가 워낙 많다보니 그것을 정리하는 시간도 매우 부족했다. 게다가 당시에 사용되었던 글자는 소전으로 글자의 자형이 매우 복잡해, 그렇잖아도 바쁜 판에 난해한 글자로 모든 기록을 하다 보니 간수들은 글자라도 간단했으면 하는 생각이 절실하였다. 그 중에서도 정막은 글자의 복잡함으로 인해 겪는 불편함에 대해 매우 곤혹스럽게 생각했으며, 어떻게 하면 그것을 간단히 할 수 있을까 하는 고민을 자주하게 되었다. 하지만 워낙 바쁜 생활을 하다 보니 그러한 생각을 실행에 옮길 수가 없었다.

그렇게 지내던 중, 어느 날 그는 죄수들을 호송하는 일을 맡게 되었다. 그런데 일이 잘못되어 죄수가 도망치는 바람에 그는 투옥되었고, 하루아침에 간수의 신분에서 죄수의 신분으로 바뀌는 신세가 되었다. 그러나 그는 이를 불행으로 여기지 않고, 오히려 시간이 많아진 죄수 생활을 인생의 호기로 삼아 평소에 자기가 하고 싶었던 일을 하고자 했다. 즉 그는 당시에 사용하는 한자가 너무 복잡하여 불편했던 점을 해소하고자 감옥에서 글자의 형체를 대폭 간소화하는 연구에 착수하여, 기존에 있던 소전小篆의 복잡한 형태를 줄여 보다 쓰기 간편한 글자형을 만들고 이를 진시황에게 바쳤다. 이렇게 해서 세상에 나온 것이 예서이다. 진시황은 이를 보고 그것이 매우 훌륭하다고 여겨, 정막을 사면하고 어사御使의 벼슬을 내렸다고 한다.

그러나 당시의 지식 계층 사람들은 이미 소전의 자형에 익숙해져 있었고, 또 소전의 자형에 비해 이것이 너무 간략하고 초라하다고 느껴 잘 사용하지 않았다. 다만 신분이 상대적으로 낮은 사람들이 즐겨 사용했으므로 이를 아랫사람들이 쓰는 자형이라 깔보는 뜻으로 예서隸書라고 이름 붙였다고 한다. 또 일설에는 감옥에 있는 사람들 때문에 만들어진 글자라 하여 隸書隸는 노예를 뜻하기도 함라 불렀다고도 한다.

어쨌든 이것은 어디까지나 전설에 불과한 것이고, 예서의 탄생과 직접적인 관련이 있는 것은 아니다. 왜냐하면 글자란 한 사람에 의해서 단기간에 만들어질 수 있는 것이 아니기 때문이다. 사실 이 이야기에서 우리는 정막이라는 사람이 예서의 발전에 어떤 기여를 했을 것이라는 추측을 할 수 있을 뿐이다. 즉 예서가 그 전부터 있었지만 잘 사용되지 않았거나 자형이 통일되지 않은 것들이 많았는데, 그가 자형의 통일이나 다른 어떤 중요한 일을 함으로써 예서가 본격적으로 사용될 수 있도록 하는 기틀을 마련했다고 볼 수 있다.

그렇다면 예서는 언제 만들어지고 사용되었으며, 어떠한 형태를 취하고 있을까? 예서가 있기 전에 사용되던 소전은 앞에서도 말한 바와 같이 글자의 모양이 복잡하면서도 둥근 필획이 많아 쓰기에 매우 불편하였다. 그래서 사람들은 정중한 글을 써야 하는 경우가 아니라면 그것을 좀 더 간단하면서도 빨리 쓸 방법이 없을까하고 고민했다. 이런 고민의 과정을 거쳐 나온 것이 둥근 필획을 직선 형태로 바꾸어 만든 예서이다. 둥근 필획은 빠르게 쓸 수가 없으므로 이를 빠르게 쓰기 위해 직선의 형태로 바꾼 것이다. 그래서 위항衛恒이라는 사람은 이에 대해 그의 저서인 『사체서세四體書勢』에서 "예서란 전문篆文, 즉 소전을 뜻함을 빠르게 쓴 것이다隸書者, 篆之捷也"라고 말하고 있다.

그러면 예서가 가장 처음 쓰인 것은 언제부터일까? 지금까지 가장 오래된 예서의 흔적은 후마맹서侯馬盟書와 초백서楚帛書 · 신양초간信陽楚簡이다.

후마맹서(侯馬盟書)

후마맹서는 1965년 진晉의 도읍이었던 산서성山西省 후마시侯馬市에 있는 진나라 성터의 유적을 발굴하는 과정에서 발견되었다. 맹서盟書는 본래 여러 나라가 회맹會盟할 때 작성한 일종의 서약서인데, 이 맹서는 그것이 발견된 지역의 이름을 따서 후마맹서라고 불린다. 이것이 만들어진 시기는 지금으로부터 약 2,500년 전인 B.C 496년(424년이라는 주장도 있음)으로 추정되며 역사적으로는 전국戰國 초기에 해당되는데, 발견된 맹서의 총수는 모두 5천 점이 넘는다.

초백서는 1937년 호남성 장사시長沙市에 있는 전국 시기의 초楚나라 무덤에서 발견된 것이다. 이 백서는 비교적 거칠게 짠 비단에 글자를 써 넣은 것으로 크기는 가로 47cm, 세로 38.7cm의 장방형이며, 네 변마다 글자가 일부 쓰여 있기도 하지만 상당수의 글자는 중앙 부분에 배치되었다. 신양초간도 역시 전국 시기 초나라에서 사용된 것으로 보이는데, 지금의 신양信陽에서 발견되었다.

이들에게서 보이는 글자들은 대부분이 소전인데, 다만 태산각석泰山刻石에서 보이는 것처럼 매우 정제되고 세련된 소전의 형태는 아니고 약간은 자유스러우면서도 난삽한 모양이며 그 중 일부는 이미 소전체가 아닌 예서의 형태를 나타내고 있다. 예컨대 후마맹서의 지止와 원元, 초백서의 지止·원元·오五·자子, 신양초간의 지止와 원元 등의 글자들은 예서로 보아야 한다.

이렇게 볼 때 예서의 싹은 전국 초기에 시작되었다고 볼 수 있으며, 다만 그때까지는 아직 소전이 자형의 주류를 이루고 있었다고 생각된다. 이러한 예서의 싹은 전국후기로 오면서 많이 나타나는데, 대표적인 것이 운몽수호지진간雲夢睡虎地秦簡이다. 보통 운몽진간 혹은 수호지진간이라고 불리는 이것은 1975년에 호북성 운몽현 수호지 11호묘墓에서 발견된 것으로서 모두 1,100점에 이르는 죽간에 쓰인 글자의 총칭이다. 이 죽간은 대부분이 당시에 사용된 일반문서로서 진나라 때에 실제로 시행된 법률조문이 기록된 것인데, 특기할 만한 것은 이들이 모두 예서로 쓰여 있다는 점이다. 여기서 진시황 시기 정식문서에는 소전을 사용했지만 행정문서나 일반인이 쓰는 데는 예서가 사용되었음을 알 수 있다. 그러나 이때까지 사용된 예서는 아직 공식적으로 사용된 글자가 아니었기 때문에 자형이 대부분 난삽하며, 예서의 형태가 체계적으로 정리되어 본격적으로 사용되기 시작한 것은 한대漢代부터이다.

한대로 넘어오면서 예서의 편리성이 주목을 받기 시작하여 귀족이나 식자층에서도 쓰기에 불편한 소전을 버리고 점점 예서를 사용하게 되었다. 이때부터 예서는 자형의 균형과 아름다움을 위한 조형미가 추구되기 시작하여 서한西漢 중기에 와서는 매우 세련된 자형으로 발전되어 오늘날까지 사용되고 있다.

예서의 발전단계는 일반적으로 3기로 나뉜다. 제1기는 전국시기부터 서한초기까지 사용된 예서로서, 보통 이를 진예秦隷라고 한다. 진예는 자형이 방정方正하면서도 간혹 장방형의 형태가 섞여있으며 소전의 요소가 아직 완전히 배제되지 않은 것이 특징인데, 위에서 언급된 바 있는 운몽진간이나 한나라

운몽수호지진간(雲夢睡虎地秦簡)

초기의 것으로 추정되는 마왕퇴백서馬王堆帛書의 자형이 대표적이다. 제2기는 가로가 넓고 세로가 짧은 형태이며 필획이 물결치듯 하면서도 끝 부분에 와서는 갑자기 돌출하는 듯한 분위기를 나타내는데, 대표적인 것으로는 한대의 장천張遷이 썼다는 비문碑文이 있다. 이 시기 이후의 예서는

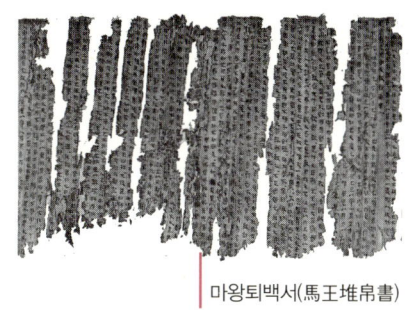
마왕퇴백서(馬王堆帛書)

희평각석(熹平刻石)

마왕퇴백서(馬王堆帛書)
1973년 중국 장사(長沙) 마왕퇴(馬王堆) 3호 한묘(漢墓)에서 출토된 백서들의 내용을 정리하고 주를 덧붙여서 편찬한 책이다.

보통 한예漢隸라고 부른다. 제3기는 동한東漢의 중기 이후로서, 이 시기의 자형은 형체가 매우 방정하고 필획이 균형을 이루고 있으면서 정제된 구조를 취하고 있는데 대표적인 것은 희평각석熹平刻石의 글자라 할 수 있다.

전체적으로 보아 예서는 소전이 갖는 둥근 형태의 곡선 필획이 부드러운 직선 형태로 바뀌었으며, 형태가 유사한 편방은 합병하여 하나의 편방으로 만들고 필획의 구분이 확실하게 나타나 비로소 필획수를 헤아리기 시작했다고 볼 수 있다. 이러한 변화는 글자를 쓰는 속도를 매우 빠르게 했을 뿐만 아니라 글자 구조의 변화에도 영향을 끼쳐, 이때부터 한자는 예전의 상형문자적인 요소가 축소되고 본격적인 근대문자의 단계로 진입되었다고 할 수 있다.

흘려 쓴 글자, 초서草書

초서란 한마디로 갈겨 쓴 글씨를 말한다. 즉 심하게 흘려 쓴 글씨로써 단정하지 못한 글자체를 초서라고 한다. 초서라는 이름도 본래는 '초솔草率하게 쓴 글자'라는 뜻에서 나온 것인데, '초솔'이란 단정하지 못하고 정밀치 못하며 거칠고 엉성하다는 뜻을 지닌다.

초서는 넓은 의미와 좁은 의미의 두 가지 해석이 있다. 넓은 의미의 초서는 어떤 서체든 갈겨쓰는 것을 가리킨다. 예컨대 전서篆書를 갈겨쓰면 초전草篆이라 하고 예서隸書를 갈겨쓰면 초예草隸라고 부른다. 그러나 좁은 의미의 초서는 오로지 전篆·예隸·해楷·행行과 같은 글자의 한 서체를 가리킨다.

초서는 한漢나라 초기에 시작되었다. 당시에 통행된 초서는 바로 예서를 흘려 쓴 것이었다. 예서는 매우 단아端雅한 형태의 글자인데, 이것을 쓰자면 어지간한 정성을 가지지 않고서는 안 될 정도로 글자가 치밀하다. 그러나 일반인이 보통 글자를 쓰자면 급히 써야 할 경우도 많은데 이것은 예서로써는 불가능하다. 그래서 예서를 쉽게 쓰기 위해 만든 것이 바로 초서이다. 즉 예서의 윤곽만을 쓰거나 혹은 글자의 일부만을 쓰되, 그것도 필획을 연결시켜 빨리 쓰도록 한 것이다.

결과적으로 초서는 한자가 갖고 있는 네모꼴의 특성과 구조에서 벗어나 원래의 필획과 편방을 한 획으로 연이어 쓰기에 편리한 글씨로 바꾸었다. 10여 획 이상인 상당수의 글자들을 초서는 단지 2~3획만으로 써낼 수 있다. 이렇듯 네모꼴의 구조와 필사법筆寫法을 고도로 간소화하여 빨리 쓰고자 하는 목적을 달성하고 쓰기의 효율을 높인 것은 하나의 큰 발전이라 할 수 있다.

초서라고 해서 모두 같은 것은 아니다. 같은 초서라고 해도 초기에 나온 장초章草와 그 다음에 나온 금초今草, 마지막으로 나온 광초狂草로 나뉜다. 이들은 시기에 따라 글자의 모양이 변하면서 각기 다른 특징을 가지고 있기 때문에 서로 다른 명칭을 갖게 되었다. 이들을 순서대로 살펴보면 다음과 같다.

왕희지의 표노첩(豹奴帖)

장초는 예서로부터 발전하여 이루어진 서체로서 예서의 초서인 셈이다. 전하는 바에 의하면 제齊나라 재상 두도杜度가 이 글씨체를 잘 썼는데, 장제章帝가 그것을 좋아하여 그에게 글을 써서 올릴 때 초서로 쓰게 했다고 하여 '장초章草'라고 하였다고 한다.

장초의 기원에 대해서는 여러 가지 설이 있는데, 허신許慎·조일趙壹·위항衛恒 등의 설에 의하면 진말한초秦末漢初에 장초가 비롯되었다고 한다. 그 변천 과정은 예서체를 풀어서 간편하고 쓰기 쉬운 쪽으로 나아가게 한 것이지만, 비록 초서라 하더라도 아직은 심하게 흘려 쓴 것은 아니어서 예서의 기풍이 약간 남아있기는 하다. 예컨대 가로획의 끝은 위로 치켜 올려지고 왼

두도(杜度)
초서로 유명해진 최초의 서예가다. 제자인 최원崔瑗과 '두최杜崔'라 병칭되었으며, 상두문에 초서를 쓴 것이 장초의 시작이란 설이 있다.

쪽의 삐침과 오른쪽의 파임이 분명한 것이 그것이다. 게다가 한 글자 한 글자가 분리되어 서로 이어지지 않고 서로의 거리를 유지하며 형태와 흐름을 그대로 살리고 있는 필체이다.

장초는 초서 가운데 가장 예스럽고 점잖은 것으로 이 서체에 능한 사람으로는 한대漢代의 저명한 초서가인 사유史游·두조杜操를 비롯하여, 그 이후로 장지張芝·황상皇象·삭정索靖 및 왕희지王羲之 등이 모두 장초에 뛰어났다고 한다.

금초今草는 독초獨草라고도 하는데 이는 후한後漢 때 장지張芝가 완성한 것으로 보인다. 후대 사람들은 그를 존경하여 '초성草聖'이라고도 불렀다. 물론 그 시작은 장지가 아닌 여러 사람들에 의해 이미 한대 중기에 시작되었지만 장지가 이를 가장 잘 썼으며, 그로 말미암아 금초가 동진東晉 시기에는 매우 성숙되고 독립된 서체로 자리 잡게 되었다고 한다.

금초는 장초를 기반으로 해서 만들어진 것이기 때문에 장초와 흡사하지만 약간의 차이점이 있다. 즉 장초에 비해 훨씬 더 흘려 쓴 것으로, 글자 획 중 ㄷ과 같이 두 번 꺾임의 형체는 대부분 둥근 곡선의 형태로 바뀌면서 동시에 예서의 기풍이 완전히 사라지게 되었다. 그러면서도 금초는 장초와

금초 대표작 왕희지의 십칠첩(十七帖)

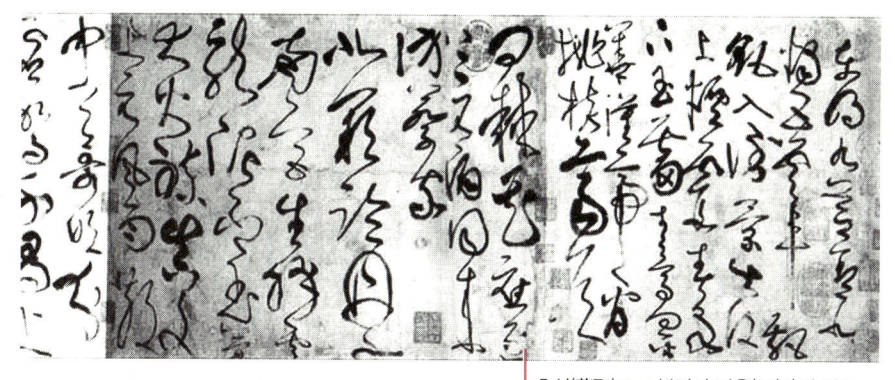

초성(草聖)으로 불렸던 장욱(張旭)의 광초

마찬가지로 글자마다 여전히 이어지지 않고 독립적으로 떨어져 쓰인다. 그래서 역대로 그것을 독초라고 불렀는데, 우리가 보통 초서라 말하는 것은 바로 이 금초를 가리키는 것이다.

금초의 편방 부수와 글자 구성은 엄격한 규범화를 필요로 한다. 금초에 법칙이 없다고 여겨 붓 가는대로 경솔하게 써도 된다는 관념은 아주 잘못된 것이다. 금초 역시 장초와 마찬가지로 그 자체의 구조와 운필運筆 등에 나름대로의 과학적인 규칙이 있다. 이러한 규칙에 어긋나면 스스로를 기만하고 남도 속이는, 아무런 의미 없이 글자를 휘갈긴 것에 불과할 뿐이다.

이러한 금초는 동진東晉 때 성숙기로 들어섰고 왕희지 이후부터는 이 초서체에 능숙한 자가 대대로 많았지만, 현재까지 남아 전해 내려오는 역대의 필적들을 살펴보면 순수하게 금초에 속하는 것은 그리 많지 않다.

광초狂草는 말 그대로 미친 듯이 흘려 쓴 초서체로, 한 글자 한 글자를 띄어 쓰지 않고 한 줄을 한꺼번에 이어 쓰는 방식이다. 그래서 이 글씨체는 대범하면서도 힘차고 위와 아래가 연결되어 하나를 이루고 있다. 이 서체는 당대唐代의 장욱張旭과 회소懷素에

회소(懷素)
중국 당대(唐代)의 승려이자 서예가다. 서필은 장욱(張旭)의 광초(狂草)의 흐름을 따랐고 술에 취하면 사찰의 벽, 마을의 담벽, 옷자락, 그릇, 접시 등 잡히는 대로 써갈겼다 한다.

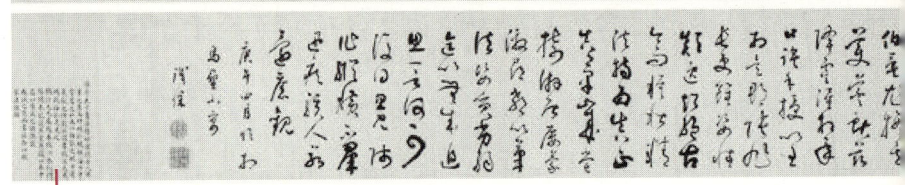

초서체의 모범인 회소(懷素)의 자서첩(自敍帖)

이르러 성숙기로 접어들었고, 아울러 왕성한 예술 생명력으로 초서체 단계 중 독자적으로 한 파를 이루었다.

광초는 금초와 다른 점이 아주 많은데 글씨 쓰는 사람의 정서 변화와 전체적인 장법章法 구성의 수요, 그리고 글자와 글자, 행과 행 사이의 방향과 안배 및 서로간의 호응도에 따라 어떤 때는 위 글자와 아래 글자의 크기가 다를 뿐만 아니라 심지어는 글자의 구조가 완전히 해체되고 위 글자와 아래 글자가 서로 이어지기도 한다. 그러나 그 정신은 오히려 처음부터 끝까지 일맥상통해야 한다. 광초가 휘갈겨 써서 멋있다고 하여 단순히 날뛰고 산란함만을 추구하면 반드시 잘못된 길로 빠지게 된다. 손 따라 어지럽게 쓴 결과는 단순한 낙서에 불과하며, 결과적으로 종이와 먹·시간만을 헛되이 낭비하게 될 뿐이다.

광초를 잘 쓰려면 먼저 금초를 잘 배워야 한다. 어떠한 글자들로 이루어져 서로가 관련되어 있든지 간에 독립된 금초의 낱개 글자로 구성되어야 하므로, 금초가 바로 광초의 기초라고 할 수 있다. 그러나 광초는 글자를 알아보기가 너무 어렵다는 단점 때문에 지금은 거의 사용치 않고 있다.

모범적인 글자, 해서楷書

해서란 단정하게 쓴 글씨를 말한다. 본래 해서楷書의 '해楷'는 본보기나 법식이란 의미를 가진 글자이므로, '해서'라는 의미는 '가장 본보기로 삼을만한, 즉 법도에 맞게 쓴 글씨'라는 뜻이 된다.

그런데 여기서 그것이 어떤 법도에 맞게 쓴 글씨인가라는 문제가 생긴다. 만일 이것을 본보기로 삼을만하다면 이전의 글자들은 본보기로 삼을 수 없다는 말인가? 사실 이전의 글자들도 그것들이 많이 쓰일 당시에는 역시 본보기로 삼아야하는, 법도 있는 글자들이었다.

그러나 해서를 처음 만들 당시에는 예서의 어려움을 초서로 바꾸어 많이 쓰다 보니 초서로 쓴 글자들의 식별이 어려워지고 또한 초서의 모양이 매우 어지러웠다. 따라서 다시 예서의 단아함과 초서의 편리함을 모두 아우를 수 있는 단정한 형태로 만든 것이 해서였으므로, 해서는 자연히 쓰기의 편리함과 단

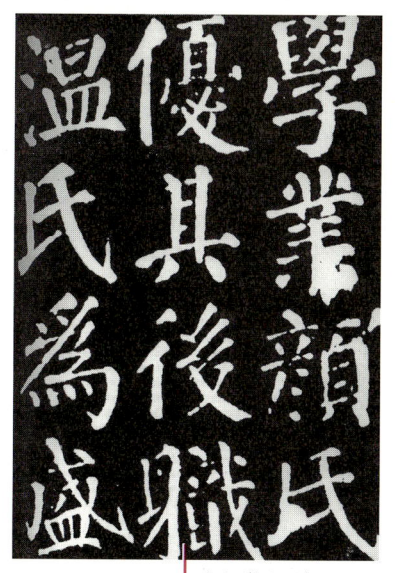

안진경(顔眞卿)의 해서

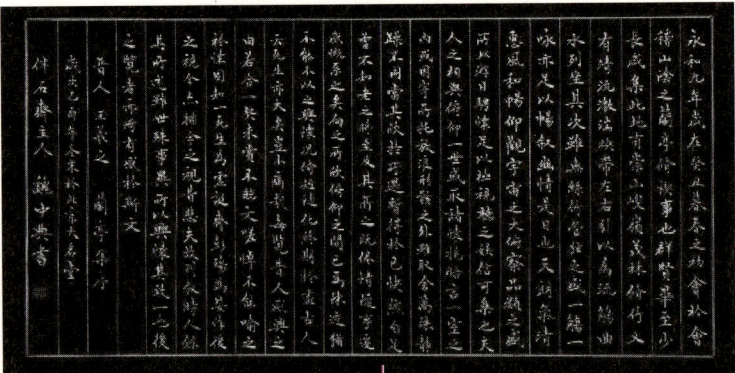

왕희지王羲之의 대표작 난정집서(蘭亭集序)

정함을 모두 갖춘 가장 완전한 형태의 글자가 되었다. 때문에 이 글씨체를 가장 모범적인 것으로 여기고 이를 모두 본받아야 한다는 의미에서 해서楷書라는 명칭을 붙인 것이다.

위에서 언급된 바와 같이 해서는 초서의 어지럽고 혼란하여 표준이 없는 것을 바로 잡을 목적으로 예서와 초서의 장점만을 취해 만들어졌다. 그래서 기존 예서의 평평하고 곧은 획을 점, 가로획, 세로획, 왼쪽으로 삐친 획, 오른쪽으로 삐친 획, 고리鉤 등으로 모나고 바르게 변형시켰다. 즉 해서 단계에 이르러서는 사무용 서체의 부드럽고 물결 같은 필획들이 직선화하여 예리한 각을 이루는 것으로 바뀌게 된 것이다. 또한 해서의 구성은 예서와 기본적으로는 같은데, 다만 몇몇 경우에 약간의 변화가 있다. 해서가 출현하자 한자는 완전히 네모꼴의 문자로 정형화되었다.

해서는 동한東漢 초기 장제章帝, 76~88 때에 왕차중王次仲이라는 사람이 만들었다고 하며, 동한 말엽에 이르러 약간 발전하였고 위진남북조魏秦南北朝 시기에 크게 유행하였다. 이후 당나라에 들어

와서는 완전히 자리를 잡게 되어 지금까지 줄곧 통용되고 있다.

사실 동한 말엽인 한·진漢·晉의 목간에서 발견된 글자의 형태와 흐름의 분위기를 보면 예서와 초서에서 점차 해서의 모양으로 변하고 있음을 알 수 있는데, 이 당시만 해도 해서가 정통 한 자체로써 아직 자리 잡지는 않은 것으로 볼 수 있다.

이러한 해서가 예서나 초서의 냄새를 없애고 새로운 글씨의 형태로 자리 잡은 것은 동진東晉때의 저명한 서예가 왕희지王羲之, 321~379로부터 시작되었고 이 시기에 이르러서야 해서가 중국 문자 표준서체로써의 지위를 확보하게 되었으며, 사무용 서체를 대신하여 통상적인 모든 용도에 널리 사용되었다. 또한 이 시기에 해서체는 비각碑刻에도 보편적으로 사용된다. 현재 서예를 배울 때 모본模本으로 삼는 글씨본에 후한後漢 말이나 위진魏晉의 비첩碑帖이 많은 이유도 이들 서체가 아주 아름답고 글자체가 바르게 되어 있기 때문이다. 그러나 남북조까지만 해도 해서는 예서의 분위기는 일신했지만 초서의 요소를 완전히 없애지는 못하고 있었다.

해서는 지금 진서眞書 · 정서正書 · 정해正楷라고도 부르는데, 옛날에는 이를 해예楷隸 또는 금예今隸라고도 불렀다. 정확하게 시기별로 분류한다면 한 · 위漢·魏시기까지만 해도 한漢대의 예서를 정서라고 하였고, 육조 시대에 이르러서야 비로소 그들이 비석에 쓴 해서를 진서라고 부르기 시작했으며, 당대唐代에는 해서를 정해라고 불렀다.

역사상으로 볼 때 해서는 육조해六朝楷와 당해唐楷로 구분하며, 전기의 해서인 육조해는 다시 남조의 해서와 북조의 해서로 구분하고 있다. 육조해는 초서적인 요소에서 완전히 벗어나지 못하다가 수대隋代를 거쳐 당대唐代에 이르러서야 조형적인 완성을 이루며 해서의 전성기를 맞이하게 된다.

이때부터는 인쇄술이 나오기 시작했는데, 인쇄에는 처음부터 해서가 사용되었다. 왜냐하면 해서는 다른 글씨체와 견주어 볼 때 필획에 직선이 많아 목판인쇄의 판목에 조각칼 등으로 글자를 새기는 데에 편리한 글씨체였기 때문이다. 그래서 인쇄에는 거의 해서를 사용하게 되었으며, 인쇄의 보급과 함께 그 밖의 글씨체는 서예 등 예술적인 분야 이외에는 거의 사용되지 않게 되었다. 이후 중국은 서적의 인쇄에 사용하는 해서와, 글자의 심미적인 감상을 목적으로 하는 해서 이외의 글씨체가 여러 방면에서 사용되기 시작했다고 할 수 있다.

해서를 잘 쓰기로 유명한 사람은 왕희지王羲之를 비롯하여 구양순歐陽詢, 안진경顔眞卿 등이 있다. 왕희지는 동진 때 사람으로 자는 일소逸少이며, 귀족 출신으로 세칭 왕우군王右軍이라고도 부른다. 서예를 예술로 끌어올리는데 눈부신 공을 세운 그는, 왕희지 이후의 역대 서예가들이 왕희지를 배우지 않고서는 안 되었을 정도로 막대한 영향을 끼쳤기 때문에 서성書聖이라 칭한다. 전거에 의하면 왕희지는 어렸을 때에는 말을 잘 하지 못하였으나 자라면서 오히려 재주가 뛰어나고 성격도 진솔하면서 지조와 절개가 굳었다고 한다. 특히 왕희지는 결코 옛사람의 글

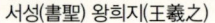

서성(書聖) 왕희지(王羲之)

에 얽매이지 않고 자기 스스로 이치를 깨달아 공부하였으며 고법에 얽매이지도 않았다고 한다.

구양순歐陽詢, 557~641은 당나라 때 사람으로 자는 신본信本이다. 서예는 왕희지를 배워 그 정신의 진수를 얻었기 때문에 무겁고 응축되며 강하다. 특히 그가 쓴 '구성궁예천명九成宮醴泉銘'은 불후의 명작인데, 이 때문에 구양순의 글씨체를 이른바 '구성궁체'

구양순(歐陽詢)의 대표작
구성궁예천명(九成宮醴泉銘)

또는 '구체歐體'라고 한다. 구성궁예천명은 632년에 왕명에 의해 썼다고 하는데, 한 점 한 획에 소홀함이 없는 근엄한 글씨로 완미에 가까워 역대 해서의 모범으로 여겨져 왔다. 글자의 구조가 매우 단정하고 방정한 가운데 변화의 묘가 한껏 있으며, 또한 네모 형태의 필획과 둥근 형태의 필획을 잘 활용하여 화려하면서도 고박한 품격을 이루었다. 이것을 쓰게 된 동기는 당시 궁전의 하나였던 구성궁에 있는 샘에서 단물[醴]이 솟아 나와 이를 기이하게 여긴 당태종이 구양순으로 하여금 이를 기록하라고 함으로써 쓰게 되었다고 한다.

안진경顔眞卿, 709~785은 당나라 때 사람으로 자는 청신淸臣이다. 안록산의 난을 평정한 인물이며 노군공에 봉해졌으므로 안노군이라고 불리기도 한다. 글씨는 처음에 저수량의 글씨를 배우고 후에 장욱의 글씨를 배워, 해서와 행서에서 고법古法을 크게 변화시키는 등 새로운 풍격을 이루어 왕희지에 필적할 만한 영향을 후대에 끼쳤다. 그렇지만 그의 글씨도 근본적으로는 왕희지의 글씨를 근간으로 하고 있다고 할 수 있다. 또한 해서의 조형에 있어서 안진경은 전서篆書와 예서의 특징을 흡수하여 이를 그의 해서에 적용시켰다. 많은 서예가들의 해서가 큰 글씨 쓰기에는 적당치 않았는데, 안진경의 해서는 오히려 큰 글씨에서 더욱 그 묘한 맛을 발휘한다. 그의 글씨는 전해지는 것마다 독특한 서풍을 가지고 있는데 일반적으로 무게중심을 글자의 중간보다 약간 위에 두는 경우가 많다. 또한 배세背勢보다 향세向勢를 취하여 웅장한 느낌을 갖게 한다. 안진경의 글씨 중 대표작으로는 다보탑비안근례비多寶塔碑顔勤禮碑와 안씨가묘비顔氏家廟碑 등이 있다.

안진경(顔眞卿)의 대표작 다보탑비안근례비(多寶塔碑顔勤禮碑)

일반인의 필기체, 행서行書

행서를 한마디로 말한다면 약간 흘려 쓴 글자이다. 똑바로 한 획씩 정성 들여 쓴 글자는 해서이고, 이를 약간 흘려서 조금 빠르게 쓴 글자가 바로 행서인 것이다.

현재 우리가 일상생활에서 사용하는 서체書體는 해서와 행서이다. 그 중 해서는 형체가 매우 단아하고 절도가 있으며 필획의 구분이 명확하여 모든 인쇄체에서는 이것을 사용하고 있다. 그러나 단아하고 절도가 있는 만큼 붓으로 쓰려면 어느 정도의 어려움이 뒤따른다. 반면에 붓으로 쓰기에 가장 편리한 초서는 쓰기에는 쉬울지 몰라도 지나치게 간단하게 쓰였기 때문에 이를 식별하는 것이 결코 쉽지 않다. 그래서 초서와 해서의 이러한 단점을 보완하기 위해 만들어진 것이 행서이다. 즉 초기 행서의 성립은 해서의 비능률성과 초서의 난해성을 해결하고자 하는데서 비롯된 것이다. 결과적으로 행서는 해서와 초서의 중간쯤 되는 서체이며, 사실상 해서의 필기체로써 필획이 연결되어 쓰기 편하면서도 초서처럼 알아보기 힘들지 않다. 그래서 한대漢代 이후로 지금까지 서신 등 온갖 필기에 즐겨 사용되어 왔다.

이러한 행서는 언제부터 만들어져 사용되기 시작했을까? 일반적으로 행서의 효시는 후한後漢 환령桓靈 때의 유덕승劉德昇부터라는 것이 정설로 되어있다. 그러나 이 당시의 행서는 지금 우리가 볼 수 있는 행서의 참맛을 아직 보여주지 못하는 수준이며, 실질적인 행서는 그 이후에 와서 본격적으로 쓰기 시작했다고 한다.

한편 이 명칭이나 유래에 관한 설로는 왕희지와 함께 글씨의 명인으로 추대되고 있는 위魏나라의 종요鐘繇, 151~230라는 서예가가 '행신서行神書'를 잘 썼다고 일컬어지고 있는데, '행서'란 바로 '행신서'에서 나온 것이라 한다.

위에서 언급한 행신서가 이 시대에 출현하여 점점 발전하다가 서성書聖 왕희지의 시대를 맞이한다. 그는 『상난첩喪亂帖』이라는 너무나도 유명한 서첩을 남겨 행서의 전성기를 구가한다. 이 시대의 행서를 보면 우회절右回折이 강하게 작용하는데, 그 위에 점과 획의 자율성이 강화되고 필획의 기교가 발달하여 예리하고 섬세한 면을 드러내며 매 글자마다의 마무리가 특별한 것을 보여준다.

행서의 필법은 나름대로 독특한 바가 있다. 행서는 해서를 기본으로 삼고 있기 때문에 서법도 해서와 크게 다르지 않다. 그러나 글자의 형체에서 나타나는 바와 같이 해서와 행서의 차이는

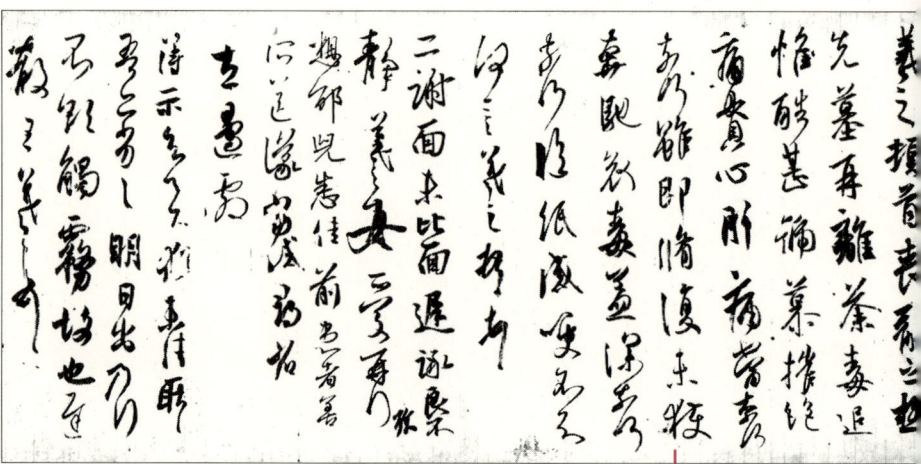

왕희지(王羲之)의 상난첩(喪亂帖)

어느 정도 존재하는데, 이를 비교하면 다음과 같다.

해서는 주로 감추어 쓰는 방식인 장봉藏鋒의 필체이기 때문에 붓끝의 흔적이 날카롭게 나타나지 않지만, 행서는 드러내어 쓰는 노봉露鋒의 필체이기 때문에 붓끝이 드러나게 된다. 또 해서는 붓을 대고 밀고 들고 하는 등 한 획 한 획을 정성껏 쓰는데 반해, 행서는 그러한 동작들이 전혀 보이지 않는 가운데 기필起筆· 행필行筆· 수필收筆이 이루어져야 한다. 요컨대 행서는 해서와는 달리 외연적 연결성이 뚜렷하므로 필순을 잘 알아서 한꺼번에 써 내려가는 것이 좋다.

다음으로 행서에는 미약하나마 획이 아닌 선인 허획虛劃이 있다. 즉 해서에서는 한 획과 한 획이 연결되어서는 안 되기 때문에 갈고리를 할 때만 허획이 생기지만, 행서에서는 글자의 연결성도 강조하다보니 자연스럽게 획의 구분을 약간 애매하게 하는 선이 존재하게 된다. 그렇다고 해도 행서에서는 이 허획을 실획과 구분하여 쓰지 않으면 안 된다. 행서를 쓰는 데 있어서 대원칙 중 하나는, 쓰면서 잘 이해가 되지 않거나 막히는 곳이 있으면 반드시 해서를 찾아서 그 실마리를 찾아야 한다는 점이다.

1. 행서의 대표적 작품

1) 난정서蘭亭序

행서의 대표작일 뿐만 아니라 모든 서예의 대표작으로도 여겨지고 있는 작품이다. 진晉나라 목제穆帝 영화永和 9년353 3월 3일, 왕희지는 사안 등 41명과 함께 회계會稽의 산음山陰에 있는

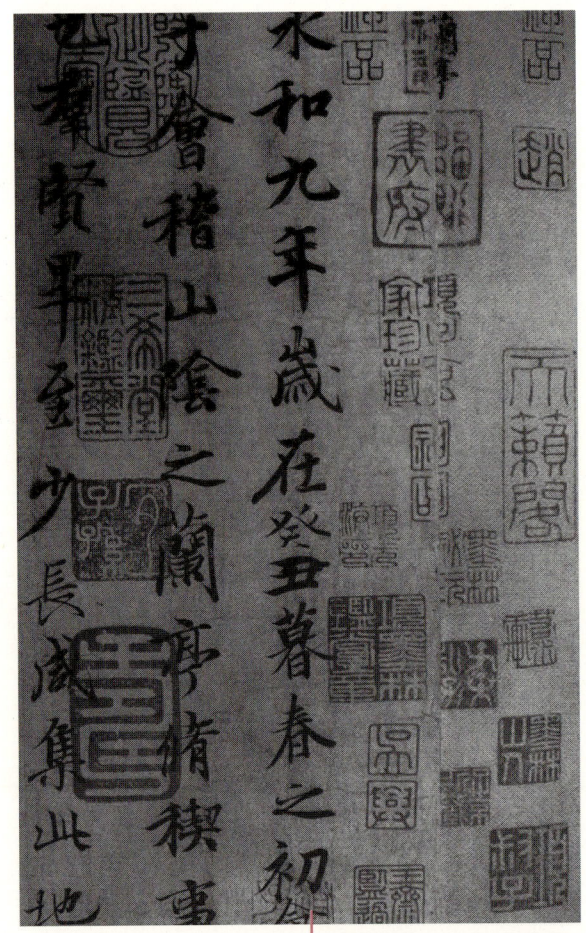
왕희지(王羲之)의 난정서(蘭亭序)

난정蘭亭에서 성대한 계사契事를 거행하였다. 굽이굽이 흐르는 물에 술잔을 띄우면서 시를 지었는데, 당시 나이 51세인 왕희지는 거나하게 술을 마신 뒤 잠견지蠶繭紙 위에 서수필鼠鬚筆을 사용하여 단숨에 천고의 명작이라고 알려진 「난정서」를 썼다. 전문은 모두 28행이며 전체 글자 수는 324자이다. 작품 전체가 굳세면서도 아름답고 부드러우면서도 기품 있는 맛이 충만하며 행서에서 볼 수 있는 기복과 변화, 강한 리듬감, 형태의 다양한 변화, 점·획의 상응 등이 충분히 표현된 작품이다.

역사의 기록에 의하면 왕희지의「난정서」는 그의 7대손인 지영智永에게 전해졌으며, 지영이 다시 제자인 변재에게 이를 물려주었다. 당 태종은 그 작품을 너무 좋아한 나머지 어사御使 소익을 변재가 있는 곳으로 파견하여 그를 속여「난정서」를 취한 다음 구양순歐陽詢, 저수량褚遂良, 우세남虞世南 등에게 그대로 베끼도록 명령하였다. 그리고 자기가 죽거든 자기 무덤에 함께 묻도록 했기 때문에 진본眞本은 당태종의 부장물이 되었으며, 지금은 당나라 때의 임모본臨模本만이 전해진다.

2) 집자성교서集字聖敎序

「집자성교서」는 당唐의 승려인 현장법사의 위업을 기리기 위해 친히 태종이 서문을 짓고 고종이 그 記기를 적어 현장이 번역한「심경心經」과 같이 새긴 것으로, 글씨는 흥복사의 승려인 회인懷仁이 왕희지의 친필 행서 중에서 한자씩 모아 비에 새긴 것이다. 글자 수는 무려 1,792자나 되며 회인 반생에 걸친 노력의 결정이라고 한다. 한 글자 한 글자 집자한 것이기에 글자사이의 필의가

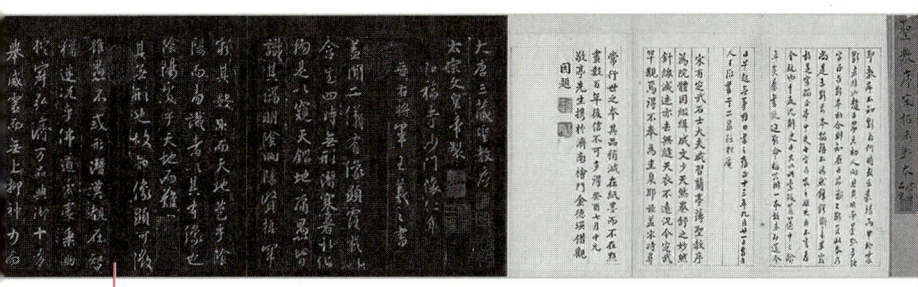

왕희지(王羲之)의 행서체 법첩 집자성교서(集字聖敎序)

이어지지 않으나, 왕희지의 행서를 알 수 있는 귀중한 자료이다.

3) 고수부枯樹賦

고수부(枯樹賦)

「고수부」는 저수량이 35세 때 쓴 것이라고 하는데, 운필에 미묘한 변화가 있고 탄력이 있으며 부드러운 느낌이 난다. 그리고 글자가 약간 기울어진 것 같아 보이고 글줄기가 굽어 있으나 필의가 잘 이어져 있기 때문에 부자연스럽게 보이지 않으며, 전체의 균형이 잡혀 있다.

4) 송풍각시권松風閣詩券

북송北宋 때의 황산곡은 비약성현湖比鄂城縣의 번산樊山에서 유배생활을 하고 있었다. 이 시기 그의 나이 58세 때1103, 이 지역에 있던 산속의 노송사이에 있는 한 누각에 '송풍松風'이라고 이름을 붙이고 쓴 것이다.

송풍각시권(松風閣詩券)

중국 대륙의 문맹퇴치, 간체자簡體字

간체자란 예전부터 내려오던 복잡한 형체의 한자를 간략한 형태로 새로 만든 글자이다.

원래 한자는 매우 복잡한 형태로 이루어져 보통 사람들이 배우기 쉽지 않다. 또 글자를 쓸 때도 한글이나 영어 같은 다른 글자들보다 훨씬 쓰기가 어렵다. 그래서 중국 사람들은 어떻게 하면 보다 간편하게 글자를 쓸 수 있을까 하는 생각을 많이 가졌었는데, 근래 들어 중국 정부가 이를 실행에 옮긴 것이다.

한자를 간략하게 만들고자 하는 노력은 이미 송나라 때부터 시작되었다. 그러나 그때는 개인들에 의해 조금씩 사용되어 왔을 뿐이고, 본격적으로 많은 한자를 간소화하여 쓴 것은 1950년대 이후의 일이다. 이를 위해 중국 정부는 1951년에 정무원문화교육위원회政務院文化教育委員會를 만들고 여기에서 본격적으로 연구를 하기 시작하여, 1956년 1월 31일 정식으로 515개의 간체자와 54개의 간화편방簡化偏旁을 공포했다.

그 후 계속 간체자를 추가로 만들어 1964년 5월 '간화자총표簡化字總表'를 발표했는데, 여기에 있는 글자는 모두 2,238자이다. 그러나 이 중에 '簽첨'과 '須수'가 두 번 나오기 때문에 실질적으로는 2,236자이며, 1986년에 다시 발표한 '간화자총표'에서는 개별 글자에 대한 조정을 거쳐 2,235자로 확정했다.

> **간체자(簡體字)**
> 중국에서 본래의 복잡한 한자 점획을 간단하게 변형시켜 만들어 냈다고 하여 간체자(簡體字)라고 부른다. 이에 대하여 본래의 복잡한 한자를 번체자(繁體字)라고 한다.

그렇다면 이러한 간체자는 어떻게 만들었을까? 간체자는 한 가지 기준에 의해 만들어진 것이 아니다. 일부는 전에부터 내려오던 기존의 간체자를 그대로 채택한 것이 있는가 하면, 자형을 나름대로의 근거에 의해 일부 변형시킨 것도 있었으며, 어떤 것은 완전히 새로 만들기도 했다.

또 간소화의 방법도 여러 가지가 동원되었는데 크게 보면 하나는 자형의 간소화이고, 다른 하나는 같은 글자인데 여러 가지로 형태로 쓰이는 글자 수를 줄이는 것이다. 이들은 또 세부적인 방식에 따라 여러 가지로 분류되는데, 예를 들면 다음과 같다.

1. 자형을 간소화한 것

1) 필획의 간소화

이 방법은 필획이 많은 글자를 필획이 적도록 변형시킨 것으로서 구체적인 방법은 다음과 같은 다섯 종류가 있다.

:: 형성자(形聲字)의 소리값을 나타내는 성부(聲符)를 비슷한 음을 가진 다른 글자로 대체한 것
优(優)- 尤와 憂는 음이 비슷함
灯(燈)- 丁과 登은 음이 비슷함

:: 형성자의 의미값을 나타내는 형부(形符)를 단순히 간소화한 것
货(貨), 锡(錫)

:: 형성자의 형부나 성부를 필획이 적은 다른 글자로 대체한 것
护(護), 洁(潔)

:: 회의자(會意字)의 편방을 간소화한 것
　枣(棗), 聂(聶), 库(庫)

:: 회의자의 편방 중 일부를 비슷한 의미를 갖는 다른 글자로 대체한 것
　笔(筆)- 毛와 聿은 모두 붓과 관련 있음
　泪(淚)- 目은 눈물이 나오는 곳임

:: 옛날의 글자 형태를 그대로 채용한 것
　Ⅰ. 옛날의 원래 형태를 채용한 것: 云(雲), 从(從), 电(電), 气(氣)
　Ⅱ. 옛날에 사용되던 이체자(異體字)를 채용한 것: 礼(禮), 尔(爾), 弃(棄)
　Ⅲ. 옛날에 통용되던 글자를 채용한 것: 后(後), 才(纔)

:: 초서 형태를 요즘 쓰이는 해서 형태로 바꾼 것
　长(長), 书(書), 专(專), 尧(堯)

:: 자형(字形)의 윤곽만을 취한 것
　齐(齊), 龟(龜), 仓(倉)

:: 자형의 일부를 생략한 것
　Ⅰ. 좌우나 상하 중 한쪽 부분만을 생략한 것: 录(錄), 号(號), 丽(麗)
　Ⅱ. 좌우나 상하의 양쪽 부분을 모두 생략한 것: 術(術), 里(裏)
　Ⅲ. 내부나 외부를 생략한 것: 开(開), 粪(糞), 奋(奮)
　Ⅳ. 복잡한 부분 중 일부분만을 생략한 것: 习(習), 际(際), 恳(懇)

:: 복잡한 편방을 간단한 부호 형태로 대체한 것
　汉(漢), 鸡(鷄), 赵(趙), 环(環)

:: 필획이 적으면서 발음이 같은 글자로 대체한 것
  谷(穀), 出(齣), 了(瞭), 千(韆)

:: 새로운 회의자(會意字)를 만든 것
  尘(塵), 体(體), 灶(竈)

:: 새로운 형성자(形聲字)를 만든 것
  响(響), 惊(驚)

2. 여러 개의 같은 글자 중 하나만 남기고 나머지를 없애는 것

이 방법은 한 글자에 여러 개의 이체자異體字가 있을 경우, 그 중에서 가장 많이 사용되는 글자만 남기고 나머지는 폐기시키는 방식이다. 이 방법은 엄밀하게 따지면 자형의 간화簡化 방식이 아닌 자형의 정리 방식이라 말할 수 있으며 그 예는 다음과 같다.

  炮(砲, 礮), 迹(跡, 蹟), 輝(煇, 暉), 岩(巖, 嵓, 山巖).

이렇게 만들어진 간체자는 여러 면에서 좋은 점이 있다. 우선 필획을 감소시키고 통용자를 줄임으로써 글자를 배우거나 쓸 때 매우 편리하게 되었다. '한자간화방안'의 제1표와 제2표에 수록된 복잡한 형태의 글자인 번체자繁體字는 544자제1표는 245자, 제2표는 299자, 총 필획수는 8,745획으로서 글자당 평균 16.08획이었는데, 간소화 후에 515자전에 비해 29자가 감소된 것은 이체자의 합병에 의함로 줄면서 총 필획수가 4,206획이 되어 글자당 평균 8.16획으로 줄었다. 또 두 표表에서 간화 전에는 10획 이하의 글자가 34자이나, 간화 후에는 409자로 늘었으며, 11획의 글자는 똑같이 35자, 12획 이상의 글자는 간소화 전에는 475자이었던 것이 간소화 후에는 71자로 줄었다.

1986년에 최종 발표된 간화자총표簡化字總表를 기준으로 하면 간소화 대상 글자 2,261자의 총 필획수는 36,236획으로 글자당 평균 16획이었으나, 간소화 후에 2,235자로 줄고 총 필획수도 23,025획으로 글자당 평균 10.3획으로 줄었다.

둘째, 자음字音을 분명하게 표현한 것들이 있다. 한자 중에는 형성자形聲字로 구성된 것들이 매우 많다. 그런 글자들은 그 글자의 소리값을 나타내는 성부聲符가 자음을 표시해주기 때문에 성부만 보고도 자음을 쉽게 판단할 수 있다. 그런데 지금 사용하고 있는 글자들 중에는 자음이 변하여 형성자의 자음과 성부의 자음이 다른 경우가 많이 있다. 그래서 간소화 과정에서 성부를 형성자의 자음과 가장 가까운 글자로 바꾸어줌으로서 성부만으로도 자음을 정확하게 읽을 수 있도록 한 것이 많이 있다. 예컨대 證증의 중국 자음은 'zheng', 성부인 登등은 'deng'으로서 證의 자음과 다르기 때문에 登을 正zheng으로 바꾸어 证으로 씀으로서 성부만 보아도 증证의 정확한 독음이 가능토록 했다. 심지어는 態태를 态로 바꾼 예와 같이 본래 형성자가 아닌 것도 형성으로 바꾸어 놓음으로써 글자의 독음을 쉽도록 만든 것도 있다.

이렇게 글자를 쉽게 만들어 교육한 결과 최근 중국에서는 문맹률이 현저하게 줄었다는 점 또한 중시할 만하다. 그러나 중국의 간체자는 필획의 간소화로 인한 문제점도 많이 발견되고 있는데, 그 내용은 다음과 같다.

첫째, 형체가 유사한 글자와 동형이자同形異字를 만들어냈다. 예컨대 '안'을 의미하는 '裏'는 간화되어 '마을'을 의미하는 '里'와 같게 되었고, '남다'를 의미하는 '餘'는 간화되어 '나'를 의미하는 '余'와 모양이 같게 되었다.

둘째, 같은 음이 나는 글자로 바꾸어 글자 수를 줄이면서 의미가 모호하게 된 것들이 많게 되었다. 예컨대 '不干'은 그것이 '不幹'인지 '不乾'인지가 명확치 않다.

셋째, 자형의 파괴로 글자 의미의 근원을 소멸시켰다. 한자는 글자의 형체만 보고도 그 의미를 어느 정도 파악할 수 있다는 장점이 있다. 그러나 한자를 간소화함에 따라 의미 파악이 불가능하게 된 것들이 매우 많게 되었다. 예컨대 書는 聿과 日로 이루어져 그것이 글을 쓰는 것과 관련이 있음을 알 수 있으나, 간체자는 书로 써서 그것을 전혀 알 수 없게 되어버렸다.

넷째, 문화의 단절을 유발하게 되었다. 문화의 계승은 전대前代의 기록을 통해서 전수되고 보존되며 이를 토대로 발전을 기대하게 되는 것이다. 그러나 간체자가 성행하게 되면 사람들은 대부분 간체자만을 익히게 되고 간체자의 범주를 벗어나는 글자들에 대해서는 대체적으로 그 뜻을 알지 못하게 된다. 즉 극히 일부분의 사람들만이 고전에 나오는 글자들을 익히게 될 뿐이며, 이것은 자연스레 문화의 단절을 유발할 수밖에 없는 것이다. 실제로 간체자가 실용화된 이후 중국인들은 고전에 사용된 글자를 알 수 없게 되었고, 이에 따라 그것들을 전혀 해석할 수 없는 사

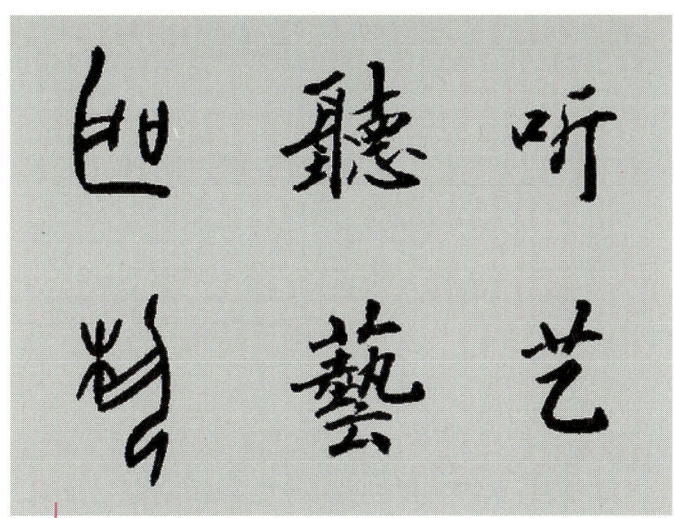

한자의 간체화(簡體化)

람들이 태반인 것이 현실이다.

　이러한 단점 때문에 대만에서는 간체자를 쓰지 않고 있으며, 또 간체자를 비아냥거리는 말로 이러한 것이 있다.

　고향이 본토인 대만의 어떤 돈 많은 사람이 고향에 있는 사랑하는愛 친척親을 찾아가서 그곳의 공장廠에서 물건을 만들어産 그들을 잘 살게 하고자 했다. 그러나 사랑에는 마음이 없었고爱: 간체자에 心이 없음, 친척은 보고자 해도 보이지 않았으며亲: 見이 없음, 공장은 텅 비고厂, 생산이 되지 않아产: 生이 없음 마음이 씁쓸했다는 것이다.

다른 나라에서 만들어진 한자들

문화의 흐름은 그것이 발달된 곳으로부터 미개한 곳으로 향하게 마련이다. 한 지역에서 뛰어난 문화를 향유하고 있다면, 그것은 그보다 못한 주위의 지역에 영향을 주게 되고, 오랜 기간을 거치면서 주변의 지역들도 비슷한 문화유형과 문화수준을 유지하게 된다.

글자란 것도 일종의 문화이기 때문에 이와 같은 현상이 나타난다. 한 지역에서 훌륭한 글자를 가지고 있으면, 그것이 주변으로 전파되어 결국에는 다른 사람들도 그것을 사용하게 되는 것이다. 그런 면에서 한자가 중국에서 만들어지고, 후에 한국을 비롯한 일본이나 베트남 등으로 전파된 것은 매우 자연스런 현상이라 할 수 있다. 물론 이들 나라에도 나름대로의 글자체계를 가지고 있었을 수도 있으며, 그것이 한자보다 훌륭하거나 한자의 필요성을 느끼지 못할 수준의 문자 체계였다면 한자가 그 나라에 들어오지도 못했거니와 들어왔다 하더라도 폭넓게 사용되지는 않았을 것이다. 그러나 어쨌든 간에 한국에는 이미 오래 전부터 한자가 들어왔고, 또 매우 광범위하게 사용되어 왔다.

우리나라에 들어와 사용된 한자는 모두 중국에서 만들어진 글자임에 틀림없다. 다른 글자들도 마찬가지지만, 한자도 역시 생명력이 있는 것이어서 필요에 따라 새로 만들어지기도 하고

쓸모가 없어진 글자들은 도태되기도 한다. 그래서 중국에서는 한자가 우리나라에 전파된 이후로도 계속 새로운 글자가 만들어지고 있으며, 그러한 글자들은 다시 우리나라로 계속해서 들어오고 있다.

그렇다면 우리나라에서 새로 만든 한자는 전혀 없었을까? 다시 말해 우리가 한자라는 문자 체계를 받아들인 후, 우리 나름대로의 필요성에 의해 우리만이 사용하는 한자를 만들지 않았단 말인가? 결론적으로 말한다면 결코 그렇지는 않다. 비록 한자가 계속하여 중국에서 만들어지고 그것을 우리가 계속해서 받아들이고 있었지만, 우리 나름대로 만들어 쓴 글자도 없지는 않았다. 이것은 기존의 한자로 표기할 수 없었던 우리 고유의 어휘를 표기하기 위해 독자적으로 만든 글자이다.

우리만의 어휘를 표현하기 위해 한자를 이용한 방법은 크게 세 가지로 나뉜다. 첫째는 완전히 새로운 한자를 만든 것이고, 둘째는 한자의 발음만을 이용한 방식이었으며, 마지막은 한자의 의미만을 이용하는 것이었다. 통일신라 시기부터 존재하는 이두吏讀나 향찰鄕札 등에 사용한 한자들은 대부분 세 번째에 속한다. 그러나 진정한 의미에서 한국에서 만들어진 글자는 위의 세 가지 중 첫째에 속하는 글자들이다. 즉 우리 고유의 지명이나 인명·관직명·고유한 어휘 등을 표현하기 위해서 한자를 사용해야 했으나, 우리에게 수입된 한자 중에는 그것을 표현하는 적당한 한자가 없어 부득이 그에 맞는 새로운 글자를 만들어야 했던 것이다. 그렇기 때문에 우리 고유의 한자는 이미 오래 전부터 만들어졌을 가능성이 많다. 물론 상당수의 고유한자가 근대 이후에 만들어진 것이지만, 기록에 의하면 삼국시대의 인명이나 지명 등에도 적지 않은 수의 우리가 만든 한자가 있다고 한다.

이런 한자를 보통 고유한자라고 하는데, 일반적으로 자전字典에서는 이것을 국자國字라고 표기하고 있다. 국자를 많이 수록한 책으로는 『청장관전서靑莊館全書』와 『주영편晝永篇』, 육당 최남선의 『신자전新字典』 등이 있으며, 이 외에도 적지 않은 문헌에서 국자가 약간씩 발견되고 있다. 현재까지 밝혀진 국자는 142자라고 한다. 물론 이보다 더 많은 국자가 있을 수 있지만 아직까지 완전히 수집된 것이 아니기 때문에 좀 더 넓고도 세밀한 조사를 통하여 국자를 모으고 정리할 필요가 있다.

참고로 우리의 국자 142자를 가나다순으로 열거하면 다음과 같다.

간(鐗)	갈(乫)	갈(乤)	감(䳞)	갓(㐵)
갯(㐹)	거(腒)	걱(扗)	걱(扗)	걸(�)
겁(迲)	겁(㤜)	것(㐉)	계(䪲)	고(侤)
고(菁)	골(㐑)	골(乮)	골(䓣)	곱(䨷)
곳(㐣)	곳(廤)	곳(㐎)	광(獷)	굴(乥)
굴(㐃)	굿(㖌)	귀(樻)	끝(㐆)	기(怾)
놀(㐐)	놀(㐗)	놈(耆)	늦(莻)	
답(畓)	대(㐭)	대(襨)	돈(獤)	돌(乭)
돌(塧)	돗(㳫)	똥(㘒)	똥(㞕)	두(迲)
둑(㪷)	둔(㐾)	둘(乧)	둘(㐙)	둣(㐠)
둥(㪲)	둘(㐥)	등(奈)		
람(嚂)	로(㳄)			
마(亇)	마(㐃)	마(鰢)	말(㮽)	말(㭆)

망(鮏)	망(鯛)	명(梈)	몰(乽)	
반(橵)	발(炑)	배(环)	배(簿)	백(苩)
뺄(浌)	볼(乶)	봇(巪)	부(䂞)	뿐(㐓)
뿐(玢)	비(纏)	비(橴)		
산(橵)	산(斜)	삽(䋎)	쌀(乷)	살(乷)
셔(閪)	선(澓)	션(鐥)	션(縇)	설(乯)
설(鑼)	소(螦)	쇼(軍)	솔(乭)	솔(㐲)
솟(乼)	수(稤)	슈(迼)	승(乘)	씨(穗)
식(簽)				
얌(唅)	억(㫈)	얼(乻)	엄(欜)	엇(旕)
엿(浱)	유(笌)	올(乭)	윗(㐣)	료(籐)
우(祐)	우(絆)	울(㐑)	율(乯)	
자(啫)	자(欅)	작(耆)	잘(乽)	잣(乼)
장(欌)	적(碃)	전(猠)	절(乤)	졈(岾)
뎡(釘)	조(曺)	조(穛)	종(艠)	줄(乼)
줏(滰)	짓(鳸)			
추(榳)				
탁(侂)	택(柂)	탱(橸)	퉁(卵)	톨(乧)
팟(㐎)	팽(闏)	편(䭏)		
흔(㐻)	할(乤)	화(畲)	횡(遤)	살(蠚)

국자는 우리나라만 있는 것이 아니다. 일본에서도 한자를 받아들인 후, 우리와 비슷한 이유로 자기들만의 한자를 만들어 사용했다. 일본 고유의 한자를 우리는 보통 일자日字라고 부르는데 그들은 왜자倭字·화자和字, 혹은 국자國字라고 부르기도 한다. 일자日字를 처음 수집해놓은 책은 일본 창태昌泰연간898~901에 만들

어진 창주$_{昌住}$의 한일사전$_{漢日辭典}$인 『신찬자경$_{新撰字鏡}$』「소학편$_{小學}$ $_{篇}$」으로서, 여기에 400여 자의 일본 고유한자를 수록해 놓았다. 그 후 보력$_{寶曆}$ 10년$_{1760}$에 신정백석$_{新井白石}$이 지은 『동문통고$_{同文通}$ $_{考}$』에 81자를 소개했고, 반직방$_{伴直方}$의 『국자고$_{國字考}$』1818에는 『동 문통고$_{同文通考}$』에 없는 44자를 추가로 소개했다. 이 중에는 글자의 발음과 의미가 밝혀지지 않은 것도 상당수 있는데, 이들을 제외 하고 일자 일부를 가나다순으로 열거하면 다음과 같다.

각(鵤)	간(鵗)	강(鱇)	거(俥)	거(襷)
견(樫)	견(鑓)	곡(硲)	공(熕)	구(粂)
궤(凧)				
남(遖)	내(匂)	년(鵇)	니(魸)	
달(燵)	동(鯑)	동(働)	등(鐙)	
렬(捔)	로(鮱)	록(梺)	뢰(鱩)	륵(橺)
리(鯏)				
마(麿)	명(冐)	모(栂)	모(毟)	목(杢)
목(凩)	문(乄)	미(躾)		
방(錺)	병(鋲)	병(塀)	병(鞆)	보(鮑)
복(魸)	분(扮)	불(柫)	비(嬶)	비(鯉)
사(鍒)	산(杣)	산(閊)	상(栬)	상(峠)
서(鱛)	선(鱛)	설(鱈)	성(鹹)	세(笹)
송(鐩)	승(枡)	신(噺)	신(榊)	신(鱒)
실(椊)	십(辻)			
애(鰻)	약(鰯)	약(鱛)	어(鯲)	어(鯱)
염(鯰)	영(怺)	오(俣)	원(鋺)	위(繊)
응(鱸)	이(怒)	이(鰊)	이(鵯)	인(靭)

인(籾)	인(扨)	일(辷)	입(扒)	입(魞)
입(叺)	입(込)	입(鳰)	입(圦)	적(癪)
전(鴫)	전(畑)	전(畠)	정(錠)	정(椗)
정(柾)	제(俤)	조(簎)	종(鵤)	주(鮏)
중(迚)	증(鱪)	지(凪)		
창(椙)	처(褄)	천(樮)	충(犲)	침(莁)
택(苾)	통(鯆)			
판(鱵)	편(鮄)	품(榀)	풍(颪)	필(褌)
하(鞐)	행(銜)	향(梻)	혜(鱒)	호(鯱)
화(毟)	화(姙)	화(椛)	화(糀)	화(錵)
회(杤)	회(朸)	희(鱚)		

베트남의 경우, 자기의 고유 언어를 한자로 표기하기 위해 한자의 편방偏旁을 이용해 나름대로 만든 글자가 있다. 이것을 '쯔놈字喃'이라 부르는데, 쯔놈이 만들어진 시기는 대체적으로 베트남이 중국의 직접적인 지배를 받던 시기인 북속北屬 시대B.C 111~A.D 939라 한다. 그 후에도 계속 만들어졌는데 대표적인 글자와 그 뜻을 열거하면 다음과 같다.

竝多(견주다)	口女(먹다)	醉(한 해)	龍中(가운데)
至曳(도착)	至旦(도착)	眔(百)	南五(다섯)
呐(말하다)	扐(걸다)	疔(아프다)	嗟(하늘)

나라마다 모양이 다른 한자

중국에서 만들어진 한자는 본래 한가지의 모양을 가지고 있다. 그렇기 때문에 그것이 어디에서 사용되든지 모두 같은 모양을 하고 있어야 한다. 하지만 왜 나라마다 다른 모양의 한자가 있는가?

그것은 본래 하나의 형체인 글자가 각 나라로 전파된 후 그 지역 사람들이 기존의 글자에 약간씩 변형을 가해 쓰는 경우가 있었기 때문이다. 글자를 활자로 만드는 과정에서 변형시킨 모양을 채택했고, 이 변형된 활자를 모범으로 또 다른 사람들이 배우고 익히면서 나라마다 약간씩의 차이가 발생한 것이다.

그러나 절대다수의 한자가 변형되어 차이가 나는 것은 아니다. 대부분의 글자는 어느 곳에서나 같은 형체로 쓰이고 있으며, 일부 글자만이 다르다. 그 중 가장 많은 차이가 나는 글자들은 각 나라마다 나름대로 만들어낸 약자略字이다. 약자란 본래의 형체를 간략하게 만들어 쓰는 것이기 때문에, 그것을 간략화하는 과정에서 자기들만의 약속에 의해 글자를 간소화시켰다.

물론 지금도 각자의 활자를 이용하여 책을 만든다든가 혹은 기타 활자문화를 창출하는 데는 전혀 문제점이 없다. 왜냐하면 같은 글자라면 형체상의 차이가 그리 크지 않기 때문에 누가 보아도 그것이 무슨 글자인지를 쉽게 알 수 있기 때문이다.

하지만 컴퓨터의 보급과 컴퓨터로 활자를 만드는 과정에서 문제점이 발생했다. 한자를 사용하는 각 나라들은 자기들의 한자를 컴퓨터에서 처리하도록 만들었으며, 그것을 이용하여 인쇄까지 하게 되었다. 물론 자기 나라에서 만든 글자 모양을 자기 나라에서만 사용하면 아무런 문제가 없다. 그러나 컴퓨터에 내장되는 글꼴은 여러 나라가 공동으로 사용하면 편리한 점이 많기 때문에 이를 위해 동일한 한자는 그 모양을 통일시켜야 하는 것이다.

이러한 문제점을 해결하고자 한자 사용국들은 서로 자신들이 사용하는 글자의 모양을 국제적인 공동의 글꼴로 채택하고자 주장했다. 하지만 사실상 각 나라에서 사용되고 있는 글자들의 모양을 살펴보면 한국과 중국이 같으면 일본이 다르고, 일본과 중국의 형체가 같으면 한국이 다르며, 또 한국과 일본이 같으면 중국이 다르거나 혹은 모두가 약간씩 다른 형체의 글자들을 사용한 것이 적지 않았다.

따라서 서로의 주장은 상호 이익의 상충으로 인해 별다른 효과를 거두지 못하게 되었고, 이것이 진전되지 않자 부득이 각 나라의 대표들이 한자리에 모여 그 글자들을 통일하려는 노력이 뒤따르게 되었다. 그 결과 통일이 비교적 쉬운 글자 중 서로 간의 이익을 최대한 반영하는 글자의 일부를 모아 임시로 만들어진 것이 unicode에 나타난 한자 형태이다. 그래서 컴퓨터에서 국제적으로 사용되는 한자의 글꼴은 unicode를 채택하고 있는데, 아직도 통일되지 않은 글자들이 많아 이러한 노력은 지금도 지속되고 있다.

앞으로 모두가 공동으로 사용할 수 있는 글꼴로 통일이 되어야만 컴퓨터 시대에 맞는 한자문화를 창출할 수 있으며, 그래야만 한자의 학습도 쉽고 원활하게 될 것이다.

최근까지 사용되어왔던 각국의 한자들 가운데 서로 모양이 다른 한자 일부를 국가별로 나누어 살펴보면 다음과 같다.

한국	중국	대만	일본	베트남	한국	중국	대만	일본	베트남
嬻	嬻				枸	枸	枸		
庰	庰	庰			梧	梧	梧	梧	
异	异	异	异		榻	榻	榻	榻	
怜	怜	怜	怜	怜	櫨	櫨			
低	低	低			沿	沿	沿	沿	沿
才	才	才	才	才		浿	浿		
旃	旃	旃	旃		泷	泷	泷		
晱	晱	晱	晱		洹	洹	洹		
滬	滬	滬	滬		謹	謹	謹	謹	
潅	潅	潅	潅		譬	譬	譬		
潢	潢	潢	潢		逯	逯	逯	逯	
濼	濼	濼	濼		鄙	鄙	鄙	鄙	鄙
瀘	瀘	瀘	瀘		鄧	鄧	鄧	鄧	
炇	炇				鋑	鋑	鋑	鋑	
爵	爵	爵	爵	爵	鮋		鮋		
癲	癲	癲	癲	癲	鵃	鵃	鵃		
蚤	蚤	蚤	蚤	蚤	諍	諍	諍	諍	
蛩	蛩	蛩	蛩	蛩	覃	覃	覃	覃	

새로 생기는 한자와 사라지는 한자

한자가 처음 창제되었을 때는 그 숫자가 얼마 되지 않았으나, 세월이 흐르면서 계속 새로운 글자가 만들어져 지금은 벌써 수만 자에 이르고 있다. 그러나 이 과정에서 사라져 버린 글자도 상당수 존재한다. 사실 그 시대 사람들이 사용치 않는 글자는 그 쓰임새가 어느 정도 상실된 글자로 보아도 큰 무리가 없다. 하지만 자전을 보면 수만 자가 수록되어 있는데, 이것은 그 글자들이 지금도 살아서 쓰이고 있다는 것은 아니고 옛날에 쓰였던 글자이기 때문에 옛 기록들을 해석하기 위해 모두 자전에 수록한 것이다.

그런데 자전에는 나와 있지만 그것이 사용된 흔적도 찾기가 어려운 글자는 실질적으로 없어진 글자라고 보아도 무방하다. 그 중에서 대표적인 것들이 갑골문과 금문에서 지금의 글자로 환원시키기 어려운 글자들이다. 또 해서로 넘어와서도 아주 일부에서만 쓰였다든가 혹은 특정 시기만 잠깐 사용하다가 폐기시킨 글자들이 많은데, 가장 대표적인 것이 당나라 때 측천무후則天武后, 623~705가 만들었다는 글자들이다.

측천무후는 왕권을 장악한 다음, 자신

측천무후(則天武后)
중국에서 여성으로 유일하게 황제가 되었던 인물로 당(唐) 고종(高)의 황후였지만 690년 국호를 주周로 고치고 스스로 황제가 되어 15년 동안 중국을 통치하였다.

중국 유일의 여제 측천무후(則天武后)

의 권위를 나타내는 18개의 글자를 만들어 기존의 16자를 대신하게 했다. 이 글자를 실제로 만든 사람은 측천무후 사촌언니의 아들인 종진객宗秦客인데, 그는 주로 연호나 왕제王制에 관한 용어에 쓰이는 글자를 만들었다.

글자는 거의 이미 있는 한자의 편방을 새로 적당히 조립하는 방법으로 만들었다. 그 중 대표적인 것으로는, 측천무후의 본명인 무조武照의 照를 '瞾'로 바꾸어 다른 사람과 관련된 것에는 사용치 못하게 하고 자신의 이름을 나타내는 전용 한자로 삼았다. 이 글자는 '밝다'는 뜻을 가진 '明명'과 '창공'을 의미하는 '空공'을 합쳐, 자신이 '하늘에서 밝게 빛나는 태양'으로서 지상을 영원히 비추고 싶다는 뜻을 담은 것이다.

무후가 만든 글자는 照조를 대신하는 것 외에도, 天천·地지·日일·月월·星성·臣신·載재·初초·年년·正정·證증·聖성·授수·戴대·國국을 대신하는 글자들이 있다. 이것들은 측천무후가 살았던 시기와 그 후에 약간 유행하기는 했으나 무후가 죽고 세월이 흐르자 모두 사라져 버렸는데, 그 글자들에 대해서는 송나라 때의 문자학자인 정초鄭樵가 지은 『육서략六書略』이란 책에 자세히 나와 있다.

이 외에 사라진 글자들로는 소위 이체자異體字라는 것들이 있다. 이체자란 본래의 글자와 발음·의미는 완전히 같으면서도 형체가 다른 것들을 말한다. 예컨대 '群군'이란 글자를 사람들은 '羣'으로 쓰기도 한다. 그런데 이 두 글자는 발음도 같고 의미도 같다. 즉 이 두 글자 중 하나는 정자正字이고, 하나는 이체자인 것이다. 쉽게 말해 약자나 속자도 일종의 이체자인 것이다.

이체자는 예전부터 사람들이 글자를 편하게 쓰기 위해, 혹은 아름다움을 위한다거나 기타 다른 원인으로 인해 본래의 글자를 약간 변형시켜 만든 글자인데, 그것이 자전에 많이 수집된 것은 수당隋唐 시기이다. 그 시기를 거치면서 자전을 편찬하는 사람은 예전에 쓰였던 이체자들을 모두 모아 수록했는데, 그런 글자로 써진 문장을 읽기 위해서는 그것이 무슨 글자인지를 알아야했기 때문이다. 그렇지만 그런 글자들은 그 당시에만 자주 쓰이고, 그 시기가 지나면 거의 소멸되었다.

그러나 이체자가 본래의 글자를 몰아내고 주인 행세를 한 경우도 있다. 정자란 많은 사람들이 사용하는 모범적인 형체의 글자를 말하는데, 예전에는 비록 그것이 정자의 위치를 차지하지 못했다 하더라도 나중에 와서 많은 사람들이 그것을 쓰다 보니 자연히 정자가 된 것이다.

이렇게 사라지는 글자들이 있는 반면에 새로 생겨나는 글자들도 있다. 아주 오래전에 만들어진 것들은 차치하더라도 최근에 만들어진 글자들도 있다. 그것은 새로운 문물의 탄생과 더불어 그 의미를 표현하는 글자가 필요했기 때문이다. 예컨대 예전에는 사람이 숨을 들이쉬는 것은 공기라는 인식밖에 없었는데, 요즘은 사람에게 필요한 공기가 바로 '산소'라는 것을 알게 되면서 산소를 의미하는 글자인 '氧양'을 새로 만들었다. 이와 같이 만들어진 글자들은 화학원소의 이름이 가장 많다.

지금부터 300년 전에 만들어진 『강희자전康熙字典』에 수록되어 있지 않으며, 그 전에도 사용된 적이 없어 확실하게 그 후에 만들어진 것으로 파악된 글자는 대략 296자라고 한다. 그 중에 가장

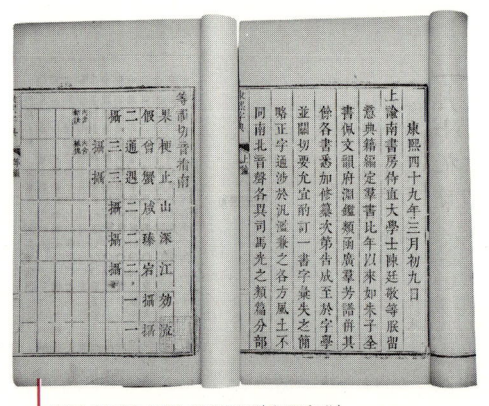
중국 최대의 자전 강희자전(康熙字典)

많은 비중을 차지하는 것은 앞서 말한 바와 같이 화학용어를 표기하는 글자들로, 예를 들면 氚_천: 트리튬 ·氡_동: 라돈· 氟_불: 불소 ·鈣_개: 칼슘· 鋯_고: 지르코늄 등이다.

다음으로 많은 것은 일상용자로서 대표적인 것으로는 '탁구'를 의미하는 乒_핑과 乓_퐁이 있다. 이것은 탁구를 칠 때 탁구공 튀는 소리가 '핑퐁'하고 나기 때문에 발음을 그렇게 붙인 것이며_{중국어 발음은 핑팡}, 단어 형태도 이 두 글자의 형체를 합한 '乒乓'의 모습이 탁구대의 옆 모양을 본떠 만든 것이다.

이러한 일상용어의 한자는 이 외에도 掰_배 ·蹦_붕 ·甩_솔 등이 있다. 다음이 방언_{方言}에 많이 쓰이는 글자들로서 煲_보 ·甬_용 · 氽_탄 등이 있고, 그 외에 의성어_{擬聲語}를 나타내는 哎_애 ·嚓_찰 · 噔_등 ·咚_동 ·嗨_해 등이 있다.

그런데 한자 중에는 옛날에는 사용되었던 글자들인데, 후대로 오면서 그 의미와 발음이 사라져버려 전혀 쓰이지 않고 있다가 오늘날 다시 발음과 뜻은 다르면서 그 형체는 그대로 사용하고 있는 글자들도 있다. 대표적인 것으로는 旮_욱 ·胺_알 ·烴_경 등이 있다.

이와 같이 중국에서는 필요에 의해 끊임없이 글자를 만들어 나간다. 물론 새로운 수요를 위해 새로운 글자를 만들어야 하지만, 무작정 한없이 만들 수는 없기 때문에 새로운 뜻이 나오면 그 글자를 모두 만들지는 않고 가능하면 기존에 쓰던 한자를 두 개 이상씩 합해 단어를 만드는 방향으로 나간다. 예컨대 '텔레비전'이란 뜻이 필요하면 그것을 의미하는 새 글자를 만들지 않고 '電視전시'라는 단어로서 그 뜻을 대신하게 한 것이다. 이러한 방식이 곤란한 경우에만 그에 해당하는 새 글자를 만든다.

그러나 우리나라의 경우는 이와 다르다. 예전에는 우리나라에서 만들어낸 한자도 꽤 있지만 지금은 그때와 달리 전혀 만들지 않고 있다. 왜냐하면 우리나라는 이미 한글을 일반적으로 사용하고 있으며, 또 한글로서 새로 나오는 모든 뜻을 표현할 수 있고 외래어의 경우도 한글로서 그 발음을 모두 적어 새로운 단어로 만들 수 있기 때문이다. 따라서 근래 들어 우리나라에서는 한자를 만들지도 않을 뿐더러 또 만들 필요도 없다. 이것이 중국과 우리의 차이점이라 할 수 있다.

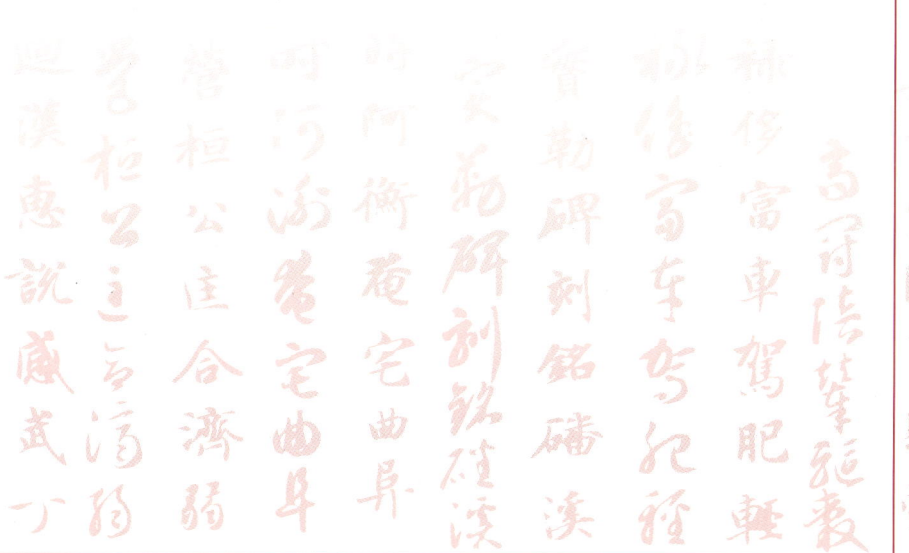

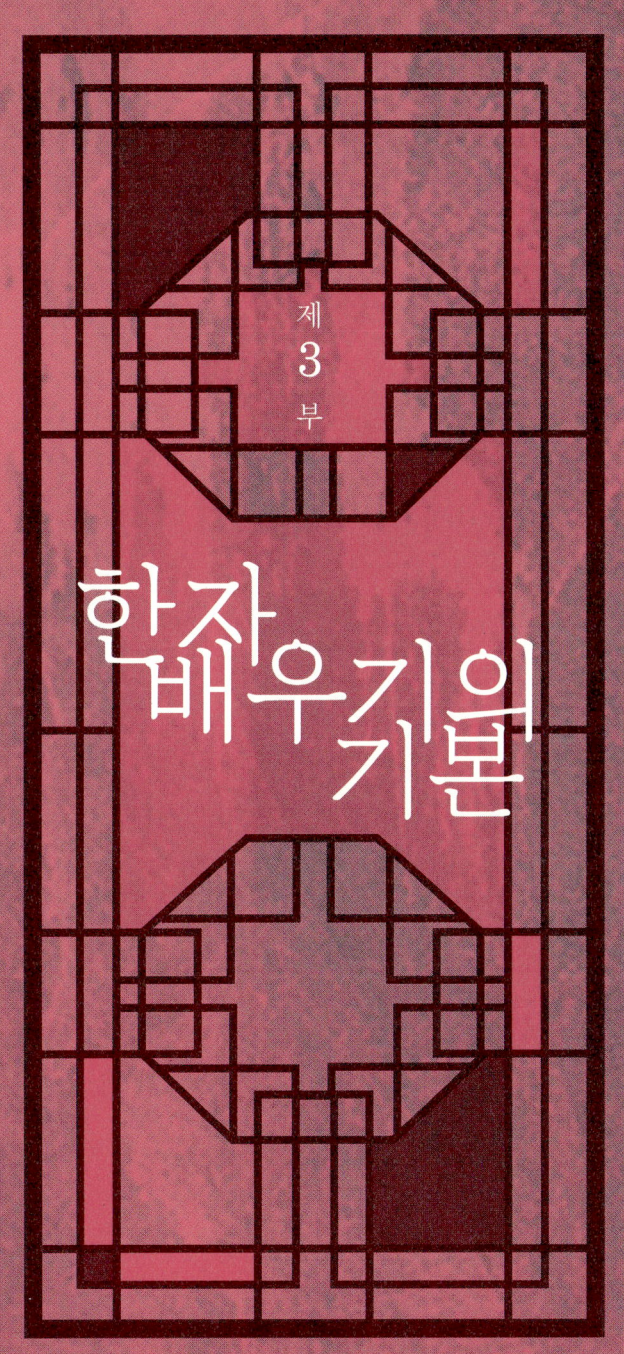

제3부

한자 배우기의 기본

편방偏旁

한자는 하나 혹은 그 이상의 필획이 결합하여 어떤 뜻을 가지는 형체를 이룸으로서 만들어진다. 예컨대 乙을은 하나의 필획으로 '새'라는 뜻을 가진 한자가 되고, 人인은 두 개의 필획이 결합되어 '사람'이라는 의미의 한자가 되며, 木목과 心심은 네 개의 필획이 모여 '나무'와 '마음'을 뜻하는 한자가 되고, 目목은 다섯 개의 필획이 모여 '눈'이라는 의미의 한자가 된다. 이 글자들에서 어느 한 필획이라도 빠지게 되면 乙·人·木·心·目이라는 한자가 될 수 없는데, 한자가 만들어질 초기에는 이런 부류의 한자가 대부분이었다.

그 후에는 이러한 한자들을 두 개 이상 결합하여 다른 뜻을 가진 새로운 한자를 만들었는데 예를 들면 人과 木을 이용해 休휴를 만들고, 木과 目을 합쳐 相상을 만들었으며, 또 木과 目·心을 합쳐 想상을 만들기도 했다. 여기서 休나 相·想과 같이 두 개 이상의 한자를 합쳐 만든 글자를 일반적으로 합체자合體字라 부르고 있는데, 이 합체자를 구성하는 기본단위의 글자들을 편방偏旁이라 한다. 즉 休와 相·想에서의 편방은 人과 木, 木과 目, 木과 目·心이다.

현재 자전에 있는 수만 개의 한자는 대부분 이 편방들이 결합되어 만들어진 글자들인데, 그 중에서 11,834개의 한자를 분석한 결과 이 글자들에 사용된 편방은 모두 648개라고 한다. 임의로 1만여 자를 뽑아 통계 낸 편방의 숫자가 648개라면, 모든 한자에 사용된 편방의 숫자가 거의 그 수준을 넘지 않는다고 보아도 큰 무리는 없을 것이다.

우리가 사용하고 있는 한자는 대부분이 두세 개의 편방으로 만들어졌다. 물론 네 개의 편방으로 만들어진 것도 있고 간혹 다섯 개 이상의 편방으로 이루어진 것도 있지만, 그 숫자는 두세 개의 편방으로 만들어진 것에 비하면 상대적으로 매우 적다고 볼 수 있다. 매우 복잡한 글자의 경우 얼핏 그것이 많은 수의 편방으로 이루어진 것같이 보이지만 사실은 편방으로 쓰인 글자의 획수가 많아서 그렇게 보이는 것일 뿐이지 편방이 많은 것은 결코 아니다. 예컨대 큰 소리로 부른다는 의미의 籲유는 필획수가 26획이지만 이것은 龠약과 頁혈의 두 편방으로 이루어진 것이며, '오리'의 뜻을 가진 䪼농은 모두 27획이지만 역시 龍용과 鳥조 두 편방으로 만들어진 글자이다.

한자는 편방들의 결합에 의해 만들어진 것이므로 이 648개의 편방을 어떻게 결합하는가에 따라, 혹은 몇 개씩 결합하는가에 따라 엄청난 숫자로 늘어날 수 있다. 우선 위치를 같게 한다는 전제 아래 서로 다른 두 개씩만 결합한다 해도 648×648=419,904개가 되고, 세 개씩 결합한다면 648×648×648=272,097,792개가 되며, 네 개씩 결합한다면 무려 1,700억 개나 만들 수 있다. 게다가 결합하는 위치까지 서로 다르게 하여 글자를 만들면 그 숫자는 헤아릴 수 없이 많아진다. 그러나 현재는 그렇게 많은 숫자의 한자가 없다. 왜냐하면 글자란 어떤 뜻을 가지는 것이어야 하는데, 현재 우리가 표현하고자 하는 의미는 그렇게 많지 않아 많은 글자가 필요치 않기 때문이다. 또 설사 표현하고자 하는 뜻이 수백만 가지가 된다고 하더라도 그 많은 뜻을 모두 한 글자씩 나타낸다면 그것을 외우기가 너무 어려우므로, 그 숫자만큼 글자를 만들기보다는 다른 방법으로 뜻을 나타내면 된다.

그래서 생각한 방법이 두 개의 글자를 이용하는 것이었다. 즉 '배움터, 배우는 사람, 배움'이라는 뜻을 나타내는 글자들을 하나씩 따로 만드는 것이 아니라, 이미 있는 글자들을 이용하여 '학교學校, 학생學生, 학문學問'이란 단어를 만들어 이용하면 배우기가 훨씬 쉽기 때문에 새로운 의미가 생길 때마다 대부분 이런 방법을 사용하고 있다.

편방들은 각자 따로 떼어놓으면 대부분 독립된 하나의 글자로서 사용되고 있다. 예컨대 岩암, 盆분, 詩시, 妄망에서 편방이 되는 山산, 石석, 分분, 皿명, 言언, 寺사, 亡망, 女녀는 모두 따로 있어도 독립된 하나의 한자로 쓰인다. 그러나 어떤 글자들은 따로 떼어 놓으면 독립된 글자로 쓰이지 못하는 것들도 있다. 예를 들면 字자, 杉삼, 煮자, 恭공, 限한, 牧목에서 편방으로 사용된 宀면, 彡삼, 灬화, 忄심, 阝부, 攵복들은 독립적으로 사용되지 않는다. 물론 이들이 본래부터 한자가 아닌 것은 아니다. 원래 이들도 엄연한 하나의 한자인데 다만 지금은 독립적으로 사용되지 않고 있을 뿐이다. 특히 灬·忄·阝는 편방으로 사용되면서 자형이 변형된 것으로, 본래 글자인 火화·心심·阜부의 형체로는 지금도 계속 사용되고 있다.

한자의 편방에서 계급을 나눈다는 것이 약간 이상하지만 편방에도 나름대로의 계급이 존재한다. 이를테면 두 개의 편방이 모여 하나의 글자가 되고, 그 글자에 다른 편방이 더해져 또 다른 글자가 되며, 다시 그 글자에 다른 편방이 더해져 또 다른 글자가 되었을 경우 마지막 글자는 여러 단계의 편방 결합에 의해 만들어진 글자가 된다. 이런 경우에 편방은 결합된 지위에 따라 계급이 달라진다고 볼 수 있다. 예컨대 刀도와 口구가 결합되어 召소가 되고, 召소와 日일이 합해져 昭소가 되며, 昭에 灬화가 결합되어 照조라는 글자가 만들어졌다고 하자. 이때 마지막에 만들어진 照의 입장에서 보면 照의 편방은 灬와 昭이고, 이 중의 하나인 昭는 日과 召가 편방이며, 이 중의 하나인 召는 刀와 口가 편방이다. 이 경우 계급을 매기면 照의 1급 편방은 灬와 昭이고, 日과 召는 2급 편방이며, 刀와 口는 3급 편방이 된다. 즉 한 글자를 이루는 가장 큰 편방부터 자세히 분석해가면 계급이 정해지게 된다.

그렇다면 편방과 부수部首는 어떻게 다른가? 앞에서도 말한 바와 같이 합체자合體字는 두 개 이상의 편방으로 만들어진 한자이다. 이 합체자들을 자전字典에서 찾고자 할 때 무턱대고 찾기보다는 편방이 같은 것끼리 모아두면 글자를 찾기가 매우 편리할 것이다.

이 점에 착안하여 편방 중에서 많이 사용되는 것을 골라 따로 떼어낸 것이 부수이다. 그래서 동한東漢 때의 자전인 『설문해자說文解字』에서는 부수자部首字로 540개로 골랐고 명대明代의 자전인 『자휘字彙』에서는 214개를 골라 부수로 삼았는데, 청나라 때의 『강희자전康熙字典』에서도 이 214개의 부수를 그대로 사용해 현대의 많은 자전들이 『강희자전』을 따라 214부수를 채택하고 있다. 이렇게 볼 때 모든 부수는 반드시 편방이지만, 모든 편방이 반드시 부수자가 되는 것은 아니라고 보면 된다.

편방이 같아도 결합에 따라 다른 글자가 된다

한자가 처음 만들어졌을 때는 단순히 하나의 형태만을 그려 만든 것이 대부분이다. 예컨대 나무를 의미할 때는 '木목'이란 형태만을 그려 만들면 되었다. 그러나 세월이 가면서 글자가 많이 필요하게 되고, 이에 따라 하나만의 형태로는 모든 글자를 만들 수가 없어 부득이 두 개 이상의 형태를 조합하여 새로운 글자를 만들게 되었다. 즉 '木'이라는 형태와 '人인'이라는 형태를 합쳐 '休휴'라는 글자를 만든 것이다. 이럴 때 木과 人을 休라는 글자의 편방偏旁이라 한다.

이와 같이 두개 이상의 편방을 합쳐 만들어진 글자들은 새로운 글자가 되는데, 이때 편방의 위치는 대부분이 고정되어 있으며 그 고정된 형태를 하나의 글자로 인식한다. 그런데 한자는 일반적으로 네모진 형태를 취하려는 경향이 있어 편방들의 위치는 서로 균형을 이루도록 배치되어 있다. 따라서 대부분의 편방 결합은 다음과 같은 형태로 이루어졌다.

1. 좌우로 결합되는 편방

① 亻(사람 인) – 仁, 信, 仙
② 彳(자축거릴 척) – 往, 待, 得
③ 扌(손 수) – 持, 指, 授

2. 상하로 결합되는 편방

① 宀(갓 면) – 宇, 安, 家
② 艹(풀 초) – 花, 落, 草
③ 竹(대 죽) – 笑, 筆, 答

3. 한 편방을 다른 편방이 위와 왼쪽을 싸는 편방

① 尸(주검 시) – 居, 尾, 屋
② 虍(범 호) – 虎, 虛, 處

4. 한 편방을 다른 편방이 왼쪽과 밑을 싸는 편방

① 辶(쉬엄쉬엄 갈 착) – 近, 道, 迎
② 廴(길게 걸을 인) – 延, 建, 廷

5. 한 편방을 다른 편방이 위에서 덮는 편방

① 門(문 문) – 問, 閒, 開,
② 冂(먼데 경) – 冏, 円

6. 한 편방을 다른 편방이 아래서 받치는 편방

凵(입벌릴 감) – 凶, 函

7. 한 편방을 다른 편방이 주위를 감싸는 편방

囗(에워쌀 위) – 困, 因, 固

    이렇게 결합된 편방들은 원칙적으로 항상 고정되어 있어 그 위치를 바꾸면 안 된다. 하지만 '群군' 같은 글자는 좌우의 편방을 상하의 형태로 바꾸어 '羣군'으로 쓰기도 하는데, 이 글자는 서로 같은 편방을 쓰고 있기 때문에 동일한 글자로 취급한다.

    위와는 달리 한자 중에는 같은 편방을 사용하여 결합하면서도 결합된 위치를 달리하면 전혀 다른 글자가 되는 예도 종종 있다. 예컨대 '吟음'은 '읊조린다'라는 의미를 뜻하는데, 같은 편방을 위아래로 결합한 '含함'은 '머금다'라는 의미를 갖는다.

    이렇게 결합된 위치에 따라 글자가 변하는 예는 어떠한 한자에서나 일어나는 것은 아니다. 앞의 결합 형태 중에서 세 번째 형태 이하는 그 결합이 매우 의도적이기 때문에 결합구조를 바꾸어 다른 글자를 만드는 것은 상당히 어렵게 되어 있다. 예컨대 '⻍착'이나 '門문 · 囗위'와 같은 글자들은 그렇게 만든 이유가 분명하기 때문에 그것들의 위치를 바꾸어 다른 글자로 만든다는 것은 결코 쉽지 않다.

반면에 좌우나 상하로 결합된 글자들의 경우는 두 글자의 위치로 의미를 결정하는 것이 아니라, 두개의 편방 성분이 존재한다는 것에서 의미를 찾을 수 있는 것들이 많기 때문에 위치를 바꾸면서 전혀 다른 글자로 만들기가 쉽다. 그래서 편방의 위치에 따라 다른 글자로 바뀌는 예는 대부분 좌우나 상하로 결합되는 글자들이다. 이와 같은 예를 부수별로 살펴보면 다음과 같다.

口부

叭 입벌릴 팔	–	㕣 산 속의 늪 연
杏 은행나무 행	–	呆 어리석을 매
叮 정성스러울 정	–	可 옳은 가
叨 탐할 도	–	召 부를 소
占 코대답하며 말할 응	–	吐 물어도 대답하지 않을 망
吴 지껄일 화	–	呑 대구 구
咿 탄식할 의	–	君 임금 군
吟 읊을 음	–	含 머금을 함
𠯗 막을 철	–	听 벙긋거릴 은
和 순할 화	–	咊 어린아이 울 화
咠 참소할 집	–	咡 입아귀 이
品 품수 품	–	㗊 많은 소리 령
哲 밝을 철	–	唽 새 지저귈 찰

土부				
	啼 울 체	–	眔 뿐 시	
	坋 티끌 분	–	坌 모을 분	
	坒 잇닿을 비	–	玭 나란할 비	
	垢 때 구	–	厔 '厚(후)'의 고자	
	垎 방죽물 협	–	坮 = 臺(대)	
	垩 색흙 악	–	埡 작은 방죽 오	
女부	娶 장가들 취	–	娖 젊을 추	
	婪 탐할 람	–	婪 마을 람	
	婪 키 크고 건장할 참	–	婮 계집 더러울 함	
山부	岎 산 갈라질 분	–	岔 산길 나뉠 차	
	岑 묏부리 잠	–	岭 산작고 높을 검	
	岩 '巖(암)'의 속자	–	砳 바위구멍 감	
	岾 겹산 함	–	峈 산모양 갑	
	巢 높고 첩첩할 집	–	嶪 산높을 첩	
巾부	市 앞치마 불	–	帀 둘릴 잡	
	帕 머리수건 파	–	帛 비단 백	
弓부	弔 조상할 조	–	引 끌 인	
心부	忥 성낼 의	–	忉 근심할 도	
	忋 믿을 해	–	忌 미워할 기	
	忔 기쁠 흘	–	忔 어리석을 흘	
	忘 잊을 망	–	忙 바쁠 망	
	忡 근심할 충	–	忠 충성 충	
	忦 근심하고 두려워할 개	–	忴 근심 없을 개	
	忴 마음 급할 검	–	念 생각할 념	
	忻 기쁠 흔	–	忌 생각할 기	
	忿 분할 분	–	忿 얼크러질 분	
	怍 부끄러울 작	–	怎 어찌 즘	
	怠 게으를 태	–	怡 기쁠 이	
	怣 생각 부	–	怤 좇을 부	

怵 두려워할 출	–	㤅 다부룩히 첫 싹날 출
恰 흡족할 흡	–	㥶 합할 흡
悆 기쁠 여	–	㥥 의심스러울 서
悱 분낼 비	–	悲 슬플 비
怴 작은 구멍 월	–	惋 한할 완
惐 마음 아플 역	–	惑 미혹할 혹
悾 속답답할 아	–	惡 악할 악
愈 나을 유	–	愉 기뻐할 유
憾 마음 불안할 감	–	感 감동할 감
愿 정성 원	–	憪 측량할 원
慔 힘쓸 모	–	慕 생각할 모
慧 총명할 혜	–	憓 삼갈 세
憞 마음 어두울 돈	–	憝 원망할 대
憦 뉘우칠 로	–	憥 지칠 로
憨 미련할 감	–	憾 노할 함
廣 너그러울 광	–	懭 한할 광

手부

拱 손잡을 공	–	拲 수갑할 공
拾 주울 습	–	拿 잡을 나
㧑 끌 정	–	掌 손바닥 장
摍 칠 추	–	摮 = 腕(완)
搬 옮길 반	–	攀 덫 놔 잡을 반
擗 가슴 두드릴 벽	–	擘 나눌 벽
攏 가질 롱	–	摰 칠 롱
攣 모을 란	–	攣 맬 련

攴부

鈙 가질 금	–	夑 속할 변

日부

旰 해질 간	–	旱 가물 한
旻 하늘 민	–	旼 화락할 민
昊 하늘 호	–	香 밝을 계

月부
木부

昌 창성할 창	–	旴 밝을 현
昒 새벽 홀	–	易 바꿀 역
晌 정오 상	–	昺 밝을 향
景 볕 경	–	晾 말릴 량
曙 새벽 서	–	暑 더울 서
暮 저물 모	–	幕 어두울 막
朞 돌 기	–	期 만날 기
李 오얏 리	–	梓 목수 자
杠 갓대 강	–	杢 목수 목
枤 도마 지	–	朱 '因(인)'의 고자
杲 밝을 고	–	杳 어두울 묘
架 시렁 가	–	枷 도리깨 가
枼 모진나무 엽	–	枻 노 예
某 아무 모	–	柑 감자 감
査 사실할 사	–	柤 난간 사
柌 느름나무 자	–	柴 섶 시
栖 깃들일 서	–	栗 밤나무 률
枅 두공 계	–	栞 도표 간
栱 두공 공	–	栫 수갑 공
桫 사리나무 사	–	桬 사당나무 사
棐 도지개 비	–	棑 방패 패
桛 책상 금	–	森 나무 빽빽할 삼
楸 땔나무 추	–	榣 나무이름 추
榆 '牋(젠)'의 고자	–	槫 = 椽(전)
榕 용나무 용	–	樫 '松(송)'의 고자
橇 덧신 교	–	檿 거듭방아 찧을 취
撕 가지 사	–	檕 섞시 시
虆 덩굴풀 루	–	櫑 술통 뢰

手부	毻 모직물 등	–	𣬉 털 흩어질 등
水부	汕 오구 산	–	㕚 삼쩰 패
	江 강 강	–	釨 수은 홍
	泉 샘 천	–	泊 배 댈 박
	洐 소용돌이 칠 앵	–	㷇 '消(소)'의 고자
	渺 아득할 묘	–	渻 내 이름 성
	澼 빨래 벽	–	㵇 물 갈라져 흐릴 벽
	濫 퍼질 람	–	繋 물에 채울 함
	辡 물이 돌아흐를 변	–	辧 물결 변
火부	炆 불이 성할 계	–	炎 불탈 염
	炮 터질 포	–	炰 거칠 포
	焂 태울 주	–	猷 귀울 추
	燽 밝을 주	–	壽 덮일 도
牛부	牮 뛰어 밟을 분	–	扮 수소 분
犬부	狒 개이빨 웅숭거릴 패	–	狋 개 성낼 패
	狒 원숭이 비	–	獻 개모양 불
	猆 머리짧은 개 배	–	斐 성 비
	狹 삵 쾌	–	獄 개성낼 은
	猶 같을 유	–	猷 꾀 유
	獤 여우 폐	–	獘 곤할 폐
田부	由 말미암을 유	–	甲 첫째 천간 갑
			申 아홉번째 지지 신
	畍 짠땅 항	–	𤰖 가래 척
白부	皆 모두 개	–	皉 명백할 비
皮부	疕 삼모시 갈라 쪽질 비	–	㼰 그릇 금 갈 피
目부	盲 장님 맹	–	盯 쳐다볼 망
	眇 애꾸눈 묘	–	省 살필 성
	眎 '視(시)'의 고자	–	否 볼 부

石部	砒 자황석 자	–	砦 진칠 채
	礧 산모양 뢰	–	礧 작은 구멍 뢰
禾部	秌 빽빽할 차	–	䊽 메기장 자
立部	竕 바를 처	–	兝 기댈 원
米部	粃 쭉정이 비	–	粊 궂은 쌀 비
	糈 싸라기 서	–	粟 좁쌀 속
糸部	紫 자주빛 자	–	紕 비단무늬 체
	累 더럽힐 루	–	細 가늘 세
	紑 손질하지 않을 차	–	紎 실 다듬을 자
	緐 말갈기 치장 번	–	緐 흐트러진 실 번
	纆 새끼줄 묵	–	纆 검은 실 목
	繁 생실오리 작	–	繳 동일 교
	繴 새그물 벽	–	繲 분합피 벽
	纍 갇힐 류	–	纙 = 礧(뢰)
羊部	牵 새끼양 달	–	美 아름다울 미
羽部	羾 나는 소리 홍	–	䎫 날아오를 공
	翌 다음날 익	–	翊 도울 익

같은 편방이라도 글자에 따라 편방 모양이 다를 수 있다

자전에서 글자를 찾을 때는 먼저 그 글자의 부수로 쓰인 편방을 찾는다. 편방으로 된 부수표部首表는 대부분 자전의 앞에 따로 만들어 놓았기 때문에 부수표만 보고도 누구나 쉽게 자기가 찾고자 하는 글자를 찾아갈 수가 있다.

그런데 어떤 글자는 편방의 부수 모양이 본래의 모양과 다른 것이 있어 당황할 때가 있다. 예컨대 袖유라는 글자를 찾으려면 衣部에서 찾아야 하는데, 이 袖의 편방인 衤가 衣와 모양이 달라서 처음 한자를 배우는 사람은 그것을 衣부에서 찾을 수가 없다. 물론 요즘 나온 자전의 부수표에는 부수로 쓰인 편방의 모양이 본래의 것과 다르게 나타나는 글자를 모두 표시해 놓았지만 그것을 익히기 전까지는 상당 기간 고생을 할 수밖에 없다.

그렇다면 한자의 편방에서 본래의 글자와 모양이 다른 것은 몇 개나 되고, 어떤 글자들이 있으며, 언제부터 그렇게 쓰고, 또 그렇게 쓰는 이유는 무엇인가?

현재 자전에서 한자의 부수자로 쓰이는 편방은 214개이다. 이것은 명나라 때부터 사용되어 온 것인데, 지금까지도 몇몇 자전을 제외하면 일반적인 자전에서 가장 많이 사용하는 부수라고 할 수 있다. 그런데 이 중에서 무려 36개의 편방 부수자가 한 가

한자 배우기의 기본 157

지 이상의 다른 형체를 가지고 있으며, 심지어 网망과 같은 편방은 4가지의 형체를 가지고 있다. 이들을 모두 합치면 45개나 되는데, 이들을 본래의 글자 형체와 함께 다른 형체로 나타나는 것을 살펴보면 다음과 같다.

乙ㄴ·ㄱ, 人亻, 刀刂, 卩巴, 尢兀·允, 彐ㅋ·彑, 心忄·㣺, 无旡, 手扌, 攴攵, 牛牜, 歹歺, 水氵·氺, 火灬, 爪爫, 犬犭, 玉王, 毋母, 氏民, 目罒, 示礻, 疋龰, 老耂, 襾西, 网罒·㓁·䍹·罓, 肉月, 聿𦘒, 艸艹, 衣衤, 臼𦥑, 羊𦍌·𦍋, 辵辶, 邑阝, 長镸, 阜阝, 足𧾷

편방들이 이처럼 두 가지 이상의 모양을 나타나기 시작한 것은 대체적으로 예서隸書부터이다. 물론 目과 老는 이미 소전小篆부터 두 가지 형태로 나타나고 있지만, 나머지의 경우 소전에서는 모두 한 가지의 형태를 취하고 있었으나 예서로 넘어오면서 두 가지 이상의 형태로 나뉜 것이다.

예서로 넘어오면서 편방의 글자가 뒤바뀐 것들도 있다. 본래 人·卩·彐·玉·歹은 소전에서 지금과 같이 쓰지 않고 오히려 亻·巴·彑·王·歺로 쓰였다. 하지만 후대로 오면서 주인이었던 亻·巴·彑·王·歺들은 손님으로 되었고, 손님이었던 人·卩·彐·玉·歹들이 주인행세를 하는 형국으로 바뀌었다.

편방들이 두 개 이상으로 나타나는 이유는 무엇일까? 그것은 글자를 쓸 때 글자의 모양을 균형 있게 하기 위해서이다. 한자의 형체는 대개 정사각형으로 쓰려는 경향이 나타난다. 위의 글자들이 편방으로 쓰일 때, 본래의 모양대로 쓴다면 글자가 정사각형이 아닌 매우 불균형스러운 모양이 될 수밖에 없다. 예컨대 探라는 글자를 쓸 때 편방인 扌의 형체를 본래의 형체인 手로 하여 쓴다면 手采로 쓰거나, 情을 본래의 편방인 心을 사용하여 心靑으로 한다면 글자 모양이 상당히 불안정하다. 그래서 모양을 약간 바꾸어 균형있게 쓰도록 한 것이다.

글자의 모양을 바꾼 기준은 무엇인가? 그것은 그 글자 본래의 모양을 크게 손상시키지 않는 범위에서 위아래로 길쭉하게 만들거나, 혹은 좌우로 넓게 펼쳐 만드는 것이다. 그래서 心의 경우 情과 같이 편방이 옆에 쓰일 때는 위아래로 길쭉하게 바꾼 모양을 사용하고, 恐과 같이 아래에 쓰일 때는 원래의 모양대로 쓴다. 반대로 火의 경우, 옆에 쓰일 때는 烟과 같이 그대로 사용하고, 아래에 쓰일 때는 烈과 같이 좌우로 넓게 펼쳐 만들었다.

이 모든 것이 글자의 균형을 위한 것이었으므로 글자 모양의 상황에 따라 적절히 변형시켜 쓴 것이다. 그러나 그것도 반드시 규칙을 따른 것만은 아니어서, 恥의 心은 옆에 쓰였지만 본래의 모양대로 쓰고 있으며, 焚도 火가 아래에 쓰였지만 본래의 형상대로 쓴 것과 같이 예외가 있기도 하다.

또 위에서 알 수 있듯이 目의 바뀐 편방과 网의 바뀐 편방이 모두 罒으로 모양이 같게 나타나고, 邑의 바뀐 편방과 阜의 바뀐 편방도 모두 阝으로 같은 형체를 취하게 된 것도 있다. 다만 目과 网은 모두 똑같이 글자의 윗부분에 사용되는데 반해, 邑과 阜의 경우는 약간 달라 阜는 글자의 왼쪽에 쓰일 때만 사용되고 邑은 오른쪽에 쓰일 때만 사용된다.

위의 편방들이 본래의 형체로 쓰인 경우와 변형된 자형으로 쓰인 경우를 살펴보면 다음과 같다.

乙乚乁: 乾·乭·九·乳·亂·乳
人亻: 令·僉·余·代·伯·倫
刀刂: 分·剪·劍·則·副·刑
卩㔾: 卬·卯·卽·危·卷·卮
尢兀尣: 尬·就·尨·尪·尷·尣
彐ヨ彑: 彙·彖·彔·彠·彝·彗
心忄㣺: 忠·悉·志·忙·快·怪·恭·慕
无旡: 旣
手扌: 拏·拳·摹·技·批·抑
攴攵: 敍·敲·敧·敏·效·散
牛牜: 牢·牽·犀·牧·物·特
歹歺: 殁·殊·殞
水氵氺: 沓·榮·漿·汽·洞·洙·滕·泰
火灬: 炊·烽·焰·烹·烝·熏
爪爫: 爬·爭·爰·爲
犬犭: 狀·猷·獸·猫·狄·狗
玉王: 玩·琉·珠
毋母: 毒·每·毓
氏民: 氏·氓
目罒: 盲·眼·着·罥·䍦
示礻: 禁·禀·禦·禍·禎·神
疋⺪: 疑·㞕·辻·疎·疏
老耂: 耆·嗜·耋·考·者
襾西: 覀·覈·覅·覇·要·覆
网罒冈罓㓁: 网·罷·羅·置·罪·罜·罕·網·罔

肉月:肯·腐·臠·脾·腋·腎
聿⺺:肆·肄·肇·畵·書
艸⺾:芔·芻·舜·莫·菊·落
衣⻂:裂·袋·袈·被·裕·裸
臼𦥑:舀·舀·舅·興·與·臾
羊⺷⺶:群·胖·羸·羌·美·羔·羚·羲·羝
辵⻌:辵·途·通·運
邑⻏:邕·邑·邇·都·郭·邱
長镸:張·帳·䮾·肆·镻·䮰
阜⻖:埠·防·陳·陸
足⻊:踵·蹇·蹙·蹟·蹈·蹴

부수 部首

한자를 보다가 모르는 글자를 만나게 되면 자전字典을 찾는다. 그리고 자전에서 그 글자를 찾기 위해서는 먼저 그것의 부수자部首字를 찾고, 다음에 부수를 제외한 나머지의 획수劃數를 헤아려 찾고자하는 글자를 만나게 된다. 이렇게 편리한 부수가 없었다면 한자를 어떻게 찾았을까? 물론 글자의 전체 획수를 이용하여 찾는 방법이 생겨나기는 했지만 그것도 없었을 시절에는 하나의 글자를 찾기 위해 무진 애를 써야만 했을 것이다.

한자가 처음 만들어진 후, 오랜 시간이 경과하면서 한자는 그 숫자가 날로 증가하게 되었다. 후에 와서는 그 숫자가 너무 많아져 처음 배우는 사람들은 이들을 모두 외우기가 쉽지 않았으므로, 그들을 위해 한자의 의미를 쉽게 알 수 있는 자전을 만들게 되었다.

최초의 자전은 『창힐편蒼頡篇』인데 여기에 수록된 한자는 3,300자 이다. 후에 다시 5,340자를 수록한 『훈찬편訓纂篇』과 6,180자를 수록한 『속훈찬편續訓纂篇』이 만들어졌으나 이들 자전에는 모두 부수라는 것이 없었다. 그래서 알고자 하는 글자를 찾으려면 글자를 하나하나 모두 찾아야하는 불편함이 있었는데, 동한東漢 시기의 허신許愼이라는 사람이 9,353자를 수록한 『설문해자說文解字』라는 자전을 지으면서, 글자의 검색을 편하기 위해 처음 창안한 것이 부수이다.

창힐편(蒼頡篇)
중국 진(秦)나라의 재상 이사가 소전(小篆)으로 기록한 자서(字書)다.

훈찬편(訓纂篇)
중국 한(漢)나라의 양웅(揚雄)이 지은 자전자전으로, 『창힐편(倉頡篇)』 이후 14가지 책에서 뽑아 한문 글자의 뜻을 풀이한 것이다.

허신은 9,353자의 글자를 하나하나 분석하여 같은 편방을 가지고 있는 글자들끼리 따로 모아 모두 540개의 부류로 나누고, 그 글자들이 공통으로 가지고 있는 편방을 부수자로 삼았다. 예컨대 杜·枯·梨·校 등의 글자는 모두 木목자가 들어가 있으므로 이들을 모두 하나의 부류로 묶고, 이 글자들이 공통으로 가진 木자를 부수로 삼은 것이다. 즉 부수란 그것이 들어간 글자들의 우두머리인 셈이다.

그래서 글자를 배열할 때는 먼저 우두머리인 부수자를 그 부部의 첫머리에 배치하고, 다음에 그 부수를 가지고 있는 글자들을 배열하는 것이다. 따라서 어떤 글자를 알고 싶으면 그 글자가 가지고 있는 부수자를 먼저 찾은 다음, 그 안에서 자기가 원하는 글자를 찾도록 했다. 예컨대 家라는 글자를 찾기 위해서는 먼저 부수자인 宀면을 찾고, 그 아래에 배열된 宀이 들어있는 글자들 중에서 家를 찾으면 되었다. 이렇게 되자 글자를 찾는 것이 예전에 비해 훨씬 편리하게 되었다.

그런데 540개의 부수도 적지 않은 것이어서 부수를 찾는 것만 해도 너무 많은 시간이 걸렸다. 그리하여 허신은 부수의 순서도 나름대로 방법을 고안해 맨 처음의 부수를 우주 만물의 시작인 一부로 하고, 다음에 부수의 형체를 비교하여 형체가 비슷한 순서대로 나열하였으며, 마지막인 제540부에는 모든 것의 끝이라는 의미에서 십이지十二支의 마지막인 亥부를 둠으로써 부수를 찾기 편하도록 했다. 그래서 이후 사람들은 글자를 찾는데 시간을 크게 낭비하지 않아도 되었던 것이다. 그때부터 지금까지 사람들이 글자를 찾는데 절약한 시간을 모두 합치면 실로 수백 년은 족할 것이니, 허신의 공로는 한없이 크다 할 것이다.

허신의 부수검자법部首檢字法이 만들어진 이후 편찬된 자전들은 모두 그 방법을 따라 540개의 부수를 사용하다가,

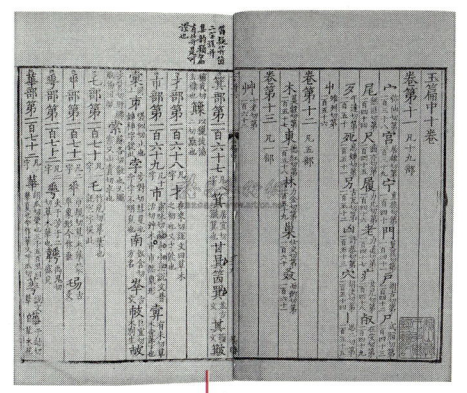

고야왕(顧野王)의 옥편(玉篇)

서기 543년에 이르러 양梁의 고야왕顧野王이 『옥편玉篇』을 편찬하면서 허신의 540부 중 하나를 빼고 세 개의 부수를 추가하여 542부로 만들어 사용하기도 했다.

그런데 부수검자법이 편리하기는 했으나 부수의 숫자가 너무 많아 그것을 알기에도 벅차다고 느끼게 되었고, 이에 따라 후대로 오면서 자연히 부수의 숫자를 줄이려는 시도가 이루어졌다. 그래서 997년에 행균行均이 『용감수감龍龕手鑑』을 지으면서 부수를 242개로 대폭 줄였다. 또한 부수의 배열도 형체가 비슷한 순서로 배열한 것이 아니라, 부수자의 자음字音을 이용하여 평상거입平上去入의 성조聲調에 따라 배열함으로서 보다 편리하게 만들었다.

그러나 이것도 너무 많다고 생각되어 명대明代에 와서 매응조梅膺祚라는 사람이 『자휘字彙』혹은 자회(字匯)라고도 함라는 자전을 만들면서 지금 우리가 사용하는 214개로 줄였고, 부수자도 획수에 따라 가장 적은 1획부터 가장 많은 17획까지로 나누어 획수의 순서대로 배열했다. 그래서 어떤 부수가 어디에 있는가를 알려면 그저 그 부수의 획수만 헤아리면 금방 찾을 수가 있었다.

고야왕(顧野王)의 『옥편(玉篇)』
남조(南朝) 시대의 양나라 학자 고야왕은 543년에 예서체로 표기한 표제자의 발음 정보를 반절을 이용하여 제시하고, 표제자의 새로운 의미를 용례를 찾아 기술한 자서『옥편(玉篇)』을 펴냈다. 옛 문헌에서 용례를 찾아 표제자의 바른 뜻풀이를 기술하고자 하였으며, 표제자의 서체는 예서체로 통일하였고, 옛 글자와 이체자에는 자세한 주석을 붙였다.

행균(行均)
요(遼)나라 때의 승려로, 음운학과 문자학에 밝았다. 일찍이 『대장경(大藏經)』 안에 쓰인 문자 26,430여 자를 수집하여 주해를 하고 글자 아래 고금자형(古今字形)과 반절(反切), 자의(字義) 등을 기록하여 4권으로 만들고 이름을 『용감수감(龍龕手鑑)』이라 했다. 이 책은 해설이 아주 뛰어나서 사람들의 인정을 받았다.

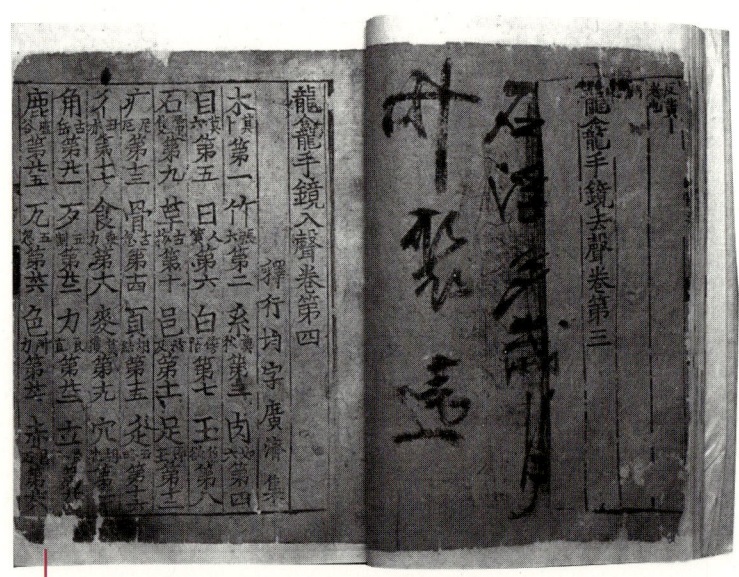

요나라의 행균(行均)이 지은 자전 용감수감(龍龕手鑑)

예를 들어 晚만이라는 글자를 찾기 위해서는 먼저 부수자인 日을 찾아야 하는데, 日의 획수가 4획이므로 우선 4획을 찾아 여기서 부수자 日을 찾은 다음, 그곳에서 晚을 찾으면 되었다.

이러한 방법은 그 전에 있던 방법보다 훨씬 편리한 것이었기 때문에 청대淸代에 만들어진 『강희자전康熙字典』에서도 이 방식을 채택함으로써 검자법의 모범이 되었고, 근래에 이르기까지 한·중·일韓中日의 많은 자전에서 이 방식을 사용하고 있다.

많은 사람들이 현재 우리가 사용하는 214부는 『강희자전』부터 사용된 것으로 알고 있으나, 이는 사람들이 『자휘』를 잘 사용치 않았고 『강희자전』이 워낙 유명하다 보니 『강희자전』에서 처음 사용한 것으로 잘못 알고 있는 것인데, 정확한 것은 명대부터라 말할 수 있다. 그러다가 최근에 와서 214개 부수도 불필요한 것이 있다고 생각하여, 중국에서 만든 『한어대자전漢語大字典』에서는 다시 200개로 줄여 사용하고 있으며, 『신화자전新華字典』에서는 이보다 더욱 줄여 189개의 부수만을 채택하고 있다.

그렇다면 여러 개의 편방으로 이루어진 글자의 경우 어떤 것을 부수로 삼았으며, 그 이유는 무엇이었을까? 예컨대 筆필은 竹죽과 聿율의 두 편방 중 竹이 부수이고, 相상은 木목과 目목의 두 편방 중 木이 부수이며, 懲용은 水수·甬용·心심이라는 세 개의 편방 중 心이 부수인데 그 이유는 무엇인가? 그것을 알기 위해서는 우선 필순筆順과 편방의 위치, 글자의 구조에 주목할 필요가 있다.

필순은 여러 가지 규칙이 있는데 그 중에서 부수의 선정과 관련된 것으로는 첫째로 위를 먼저 쓰고 아래를 다음에 쓰며, 둘째로 왼쪽을 먼저 쓰고 오른쪽을 나중에 쓰고, 셋째로 바깥쪽을 먼저 쓰고 안쪽을 나중에 쓴다는 규칙이 있다. 이것은 필획의 순서를 편방의 순서로 바꾸어 부수의 선정에도 그대로 적용시켜, 위에서와 같이 筆은 위쪽의 편방을 부수로 삼았고, 相은 좌측의 편방을 부수로 삼았으며, 間과 같은 글자는 바깥쪽의 편방인 門을 부수로 삼았다. 그런데 이러한 방식은 대개 두 개의 편방으로 이루어지는 글자에 해당되며, 懲과 같이 세 개의 편방으로 이루어진 글자는 그 적용을 받지 않고 나름대로의 다른 원칙을 적용한다.

이와 같이 하나의 글자에 부수로 쓰일 수 있는 편방들이 여러개 있을 때, 그 중에서 어느 것을 부수로 삼을 것인가에 대한 부수의 선정원칙을 정리하면 다음과 같다.

:: 상과 하에 모두 있는 것은 위의 것을 부수로 한다.
　含(人부), 思(田부), 美(羊부)

:: 좌와 우에 모두 있는 것은 좌측의 것을 부수로 한다.
　相(木부), 魁(鬼부), 洪(水부)

:: 안과 밖에 모두 있는 것은 바깥쪽의 것을 부수로 한다.
　悶(門부), 因(口부), 旬(勹부)

:: 중좌(中坐)와 좌상각(左上角)에 모두 있는 것은 중좌에 있는 것을 부수로 한다.
　坐(土부), 半(丨부)

:: 하와 좌상각, 혹은 우와 좌상각에 모두 있는 것은 아래나 오른쪽에 있는 것을 부수로 한다.
　桀(木부), 努(力부), 凱(几부), 肄(聿부)

:: 동일한 위치에 필획이 많은 부수자와 적은 부수자가 섞여있을 때는 필획이 많은 글자를 부수자로 한다.
　章, 竟, 意: 부수로 쓰이는 丶·亠·立·音 중 音을 부수로 함
　磨, 靡, 縻: 부수로 쓰이는 丶·亠·广·麻 중 麻를 부수로 함

:: 한 획 부수와 여러 획 부수가 모두 있을 때는 여러 획 부수자를 부수로 한다.
　吾: 위는 一부, 아래는 口부일 때 여러 획인 口부로 함
　旧: 舊의 약자인데, 이와 같이 왼쪽은 丨부, 오른 쪽은 日부일 때는 여러 획인 日부로 함

가장 많은 글자를 거느리고 있는 부수자

현재 우리가 사용하는 부수部首는 214개이다. 이것은 명대明代의 『자휘字彙』부터 사용되기 시작했으며, 청대清代의 『강희자전康熙字典』에서 이를 채택함으로써 오늘날 대부분의 자전도 이 부수를 그대로 사용하고 있다.

지금의 자전 중 가장 많은 글자를 수록하고 있는 자전은 『한어대자전漢語大字典』으로 54,678자가 수록되어 있다. 이 『한어대자전』에서는 214부수를 이용하지 않고, 잘 사용치 않거나 수록된 글자가 많지 않은 부수를 통합하여 200부수를 채택하고 있다. 그러나 예전부터 많이 사용하던 부수는 그대로 남아있고, 또한 그 부수가 다른 부수와 통합되지 않고 있다. 그렇기 때문에 『한어대자전』에 나오는 부수 중 많은 글자가 속한 부수는 전혀 변함이 없다고 보면 된다.

그렇다면 이 자전에서 가장 많은 글자를 가지고 있는 부수는 어느 것일까? 보통 자전에서 한자를 찾을 때 많이 사용된다고 느끼는 부수가 역시 많은 글자를 거느리고 있다. 실제 자전에 수록된 글자들을 조사해 보면 가장 많은 부수를 가진 글자는 艹부로서 모두 2,073자가 있다. 다음이 水부로서 1,874자이며, 다음이 口부 1,755자, 木부 1,716자, 手부 1,367자이다. 이들을 모두 합치면 총 8,785자로서 이 다섯 부수에 속한 글자가 전

매응조(梅膺祚)의 『자휘(字彙)』

명나라 사람 매응조는 1615년에 『자휘(字彙)』를 완성하였는데, 이 책은 표제자를 검색하기 편리하게 제작된 최초의 자서로 알려져 있다. 『자휘(字彙)』에서는 경사經史에 나오는 한자는 물론 당시 통용되었던 속자를 포함한 33,179개의 표제자를 수록하였는데, 해서(楷書)를 기본으로 삼았다.

체 한자의 약 16%를 차지하고 있다. 그 뒤를 이어 글자가 많은 부수는 心부로서 모두 1,332자이고, 다음이 金부, 人부, 虫부, 言부로 이어지고 있다.

이 열 개 부수에 속한 글자의 총수는 14,951자로서 전체 한자의 27.3%를 차지하며, 그 다음으로 많은 부수자는 糸부·竹부·鳥부·土부이며, 山부·女부·月부·火부가 뒤를 잇는다. 단 月부의 경우는 본래 肉부에 속한 것까지 통합한 것이다. 어쨌든 상술한 18부수에 속한 글자는 모두 21,813자인데, 이는 전체 한자의 40% 정도이다.

한자는 사람들의 생활이나 사고방식이 반영된 것이기 때문에, 글자 수를 비교해보면 그들의 마음속에 있는 개념이나 관심사 등을 알 수 있다. 여기에서 재미있는 몇 가지를 발견할 수 있다.

첫째는 가장 많은 열 개의 부수 중 口부, 手부, 心부, 人부, 言부 등 무려 다섯 개가 사람과 직접적으로 관련된 것들이라는 점이다. 즉 중국인들에게 있어서 가장 중요한 것은 사람 그 자체에 관한 것임을 보여준다. 이것은 비단 중국사람 뿐만 아니라 모든 국가의 사람들에게 있어 공통된 것이기도 하다. 그들에게 있어 사람의 형체와 마음 상태, 행동, 언어 등은 가장 큰 관심사이자 무엇보다 절실하고 중요한 문제였다. 그래서 중국인들은 이들을 그대로 글자에 반영했을 것이며, 그것이 위와 같은 현상으로 나타나고 있는 것이다.

둘째는 艸부가 가장 많다는 것이다. 이는 중국인들의 생활에서 가장 중요한 것 중의 하나가 식물과 관련되어 있다는 것을 말해준다. 식물은 음식이나 약초로 쓰이기 때문에 중국인의 생활에 가장 큰 비중을 차지하고 있으며, 이러한 사실은 같은 식물인 木부가 네 번째를 차지하고 있는 것에서도 증명될 수 있다. 또 하나 재미있는 것은, 식물과는 달리 동물을 의미하는 虫부나 鳥부는 비교적 낮은 비중을 차지하고 있다는 점이다.

셋째는 水부가 두 번째로 많은 수를 차지하고 있다는 것이다. 水부에 속하는 글자는 모두 1,874자로서, 이는 같은 자연계를 나타내는 土부와 山부를 합친 1,914자와 거의 대등한 숫자이다. 즉 중국인에게 있어서 흙과 산도 중요했지만, 이들과는 비교할 수 없을 만큼 물은 생활 그 자체와 가장 밀접한 관계를 맺고 있었다는 것이다. 또한 물과의 관계가 어떠한 것인가가 바로 사람이 어떻게 살아가는 것인가를 보여주는 것이었다. 그래서 물의 모양은 물론이거니와 물의 흐름과 유형, 강의 이름까지 아주 자세히 표현하고 있다.

물론 표『한어대자전(漢語大字典) 부수별 상위 수록 글자』에 나타난 부수별 한자수의 통계가 한자에 사용된 편방의 숫자를 정확하게 반영하는 것은 아니다. 특히 艸부가 가장 많은 글자를 거느리게 된 것에는 간과할 수 없는 허수가 도사리고 있다. 예컨대 休휴나 信신·伐벌과 같은 글자들은 모두 人부에 속하지만 木부나 言부·戈부에도 속할 자격이 있다. 다만 한 글자는 한 부수에만 속해야 하기 때문에 편의상 人부에 넣었을 뿐이며, 이 때문에 木부나 言부·戈부에 속한 글자의 숫자가 그만큼 줄어들 수밖에 없었던 것이다.

이에 반해 艸부는 다른 부수와 달리 극히 일부분의 글자를 제외하고는 茫망이나 苗묘처럼 대부분 글자의 맨 윗부분에 위치하기 때문에, 부수를 정할 때 水부나 田부에 속하지 않고 艸부에 속할 수 있는 가장 유리한 입장에 있다. 그러나 이와 같은 문제점이 있다 하더라도 역시 부수자가 주로 왼쪽에 쓰임으로써 부수자를 정할 때 유리한 입장에 있어 두 번째로 많은 水부의 글자보다도 艸부에 속하는 글자가 훨씬 많으며, 다른 부수자들의 경우 대부분이 서로 숫자상의 이익과 손해가 비슷하게 발생하므로 통계상의 대체적인 비율은 크게 차이가 나지 않을 것이다.

『한어대자전漢語大字典』 부수별 상위 수록 글자총 54,678자

순위	부수	글자수	누적수	누적빈도(%)
1	艸	2,073	2,037	3.73
2	水	1,874	3,947	7.22
3	口	1,755	5,702	10.43
4	木	1,716	7,418	13.57
5	手	1,367	8,785	16.07
6	心	1,332	10,117	18.50
7	金	1,322	11,439	20.92
8	人	1,218	12,657	23.15
9	虫	1,161	13,818	25.27
10	言	1,133	14,951	27.34
11	糸	1,054	16,005	29.27
12	竹	1,039	17,044	31.17
13	鳥	1,039	18,083	33.07
14	土	1,016	19,099	34.93
15	山	978	20,077	36.72
16	女	963	21,040	34.48
17	月(肉포함)	961	22,001	40.24
18	火	851	22,851	41.79

필획筆劃

우리가 일반적으로 사용하는 용어 중 필획筆劃이라는 것이 있다. 필획이란 용어가 처음 보이는 것은 송대宋代의 진사陳思가 옛 사람들이 글자에 대해 이야기한 것을 모으고 정리하여 편찬한 『서원청화書苑菁華』라는 책에서이다.

그렇다면 필획이란 무엇인가? 그것은 한자를 쓰기 위하여 한 번 붓을 대었다가 떼는 부분까지의 선線이나 점點의 모양을 말한다. 한자의 필법을 연구한 결과 한자를 쓰는 기본적인 선과 점은 모두 점[點], 가로획[橫], 세로획[竪], 왼쪽으로 삐침[撇], 오른쪽으로 삐침[捺], 꺾음[鉤]의 여섯 종류라는 것을 알게 되었다. 이 여섯 종류의 필법을 모두 사용한 글자가 '永영'자라 하여 붓글씨를 처음 배우는 글자로서 永자를 선택해 쓰기 연습을 한다. 그러나 사실 삐침에는 永의 왼쪽 아래 부분과 같이 오른쪽 위에서 왼쪽 아래로의 내려쓰는 삐침이 있는가 하면, 求구의 왼쪽 아래 부분과 같이 왼쪽 아래서 오른쪽 위로 올려 쓰는 삐침도 있는데 이러한 삐침을 도挑라 한다. 즉 한자의 필획을 구성하는 기본적인 선과 점은 일곱 종류로 보는 것이 올바르다 할 수 있다. 그런데 永은 挑도에 해당하는 필획이 없고, 또한 가로 획과 왼쪽으로의 삐침 모양이 두 번씩 들어 있어 한자의 모든 필획을 연습하는 좋은 예가 못된다. 오히려 求자가 한자의 모든 필획을 연습하는

서원청화(書苑菁華)
중국 송대(宋代)의 서론(書論) 책으로 진사(陳思)가 엮었다. 한대부터 당대까지의 서론 1600여편을 서법·서세書勢에서 시문·잡저까지 32종류로 분류 편집하였다. 『서법요록書法要錄』, 『묵지편墨池編』에 견주어 내용의 진위를 가리지 않고 채록한 결점은 있으나 장욱張旭, 회소懷素의 광초에 관한 시 등 방계적인 자료도 수록했다.

좋은 글자가 될 것이다.

　필획이 처음 만들어진 것은 언제부터일까? 갑골문이나 금문金文, 소전小篆 등도 모두 선이나 점으로 이루어진 것만은 틀림없다. 그러나 갑골문이나 금문은 사물의 모양을 본떠 만든 상형문자의 성분이 아직 많이 남아있어, 한 글자의 자형이 여러 가지로 아직 고정되지 않았으므로 그 글자를 반드시 어떻게 써야 한다는 확정된 것이 없었다. 또 소전은 자형이 고정되었지만 주로 점·호형弧形의 곡선·직선의 세 가지에 의해 구성되었으며, 삐침이나 꺾음 등이 없음은 물론 곡선도 모양과 길이가 매우 다양해 이 선들을 쓸 때 어디까지를 한 번에 써야하는가 하는 범위가 정해질 수가 없었다. 그래서 소전 이전의 글자들은 필획수를 셀 방법이 없었다.

　그러나 예서隸書로 넘어오면서부터 곡선은 직선이나 꺾임·삐침 등으로 바뀌면서 글자의 모양도 상형문자의 성분이 거의 없어지고 순수 부호화 되었다. 이때 자형도 완전히 고정되어 비로소 필획의 개념도 만들어졌고 모든 글자의 필획을 셀 수 있게 되었다. 그래서 자전에서 글자를 찾을 때 바로 이 필획수를 이용할 수 있게 된 것이다.

　그러나 아직도 꺾음 획이 여러 번 이어질 때는 어디까지를 한 획으로 볼 것인가에 대한 통일된 것이 없어 자전마다 획수를 달리하기도 한다. 예컨대 卍만과 龜귀를 한국의 『대한한사전大漢韓辭典』과 대만의 『중문대사전中文大詞典』에서는 6획과 16획으로 보는데 반해, 중국의 『한어대자전漢語大字典』에서는 4획과 18획으로 보고 있다. 또 필순筆順도 사람마다 달라 ↟의 경우 어떤 사람은 중·좌·우의 순으로 쓰는데 반해, 좌·중·우 혹은 좌·우·중의 순으로 쓰는 사람도 있는 등 아직 통일되지 않고 있다.

해서楷書로 한자를 쓸 때 또 하나의 문제점은 이 일곱 가지 기본 필획의 방향과 길이, 각도, 구부러진 정도가 사람마다 달라질 수 있다는 점이다. 그래서 자전에 따라 言언의 윗부분을 점으로 하여 言이라 쓰기도 하고, 究구에서 윗부분 안쪽의 구부러진 것을 삐침으로 하여 究로 쓰기도 하며, 半반에서 윗부분의 방향을 바꾸어 半으로, 靑청에서 아래를 月로 하여 青으로, 角각의 아래 중간 획을 길게 하여 角으로 쓰기도 한다. 그런데 이러한 것들은 글자의 형체를 바꿀 만큼 커다란 문제점이 되지 못하므로 이를 따로 분류하여 필획의 하나로 부르지 않고, 단순한 필획의 변형으로 보아 필형筆形이라 말한다. 그러나 글자를 배우는 사람의 입장에서 보면 이 역시 자형을 혼동시키는 원인이 된다는 점은 틀림없다.

그렇다면 이러한 문제점들은 어떻게 해야 없어질 것인가? 한자의 필획수와 필순을 정하는 목적은 바로 글자의 본래 의미를 가장 적게 손상시키면서도 가장 아름답게 균형미를 갖춘 모양으로 글자를 쓰기 위한 것이다. 그러므로 많은 사람들이 모여 이 문제를 놓고 진지하게 토론하고, 그 목적에 맞게 쓰는 방식을 확정한다면 자연히 없어질 것이다.

현재 우리가 볼 수 있는 한자 중 몇 개의 필획을 가진 글자들이 가장 많으며, 가장 많은 필획을 가진 글자는 어떤 글자일까? 『한어대자전』에 수록된 54,678자를 대상으로 이에 대한 통계를 내 본 결과, 다음과 같은 수치가 나왔다.

『한어대자전漢語大字典』 수록 한자의 필획수별 통계

필획수	글자수	백분비(%)	필획수	글자수	백분비(%)
1	14	0.025	13	4,354	7.963
2	59	0.108	14	3,870	7.078
3~7	11,910	21.782	15	4,264	7.798
8	2,565	4.691	16	3,874	7.085
9	3,166	5.790	17	3,149	5.759
10	3,662	6.697	18	2,678	4.898
11	4,193	7.669	19	2,325	4.252
12	4,561	8.342	37이상	34	0.062

 이 통계에 의하면 12획을 가진 글자가 가장 많으며, 다음이 13획·15획·11획으로 순으로 되어있다. 이는 필획수가 많아 질수록 점차 글자 수도 많아지다가 최고 12획에 도달한 후에는 다시 줄어드는 형국인데, 다만 특이하게도 15획에서 다시 일시적으로 많아지는 현상이 나타나고 있다.

 또 1획으로 된 글자가 비록 14자나 되지만, 이 중에 실제로 사용되는 글자는 두 글자—과 乙 밖에 없다. 또 37획 이상의 글자는 모두 합해 34자이며, 이 중 가장 많은 획을 가진 글자는 64획을 가진 글자로서 '龍'이 네 개 모여 이루어진 䨺자와 '興'이 네 개 모여 만들어진 䲜자 두 개가 있다. 그 다음으로 많은 글자는 '雷'가 네 개 모여 만들어진 52획의 䨻자가 있다.

자전字典과 사전辭典

한어漢語나 한자漢字를 학습하기 위해서는 자전字典이나 사전辭典이 반드시 필요하다. 우리가 학습하는 과정에서 의미나 음音을 모르는 글자나 단어를 만났을 때 자전이나 사전의 도움이 없으면 파악이 불가능하다. 왜냐하면 여기에는 글자마다 그 의미와 음을 모두 수록해놓았기 때문이다.

그렇다면 자전과 사전은 어떻게 다른가? 한어는 하나의 글자가 하나의 단어가 되는 경우도 있지만, 일반적으로 두 개 이상의 글자가 모여 하나의 의미를 나타내는 것들이 많다. 그렇기 때문에 한 문장에서 두 개 이상의 글자로 이루어진 단어의 의미를 알기 위해서는 낱글자의 의미만 가지고서는 제대로 그 의미를 파악하기 힘들 때가 많다. 따라서 우리가 알고자 하는 필요에 따라 자전과 사전을 따로 구분하여 만들었다.

자전은 글자 그대로 낱글자들에 대해 그 글자의 정확한 형체와 의미·음, 그리고 이 글자와 관련된 용례 등에 대해 설명한 것이다. 여기에서는 용례를 설명하기 위해 불가피하게 두 개 이상의 글자로 이루어진 낱말을 거론할 때가 있지만, 대부분 한 글자에 대한 상세한 설명만이 있을 뿐이다.

이에 반해 사전혹은 詞典이라고도 칭함은 '辭사, 혹은 詞'가 단어라는 의미를 가지는 것이므로 하나의 단어에 대한 설명을 위주로 한다. 즉 한 글자가 단독으로 어떤 의미를 갖는가에 대한 설명은 물론, 그 글자와 다른 글자가 합쳐져 새로운 의미의 단어로 형성될 때 갖게 되는 의미를 모두 수록하고 있다. 그런데 한 단어의 의미를 파악하기 위해서는 그 글자와 관련된 모든 것을 알아야 하기 때문에 사전은 대부분 자전의 모든 내용을 포함하고 있으며, 이에 따라 일반인이 사용하기에는 자전에 비해 사전이 훨씬 편리하다고 할 수 있다.

그렇다면 『옥편玉篇』이란 무엇인가? 『옥편』은 본래 중국 양梁나라 때 고야왕顧野王이란 사람이 만든 자전으로서 일반명사가 아닌 고유명사이다. 그런데 사람들이 이것을 많이 사용하게 되자 일반명사화 되었고 이에 따라 지금까지도 자전, 나아가 사전까지도 옥편이라고 부르는 사람이 많다. 심지어 자전을 편찬하면서 옥편이란 명칭을 붙이고 있는데, 이는 잘못된 것이다.

현재까지 남아있는 자전 중, 자전으로서의 틀을 가장 잘 갖추고 있으면서도 완벽한 형태로 가장 오래된 것은 한대漢代의 허신許愼이 편찬한 『설문해자說文解字』이다. 이 책에서는 당시의 한자를 모아 그것들의 음과 의미는 물론 글자의 구성 원리까지 설명해놓았다.

지금 우리가 많이 사용하는 자전과 사전 중 대표적인 것을 몇 가지만 간략히 살펴보면 다음과 같다.

자전의 대표는 『강희자전康熙字典』으로서 이것은 청대淸代 강희제康熙帝 때 장옥서張玉舒·진정경陳廷敬 등이 황제의 칙령을 받아 1710년부터 1716년 사이에 편찬한 것이다. 이 책은 자子·축丑·인寅·묘卯의 순으로 총 12집集으로 나누고 각 집(集)마다 다시 상·중·하로 분리한 다음, 47,035자를 여기에 나누어 수록해놓았다. 그리고 검색의 편리를 위해 각 글자를 214부部로 나누고, 각 부수에서는 필획순으로 글자를 배열하였다. 이 외에도 현재 가장 많이 사용하는 자전으로는 1990년 중국의 서중서徐中舒가 주편主編한『한어대자전漢語大字典』이 있는데, 여기서는 54,678자를 수록하고 있다.

사전이 본격적으로 만들어지기 시작한 것은 근대의 일이다. 대표적으로는 1915년에 중국의 서원고徐元誥 등에 의해 중화서국中華書局에서 편찬한『중화대자전中華大字典』이 있다. 물론 그 전에도 사전이 없었던 것은 아니나, 그 양이 방대하면서도 상세한 설명까지 곁들인 것으로는『중화대자전』이 본격적인 시작이라 할 수 있다. 이 책은 비록 '자전'이란 명칭이 붙여졌지만 실질적으로는 사전에 속한다.

근래에는 한자권에 속한 나라마다 방대한 규모의 사전 작업을 벌였다. 현재까지 나온 주요 사전으로는 1957년 일본의 제교철차諸橋轍次가 편찬한『대한화사전大漢和辭典』, 1964년 한국의 장삼식張三植이 편찬한『대한한사전大漢韓辭典』, 1969년 대만에서 만든『중문대사전中文大辭典』, 1995년 중국의 나죽풍羅竹風이 편찬한『한어대사전漢語大詞典』등이 있다. 현재 우리나라에서는 글자 수가 6만여 자이면서 세계에서 가장 많은 단어가 수록된 사전을 만들고 있다.

사전에서 글자를 찾는 방법은 각 사전마다 다르다. 글자를 어떠한 기준에 의해 배열했는가에 따라 찾는 방법 또한 달라질 수밖에 없다. 일반적인 배열의 기준은 대체적으로 형체를 기준으로 하는 것과 자음字音을 기준으로 하는 두 가지가 있다. 현재 많이 사용되는 사전 중 형체를 기준으로 할 때는 부수법과 필획법,

사각호마법四角號碼法이 있다. 대부분은 부수법을 취해 부수순에 의거하며, 동일한 부수일 때는 필획수에 따라 배열한다. 또 자음을 기준으로 하는 것은 한어병음자모漢語拼音字母의 알파벳 순서에 의하며, 그것도 같을 때는 성조聲調의 순서로 배열하였다. 역대 주요 사전을 살펴보면 다음과 같다韻書도 일부 포함.

역대 주요 자전

책이름	편찬시기	편저자	수록자수	비고
蒼頡篇	漢/진나라	李 斯	3,300	남아있지 않음
訓纂篇	한나라	揚 雄	5,340	〃
續訓纂篇	A.D 60~70	班 固	6,180	〃
說文解字	100	許 愼	9,353	
聲 類	227~239	李 登	11,520	
字 林	晉(진)나라	呂 忱	12,824	
字 統	後魏(후위)	楊承慶	13,734	
廣 雅	480	張 揖	18,150	
玉 篇	543	顧野王	22,726/16,917	
韻解鏡源	753	顔眞卿	26,911	
龍龕手鑒	997	行 均	26,430	
廣 韻	1008	陳彭年	26,194	
集 韻	1039	丁 度	53,525	대량의 이체자 포함
類 篇	1066	王 洙	31,319	
字 彙	1615	梅膺祚	33,179	
正字通	1675	張自烈	33,440	
康熙字典	1716	陳廷敬	47,035	
中華大字典	1915	中華書局	44,908	
大漢和辭典	1957	諸橋轍次	48,902	일본
大漢韓辭典	1964	張三植	41,388	한국
中文大辭典	1969	편찬위원회	49,905	대만
漢語大字典	1990	徐中舒 주편	54,678	중국
中華字海	1994	冷玉龍 등	85,568	〃
漢語大詞典	1995	羅竹風 주편	약 42,000	〃

자전에서 한자 찾는 법

한자를 한군데에 모아 그 한자들의 발음과 의미가 무엇인가를 밝혀놓은 것이 자전이다. 이 자전에 있는 한자들은 아무렇게나 배열해놓은 것이 아니다. 왜냐하면 사람들이 원하는 한자를 쉽게 찾을 수 있도록 해야만 그 자전이 가치가 있기 때문이다.

그렇다면 어떻게 배열해야 한자를 쉽게 찾을 수 있을까? 한자란 형체와 발음과 의미의 결합체이기 때문에, 사람들은 이들의 특성을 잘 이용해야만 검색이 편리하다는 것을 알고 예전부터 그에 적합한 수많은 방법을 모색해왔다. 그 방법으로 여러 가지가 있었는데 크게는 글자의 모양을 이용한 방법과 글자의 발음을 이용한 방법이었다. 이것은 결과적으로 한자를 검색하는 방법이 되었는데 다음에서 그 글자의 검색 방법, 즉 검자법檢字法들을 하나씩 살펴보도록 하자.

검자법에는 글자의 형체를 이용하는 방법과 글자의 발음을 이용하는 방법이 있다. 우선, 형체를 이용하는 방법부터 살펴보자면 부수部首를 이용하는 방법과 필획수를 이용하는 방법, 사각호마법四角號碼法, 오필획검자법五筆劃檢字法이 대표적이다.

1. 부수법

위의 방법들 중 가장 오래된 것이 부수를 이용한 한자의 검색 방법으로, 한나라 때 만들어진 『설문해자說文解字』에서 시작되었다. 모든 한자는 부수를 갖고 있는데, 이 방법을 채택한 자전에서는 모든 글자를 먼저 같은 부수에 속하는 글자끼리 묶어 배열하고, 같은 부수에 속하는 글자들은 다시 부수를 제외한 나머지 부분의 필획 수에 의거하여 배열하였다. 또 부수도 부수자部首字의 필획 수에 의거하여 적은 것부터 많은 것의 순서로 배열하였다. 그렇기 때문에 자기가 어떤 글자를 찾고자 한다면 먼저 그 글자의 부수를 알고 그 부수를 찾아간 다음, 다시 그곳에서 필획 수에 따라 글자를 찾으면 된다. 예컨대 '仲중'자의 경우, 부수가 '人인'이므로 먼저 人부를 찾고, 다시 그곳에서 나머지 '中'의 획수인 4획짜리 글자들을 찾으면 '仲'자를 찾을 수가 있는 것이다.

부수법을 검자법으로 채택하고 있는 자전들은 대부분 부수를 『자휘字彙』와 『강희자전康熙字典』에서 사용하고 있는 214개의 부수로 제한하여 그 부수 안에 모든 글자를 배열하였다. 그러나 현대에 들어서면서 중국에서는 약간의 수정을 가하여 1971년에 나온 『신화자전新華字典』에서는 189개의 부수部首를 채택하였고, 1979년판 『사해辭海』에서는 250부수를 사용하다가 1983년부터 201개 부수를 사용하고 있다. 그러나 1990년대에 나온 『한어대사전漢語大詞典』과 『한어대자전漢語大字典』에서는 200부수를 사용하고 있다. 이에 반해 한국이나 일본에서 사용하는 자전들은 아직도 대부분 전통적인 214부수를 사용하고 있다.

2. 필획수^{筆劃數}를 이용한 검자법

이것은 부수법의 보조 검자법이라 할 수 있다. 부수법으로 글자를 찾다보면 그 글자의 부수가 무엇인지를 몰라 원하는 글자를 찾지 못하고 헤매는 경우가 종종 있다. 그럴 경우 이 방법이 사용된다. 즉 모든 한자를 총획수에 근거하여 같은 획수끼리 모아 글자를 찾기 쉽도록 만든 것이다. 물론 획수가 적은 글자로부터 많은 글자의 순서로 배열하였다. 또 동일한 획수에 속하는 글자가 많은 경우에는 그 안에서 같은 부수자끼리 모아 찾기 편하도록 하였으며, 그 안에서의 부수자도 부수자의 획수에 따라 배열함으로써 보다 찾기 쉽도록 하였다. 예컨대 '新_신'이라는 글자를 찾기 위해서는 먼저 이 글자의 총획수인 13획을 찾아야 하며, 13획의 글자들이 많이 있을 때는 그 중에서도 부수자인 '斤'이 있는 곳을 찾으면 이 글자가 나오게 된다. 물론 부수자를 모르면 13획에 속하는 모든 글자들 중에서 찾을 수밖에 없다.

그러나 동일한 획수의 글자들이 너무 많기 때문에 단독으로 이 방법만을 사용하지는 않으며, 대부분의 자전에서는 그 자전에서 기본적으로 채택한 검색방법으로 찾기 힘들 때 사용하는 보조적인 검색방법으로 채택하고 있다.

3. 필순筆順 검자법

여기에서 말하는 필순이란 필획의 순서가 아니라 필획의 형체, 즉 필형筆形의 순서를 의미한다. 따라서 이것은 한자의 필획 형태와 순서를 동시에 이용한 방식이라고도 할 수 있다.

모든 한자는 필획으로 이루어졌는데, 그 필획을 다섯 가지로 분류하여 그 형태의 결합 형태를 이용하는 검자법이다. 즉 한자의 필획을 첫째를 가로획一, 둘째를 세로획丨, 셋째를 왼쪽으로 삐침丿, 넷째를 오른 쪽으로 삐침乀이나 점丶, 다섯째를 꺾음ᄀ으로 분류한 후, 모든 한자의 필획 중 첫 번째와 두 번째의 순서에 해당하는 필획의 형태가 이 다섯 가지 중에서 어떻게 시작되는 것인가에 따라 이를 두개씩 결합하여 가장 먼저를 一·一, 그 다음을 一·丨, 다음이 一·丿 혹은 一·丶, 다음이 一·ᄀ의 순서로 한다. 그것이 끝나면 다시 丨·一, 丨·丨, … ᄀ·ᄀ의 순서로 배열해 놓은 것이다.

하지만 모든 글자를 처음부터 이 순서대로 사용하지는 않고, 먼저 총획수 순서로 글자를 배열한 후 그 안에서 다시 필획의 모양에 따라 위와 같은 순서로 배열함으로서 글자를 찾기 쉽도록 했다. 예컨대 '侮모'자를 찾고자 할 경우, 먼저 이 글자의 총획수인 9획으로 간 다음 이 글자의 필순 중 첫 두 획이 丿과 丨으로 시작되므로 그에 해당되는 곳을 찾으면 '侮'를 찾을 수 있게 된다.

그러나 이것도 단독으로 이런 방법을 채택한 자전은 거의 없고, 대체적으로 다른 방법의 보조 검색 수단으로 사용된다.

4. 사각호마법 四角號碼法

이것 역시 한자의 필획 형태를 이용한 방식으로서 얼마 전까지 사용되다가 지금은 잘 사용하지 않는 방식이다. 여기서는 한자의 모양이 사각 형태를 띠고 있다는 점에 착안하여 먼저 필획의 형태를 10가지로 분류한 후, 각 10개 형태마다 0번부터 9번까지 번호를 부여한다. 이에 따라 한자의 네 귀퉁이가 이 열 개의 번호 중 어떤 것에 해당되는 것인가를 이용해 글자를 찾는 방법이다. 10개의 번호는 다음과 같다.

번호	0	1	2	3	4	5	6	7	8	9
필획명칭	頭	橫	垂	點	叉	串	方	角	八	小

이것을 이용하여 한자를 찾는 방법은 각 글자마다 그 글자의 좌상, 우상, 좌하, 우하에 있는 필획 모양에 해당하는 번호를 순서대로 적어 놓아 그 번호에 따라 검색을 하는 것이다. 예컨대 '矩구'는 8040이 되며, '承승'은 1723이 된다.

이 방법의 장점은 글자의 부수를 알 필요가 없고, 또 획수를 헤아릴 필요도 없다는 것이다. 그러나 10개의 필획 형체를 늘 외우고 기억해야 하며, 또 네 귀퉁이의 위치와 모양이 애매한 경우에는 어떤 형체를 귀퉁이로 인정해야 하는가에 대한 판단이 잘 서지 않을 때가 많아 불편한 점이 있다. 또 중복된 번호로 나타나는 것이 많다는 점이 단점으로 지적되고 있다. 따라서 지금은 거의 사용치 않고 있으며, 일부 자전에서 부수법을 채택하면서 보조수단으로 이것을 추가하는 경우가 약간 있을 뿐이다.

자형을 이용해 글자를 찾는 방법과 더불어 많이 사용되고 있는 것으로 글자의 발음을 이용한 검자법이 있다. 이 방법은 먼저 글자의 발음을 알고 있다는 것을 전제하고 있으며, 그렇기 때문에 글자의 의미를 알고자 할 때 주로 사용된다. 사실 한자는 특성상 형성形聲으로 된 글자들이 많아, 글자의 발음을 정확히 몰라도 어느 정도의 한자를 익히면 대부분의 발음이 추측 가능하기 때문에 이 방법도 많이 사용되고 있다. 다만 수없이 많은 글자를 수록한 자전字典의 경우는, 대부분의 발음을 모르기 때문에 이 방식만을 채택하지 않고 부수법과 함께 사용되는 것이 일반적이다. 이 방식에는 한어병음漢語拼音을 이용한 검자법, 주음부호注音符號를 이용한 검자법, 한글 발음을 이용한 검자법, 운韻을 이용한 검자법 등이 있다.

5. 한어병음漢語拼音을 이용한 검자법

한어병음이란 영문의 알파벳을 이용하여 발음을 표기하는 방법으로서 1958년에 제정 공포되었다. 이는 하나의 글자를 최대 네 개의 알파벳 발음으로 표기하는 방식이다. 예컨대 '亞yà'의 발음은 두 개의 알파벳으로, '難nán'은 세 개, '快kuài'는 네 개의 알파벳을 이용하여 표기한다. 글자도 발음의 표기를 기준으로 a부터 z까지 순서대로 배열하여 검색이 편리하도록 하였으며, 사용된 발음부호도 영문 알파벳으로 되어 있기 때문에 특히 외국인의 입장에서는 매우 편리한 방식이라 할 수 있다.

그리고 영문 알파벳이 똑같을 경우에는 중국어의 특징 중 하나인 성조聲調에 따라 1성聲부터 4성聲까지 차례대로 배열함으로서 글자의 발음을 알 경우 보다 쉽게 검색할 수 있도록 하였다. 이 때문에 중국에서 나온 현대의 간단한 자전들은 이 방법을 많이 채택하고 있는데, 그 이유는 발음을 알고 있는 중국인들이 사용하기에는 매우 편리한 방식이기 때문이다. 다만 앞에서도 언급된 바와 같이 수많은 글자를 수록한 규모가 큰 자전에서는 발음을 모르는 글자가 너무 많으므로 형체를 이용한 부수법을 기본으로 하고, 이 방법을 보조 수단으로 사용한다. 그런데 이것은 중국 대륙에서만 사용하고 대만에서는 사용하지 않고 있다.

6. 주음부호主音符號를 이용한 방법

1918년부터 사용된 방식으로서 필획 형태의 부호 38개초기에는 40개를 이용하여 한자의 발음을 표기했다. 이 부호체계에 의한 발음 방식은 발음을 매우 정확하게 표현할 수 있다는 장점이 있는 반면, 너무나 많은 부호를 외워야하는 어려움이 있어 처음 배울 때 상당한 어려움을 겪을 수밖에 없다. 그러나 한번 외우고 나면 보다 정확하게 발음을 표현할 수 있다는 장점이 있기 때문에 발음법을 배울 때 이 방법을 사용한다.

자전에 글자를 배열할 때 주음부호의 순서에 따라 배열하면, 그 순서만 알면 누구나 원하는 글자를 쉽게 찾을 수가 있다. 또 같은 부호의 발음을 나타내는 글자들은 위와 같은 방식과 마찬가지로 네 개의 성조聲調에 따라 순서대로 배열하였다. 그러나 역

주음부호(主音符號)
1913년 중국독음통일회에 의해 제정되어 1918년에 중화민국 정부가 공표하였다. 한자의 표음을 나타내는 데 널리 쓰였으나 중화인민공화국 건국 이후 한어병음방안으로 대체되어 중국 대륙에서는 자주 사용되지 않고, 대만에서만 사용되고 있다.

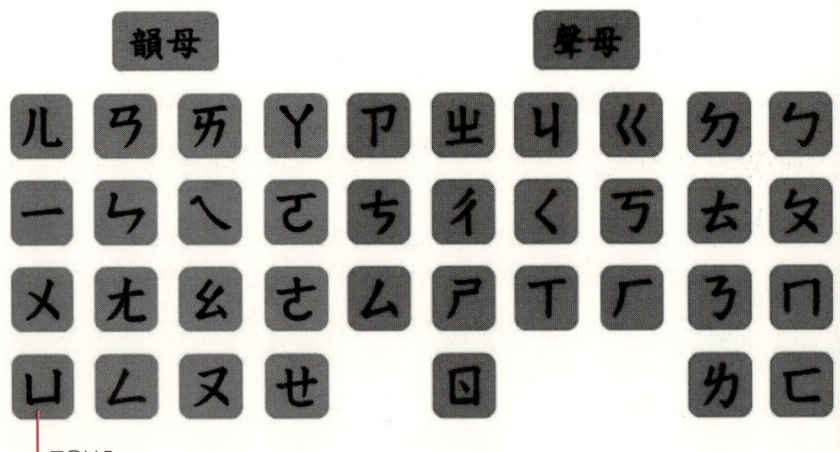

주음부호

시 발음을 정확하게 알고 있어야 한다는 점이 커다란 단점으로 지적되고 있다. 이 방법은 중국 대륙에서는 채택하고 있지 않으며, 현재는 대만에서만 사용하고 있다.

7. 운자韻字를 이용한 검자법

운자를 이용한 검자법은 현재는 사용되지 않지만 옛날에 운서韻書를 만들 때 사용된 방법이다. 모든 글자를 먼저 4개의 성조聲調: 平上去入로 분류하여 그 순서대로 배열하고, 다시 그 안에서 글자들의 운에 따라 글자를 배열하였다. 그러나 이 방법은 글자의 발음은 물론 운까지 알아야 하는 번거로움이 있어 지금은 거의 사용하지 않는다.

8. 한글자음 검자법

이 방법은 한국에서만 사용하는 검자법으로, 모든 한자를 한국식 발음으로 분류하여 가나다순으로 배열해 글자를 찾도록 하는 방식이다. 물론 자전에서의 글자 배열은 부수법에 의거해 배열하고 기본 검자법으로는 부수법을 사용하면서, 보조적인 방식으로 한글 자음의 가나다순으로 된 검자법을 추가하여 수록함으로써 글자의 발음을 아는 한국인들이 찾기 쉽도록 한 방식이다.

이와 같은 여러 가지 검자법들은 모두가 나름대로의 장점을 가지고 있는 동시에 단점도 가지고 있다. 그래서 최근의 자전에서는 한 가지 검자법만을 고집하지 않고, 대부분 두 가지 이상의 검자법을 동시에 수록해 놓아 사용자들이 편리하게 사용하도록 하고 있다.

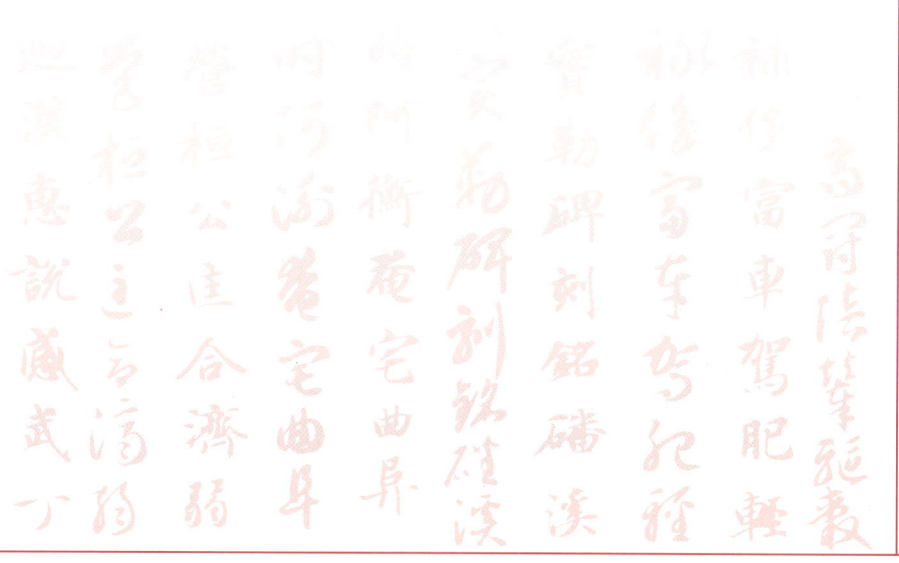

한자는 몇 자를 배우면 되나

우리가 일반적으로 사용하는 말 중에는 한자어漢字語로 된 것이 상당히 많다. 기존의 연구에 의하면 우리말의 약 60%가 한자어로 이루어졌다고 한다. 그래서 비록 우리말이라도 그것을 정확하게 사용하려면 한자에 대한 지식이 있어야 한다. 예컨대 신문의 내용 중 "경제 사범에 대해서 중징계하겠다"라는 기사가 있을 때, 한자에 대한 지식이 없으면 '사범'이란 의미가 금방 머리에 들어오지 않는다. 그러나 그것이 '事犯'이란 것을 알면 그 뜻이 '범죄'를 의미한다는 것을 쉽게 알 수 있을 것이다.

이와 같이 한자를 알면 같은 우리말이라도 쉽게 이해하고, 보다 정확하며 적절한 표현을 할 수가 있다. 그래서 한자를 배우면 편리한 점이 많은데, 문제는 그 한자가 너무 많아 얼마만큼을 익혀야 하며 어떤 글자를 우선적으로 배워야하는지를 가늠하기가 어렵다는 것이다.

이와 같은 문제점을 해결하기 위해 우리나라 교육부에서는 지난 1972년 우리 생활에 꼭 필요한 교육용 기초한자 1,800자를 선정해서 이를 중학교에서부터 가르치고 있다. 즉 중학교에서 900자를 가르치고 고등학교에서 나머지 900자를 가르쳐, 고등학교를 마치면 기초한자 1,800자를 모두 배울 수 있도록 하고 있다. 이 기초한자를 선정한 기준은 물론 우리가 일상생활에서 가장 많이 접하게 되는 한자, 즉 사용빈도가 가장 높은 것을 우선적으로 하고, 또 사용빈도가 그렇게 매우 높지는 않더라도 일반 교육 과정에 꼭 필요한 한자를 골라 정해놓았다.

그 후 1900년에 한국어문교육연구회韓國語文敎育硏究會·한국국어교육연구회韓國國語敎育硏究會·한국국어교육학회韓國國語敎育學會·한국한문교육연구회韓國漢文敎育硏究會가 공동으로 교육부의 기초한자 1,800자에 200자를 추가하여 2,000자의 상용한자를 정했다. 200자를 추가하면서 고려한 사항은 먼저 사용빈도와 조어造語의 유효성이고, 다음이 동음이의어同音異議語의 한글 표기어表記語 판독 및 식별이었으며, 또 일관성과 균형성·국제성이었다. 이와 더불어 1992년에는 한자교육진흥회漢字敎育振興會는 성명과 지명용 한자 300자를 포함해 대학 과정의 교육과 동양 문화권내의 국제교류에 필요한 한자를 추린 준상용한자準常用漢字 1,500자를 제정하였다.

일본의 경우는 1981년에 문부성文部省에서 상용한자 1,945자를 제정하고 이 중 약 1,000자는 초등학교에서, 나머지는 중학교에서 교육하고 있어 중학교만 졸업하면 상용한자를 모두 배울 수 있도록 했다.

중국은 본래 한자를 사용하는 나라이기 때문에 이보다는 좀 많다. 그러나 그들도 모든 한자를 다 가르칠 필요는 없다고 생각하며, 또한 모두 가르칠 수도 없어 1988년에 국가어언문자공작위원회國家語言文字工作委員會와 국가교육위원회國家敎育委員會가 공동으로 상용자 2,500자와 차상용자次常用字 1,000자 등 모두 3,500자를 만들었다. 이 중 상용자 2,500자는 초등학교에서 가르치고, 차상용자 1,000자는 중학교에서 교육하고 있다.

대만의 경우도 한자가 자기나라의 글자이기 때문에 우리나 일본보다 많은 상용한자를 정했는데, 그들은 상용국자표준자체표常用國字標準字體表에 4,808자를 상용자로 채택하고 있다.

그런데 한국과 일본, 중국, 대만의 상용한자가 모두 일치하는 것은 아니다. 한국의 1,800자와 일본의 1,945자, 대만의 4,808자만을 대상으로 비교했을 때 공통적으로 사용하는 한자는 『강희자전』의 글자 모양을 기준으로 보면 1,569자이나, 이 중 724자는 약간씩 모양이 다르므로 완전히 일치되는 글자는 845자 뿐이다.

참고로 역대 주요 저서에서 사용된 한자의 숫자를 살펴보면 다음과 같다.

책 이름	시 기	총 글자 수	중복되지 않는 글자 수
尙書	先秦	24,538	1,941
周易	〃	20,991	1,538
詩經	〃	29,646	2,936
論語	〃	15,918	1,382
春秋三傳	〃	245,838	3,912
淮南子	西漢	133,827	4,208
戰國策	〃	122,529	2,774
說苑	〃	112,524	3,271
孔子家語	東漢	57,423	2,566
全唐詩(張籍 편)	당나라	25,502	2,465
全唐詩(白居易 편)	〃	189,154	4,750
杜甫詩	〃	미상	3,562
三民主義	근·현대	〃	2,134
毛澤東選集(1〜4권)	현대	660,273	2,981
駱駝祥子	근·현대	107,000	2,413

한자 교육용 교재, 천자문千字文

글자는 사람들의 의사를 기록하는 수단으로, 그 기록된 것은 시간을 초월하여 후대로 전달된다는 점에서 볼 때 인간 생활에 있어 매우 중요한 것이라 할 수 있다. 그런데 글자는 말과 달리 어려서부터 저절로 학습이 되는 것이 아니기 때문에 누구든 어려서부터 억지로라도 글을 배울 수밖에 없다.

글자를 처음 배울 때는 어떻게 배우게 되는가? 한글을 처음 배울 때 '가나다라'부터 배우고 영어를 배울 때는 'ABCD'부터 배운다. 이것들을 깨쳐야만 한글이나 영어를 제대로 익힐 수가 있기 때문이다. 그리고 이 학습을 위해 여러 가지 교재가 나와 있기도 하다. 한자의 경우도 지금은 나름대로의 방법을 모색한 여러 가지 교재가 나와 있어 보다 쉽게 한자를 익힐 수 있도록 도움을 주고 있다.

그렇다면 옛날에는 한자를 배울 때 어떤 교재를 사용했을까? 한자를 배우는 교재로 가장 오래된 것은 진시황秦始皇 때 이사李斯가 지었다는 『창힐편倉詰篇』이란 책이다. 일설에 의하면 이것은 당시의 모범이 되는 글자체인 소전小篆을 정자正字로 정립하기 위한 목적으로 편찬된 국어교과서라고 한다. 그러나 이것은 이미 없어져 전해지지 않고 있다.

현재 전해지는 가장 오래된 한자교육용 교재로는 『급취편急就

급취편(急就篇)
당시의 상용 한자 약 1,900자를 31장으로 나누고, 물명(物名)과 인명 등을 3자구 또는 7자구로 배열한 후 각운(脚韻)을 달아 암송하기 편리하게 만들었다. 그 압운은 음운사 연구에도 좋은 자료가 된다. 이런 종류의 완존하는 책 중 가장 오래된 것이다.

篇』이 있다. 이 책은 한나라 무제武帝때 황문령黃門令이라는 벼슬을 지낸 사유史游라는 사람이 펴낸 책으로서『급취장急就章』이라고도 부른다. 여기서 '급취急就'란 '급히 나아간다'는, 즉 '속성'의 뜻을 가진 말이다. 책의 제목에서 보이는 바와 같이 한자를 빨리 배울 수 있도록 만든 교재이다.

이 책의 첫머리에는 책을 지은 목적이 설명되어있는데, "빨리 익힐 수 있고 아울러 재미도 있는 이 책은 다른 책들과는 다르다. 여러 가지 사물의 이름을 나열하되 종류별로 모아서 서로 섞이지 않도록 하였으므로 짧은 시간에 배울 수가 있으며, 잘 익혀놓으면 반드시 좋은 일이 있을 것이다."라 하였다. 여기에 수록된 글자는 모두 2,016자이다.

『급취편』이 한자 교육용 교재로서 널리 사용되었지만, 우리들에게 더 유명한 한자 교재는 역시『천자문千字文』일 것이다.『천자문』이 만들어지게 된 동기에 대해서는 당唐의 이작李綽이 지은『상서고실尙書故實』이란 책에서 언급하고 있는데, 그 책의 내용과 주변의 사실들을 요약하여 정리하면 다음과 같다.

6세기 초에 양梁나라의 무제武帝는 황자皇子들에게 글을 가르칠 생각을 가지고 있었다. 그런데 그는 평소 왕희지王羲之의 글씨를 매우 좋아하여, 특별히 은철석殷鐵石이란 신하를 시켜 왕희지의 책으로부터 글자가 중복되지 않게 1,000자를 뽑아 바치게 하였다. 그러나 그가 바친 1,000자는 잡다하고 순서가 제대로 잡혀있지 않아, 양무제는 평소 문재文才가 있다고 여기던 주흥사周興嗣를 불러 이 천 개의 글자를 운韻에 맞추어 정리하게 하였다.

그는 이 1,000자를 내용별로, 자연현상에서 시작하여 인륜도덕에 이르기까지 광범위한 내용을 담아 4자씩 묶어 운문으로 만들어 250개의 문장으로 엮었다. 이것이 바로『천자문』의 기원이 되는『차운왕희지서천자次韻王羲之書千字』이다.

그러나 이것이 처음부터 글자 교본으로 널리 사용된 것은 아니었다. 비록『천자문』이 주흥사에 의해 처음 정리되긴 했지만, 정작 오늘날 우리가 사용하는『천자문』으로서 널리 보급되기 시작한 것은 왕희지의 7대손이자 승려였던 지영智永에 의해서이다. 지영은 자신의 조상인 왕희지의 필적을 모두 전수받아 은철석이 뽑아내고 주흥사가 정리한 1,000자를 대상으로 왕희지의 진짜 필적을 하나하나 대조하면서 은철석이 이룩한『천자문』의 글자체에 수정을 하여 마침내『천자문』을 완성하였는데, 이것이 바로 오늘 날 우리가 보는『지영천자문智永千字文』이다. 이 천자문은 그 후 수많은 모본模本으로 배포되어 당·송 시기에 널리 세

지영천자문(智永千字文)

지영(智永)
왕희지의 7대손이다. 선조의 유업을 계승할 일념으로 서예에 정진하여 왕희지의 서체를 공부한 지 30년 만에 해서·초서를 병서한『진초천자문(眞草千字文)』800여 권을 각 지방의 여러 절에 기증하였다 한다. 이것은 왕희지 서법의 전형을 후세에 전하기 위해서였다.

상에 전해졌다.

『천자문』은 비록 그 글자 수가 1,000자밖에 되지 않으나 그 중에는 난해한 글자도 많고 어린이들이 이해하기 어려운 문장들도 많은데, 그것이 아동용 교재로 쓰이게 된 데에는 나름대로의 이유가 있다. 그 이유의 첫 번째는 『천자문』이 운문으로 써졌다는 점에서 찾을 수가 있다. 즉 이것은 내용에 대한 이해보다는 암기를 위주로 한 교재였던 것이다. 암기에 있어서는 운율韻律이나 형태의 반복성이 중요한데, 4자씩 반복으로 이루어진 천자문은 이러한 기억효과에 탁월한 교재였던 것이다. 둘째로는 그 내용의 범위가 매우 넓다는 점이다. 다른 책들은 유가儒家의 사상을 주축으로 내용이 전개되는 데 반해, 『천자문』에서는 자구 하나하나에 머무르지 않고, 하나의 구절만 가지고 얼마든지 확장된 이해를 가능하게 한다. 이런 점은 한자를 처음 접하는 아동들의 집중력을 높이고 기억을 용이하게 하였던 것이다.

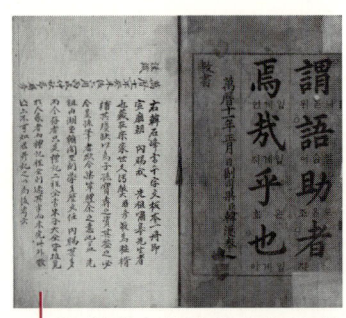

한호(韓濩)의 석봉천자문(石峰千字文)

한국에 『천자문』이 전해진 시기는 확실하지 않으나 대략 백제 때로 추정된다. 한국에서 가장 널리 알려진 천자문은 한호韓濩의 『석봉천자문石峰千字文』이며, 『천자문』은 한문의 입문서로서 초보자에게는 필수 교과서로 널리 사용되어 왔다.

『천자문』이 우리나라에 들어 온 이후 그것의 단점을 보완하고자 『천자문』과 비슷한 책들이 많이 만들어졌는데, 대표적인 것이 『속천자續千字』와 『역대천자문歷代千字文』이다.

속천자(續千字)

 이 중 『속천자』는 첫머리에 '속천자續千字'라고 쓴 제자題字에 이어 '건곤조판乾坤肇判'으로 시작하여 '사야여혜些耶歟兮'로 끝나는데, 네 글자씩을 한 행으로 하고 4행을 1장으로 하여 모두 31장으로 되어 있다. 또한 천자문의 예에 따라 뜻과 발음을 달 예정이었던 듯 각 글자 밑에 빈칸을 만들어 놓았다. 『속천자』에 실린 한자들은 거의 다 『천자문』에 없는 글자들이다. 다만 '무방적채武万跡茱'의 4글자가 『천자문』과 중복되어 있고, 『천자문』의 '萬만'이 『속천자』에는 '万만'으로 나타나 있다. 이것은 천자문의 속편이라는 성격을 잘 나타낸 것이라 하겠다. 또 다른 아류인 『역대천자문歷代千字文』은 오언시五言詩의 형태로 5글자씩 200구, 1,000자로 이루어져 있다.

 이 외에 우리나라에서 한자를 가르치는 교재로서 대표적인 것으로는 『류합類合』과 『훈몽자회訓蒙字會』, 『동몽선습童蒙先習』, 『격

몽요결擊蒙要訣』 등이 있다. 이 중에서『류합』은 누가 지었는지는 알 수 없으나 예전부터『천자문』을 마친 학동들에게 가르치는 교재였다고 한다. 최세진崔世鎭의『훈몽자회인訓蒙字會引』에서 인용된 바에 의하면, 편자를 알 수 없다는 것과『류합』이 전통적으로『천자문』 다음에 읽혀졌다는 것, 16세기 초기 이전에 누군가에 의해서 지어졌다는 것을 짐작할 수가 있다.

『훈몽자회』는 최세진이 중종中宗 22년1527에 아동들에게 기초적인 한자를 가르치기 위하여 간행한 식자교본이다. 최세진의 편찬 의도의 첫째는 아이들은 글자만 배우면 되는데『천자문』은 고사故事가 너무 많아 아이들의 식자교본으로 부적합하고, 둘째는『류합』이 여러 부류의 글자들을 조합한 것은 좋으나 허자虛字가 실자實字보다 많아 사물의 형태나 이름을 나타내는 실질적인 내용을 외울 수가 없다는 것이었다. 그렇기 때문에 최세진은 사물의 형태나 이름을 나타내는 실자들만 묶어서 상과 중 두 편을 엮고, 다시 반실반허半失半虛한 글자를 골라 하편에 보충하여 모두 3,360자를 상중하 각 권에 1,120자씩 280구로 만들어 수록하였다. 이 3,360자 중에는『천자문』에 있는 글자 중 430자가 빠져있는데, 이 430자 중에는 기초적인 글자들이 많이 포함되어 있음에도 위에서 언급된 바와 같이 허자를 삭제한 것이다.

서로 구별이 어려운 한자들

예전에 학식은 그다지 많지 않지만 지위는 높으신 어느 고관께서 연설을 하게 되었다. 그 분의 연설문을 비서가 작성해 주었는데, 비서는 그 상관보다 학식이 많아 연설문에 한자를 꽤 많이 섞어 썼던 모양이었다. 그런데 연설을 하다 보니 '人格을 陶冶하고…'라는 구절이 있었는데, 그 분께서는 '陶冶'라는 단어를 읽을 때 '冶야'의 글자 모양이 '治치'와 비슷하여 "인격을 도치하고"라 읽었다. 좌중은 한바탕 웃음바다가 되었는데, 정작 연설을 하는 분은 그 이유를 모르고 계속 연설문을 읽어나갔다고 한다.

이런 일도 있었다. 수년 전에 〈사관과 신사〉라는 영화가 있었다. 그런데 그 영화관의 포스터나 선전 문구에는 불행히도 한글로 적지 않고 한자로 〈士官과 紳士〉라고만 써있었다. 그래서 그 영화의 제목을 〈토관과 신토〉라고 잘못 읽는 사람들이 있었다고 한다. 심지어는 젊은 사람들이 자주 먹는 라면 중에 '신辛라면'이 있는데, 여기서 '신辛'자가 '행幸'자와 비슷하여 그것을 '행라면'으로 잘못 읽는 사람도 있다고 한다.

이와 같이 한자는 본래 복잡한 형태로 된 것들이기 때문에, 구성 원리를 모르고 그것을 익힐 때는 상당한 어려움이 따른다. 어느 정도 한자를 익힌 후에도 서로 다른 글자들이 워낙 많다보니 모양이 비슷한 것들도 많아 이들을 구별하는 것이 쉽지 않다.

그래서 한자를 읽을 때 비슷한 모양의 글자들이 있으면 그것들을 정확하게 구별하지 못하고 대충 짐작하여 읽다가 잘못 읽는 경우가 종종 있다.

자전字典을 뒤져보면 글자의 모양이 비슷하여 쉽게 혼동되는 글자들이 매우 많다. 그것들을 그때그때 찾아 구별하는 것은 결코 쉬운 일은 아니다. 이러한 어려움은 현재에만 있는 것은 아니고 옛 사람들에게도 존재했던 어려움으로, 청대淸代에 나온 『강희자전』에서도 책의 앞머리에 비슷한 모양의 글자들을 '변사辨似'라는 명목에 모아 서로의 차이를 구별하여 정리해 놓았다. 그러나 그 분량이 그리 많지 않아서 요즘같이 한자를 적게 배우는 사람들의 입장에서 보면 매우 부족한 것이 사실이다.

같은 글자라도 음이 다르면 뜻이 다르다

요즈음의 신문을 보면 한자가 별로 없다. 꼭 필요한 경우가 아니라면 한글을 사용하고, 필요한 경우에도 대부분이 한글과 한자를 병기한다. 그래서 많은 사람들이 신문 읽기가 예전보다 훨씬 수월해졌다고 한다. 반면 한자에 익숙한 노년층에서는 신문 기사를 읽으면 그 의미가 한눈에 들어오지 않아 불편하다고 한다. 가뜩이나 시력이 좋지 않아 작은 글씨로 된 신문을 읽으려면 돋보기안경을 써야 하는데, 글자들마저 함축성이 떨어지는 한글로만 되어있으니 그분들 입장에서 보면 불편해진 것이 사실이기도 하다.

지금과는 달리 예전의 신문기사에는 한자를 많이 썼다. 정치면이나 사회면, 경제면은 물론이고 심지어 스포츠면에도 한자를 많이 사용했다. 그때의 신문 기사를 보면 "축구 경기에서 A팀이 B팀에게 2대 1로 敗北했다"라는 기사를 볼 수 있었다. 그런데 '敗北'라는 글자를 '패배'라고 읽지 않고 '패북'이라고 읽는 사람이 종종 있었다. 여기서 '北'이라는 글자는 '東西南北'의 의미로 사용할 때는 '북'으로 읽지만, '등지다'의 의미로 사용할 때는 '배'로 읽어야 한다. 이와 비슷한 경우는 매우 많다. 예컨대 "선거에서 遊說한다"는 것을 '유설'로 잘못 읽는 것 등이 바로 그것이다.

이와 같이 한자는 같은 글자인데도 의미에 따라 발음을 달리하는 것이 매우 많은데, 이러한 글자들을 파음자破音字라고 한다.

　이러한 현상은 왜 일어날까? 예전에 한자를 만들어 사용할 초기에는 적은 수의 글자로도 자기가 원하는 의미를 모두 표현할 수가 있었다. 그런데 문명이 발전할수록 새로운 뜻이 점점 늘어나 이를 표현해야할 글자가 필요한데, 그 글자를 갑자기 만들 수가 없으니 기존의 글자 중에서 그 뜻과 가장 비슷한 글자를 빌려 사용했다. 그러다 보니 하나의 글자에 여러 개의 의미가 생기게 되었고 이에 따라 혼동이 자주 일어나게 되자, 의미에 따라 발음을 달리하여 그것을 구분하였다. 이렇게 되어 세월이 흐름에 따라 자연히 하나의 글자에 뜻에 따라 발음이 여러 개가 생겨나게 된 것이다.

　예컨대 위에서 살펴본 '說'은 '말하다'가 본래의 의미이고, 발음은 '설'로 해야 한다. 그런데 돌아다니면서 자기의 주장을 편다는 의미를 나타내는 글자로 사용할 때는 대부분이 '말'로 주장을 펴기 때문에, 말과 관련 있는 '說'이라는 글자를 빌리고 발음도 '설'로 했다가 후대로 오면서 '세'로 발음한 것이다.

　또 하나는 본래 그 글자와 전혀 상관이 없었는데, 단지 발음이 비슷하다는 이유만으로 그 글자를 빌려 사용하다가 나타나는 예이다. 예컨대 앞의 '北'이라는 글자는 본래 '북'으로 읽으면서 '서로 등지다'의 뜻을 가진 글자였다. 그러다가 '동서남북'의 '북'이라는 뜻을 표현하기 위해 '北'을 빌려 사용했는데, 이것은 결과적으로 '北'이라는 하나의 글자에 '등지다'와 '북쪽'이라는 두 개의 뜻이 생기도록 만들었다. 그러다가 후대로 오면서 이러한 혼동을 없애고자 '등지다'의 의미로 사용할 때는 '배'라고 읽게 되었다.

　이러한 글자들은 우리가 생각하는 것보다 상당히 많다. 현재 우리나라에서 사용하는 자전字典 중 가장 방대하다고 생각되는 자전에 수록된 4만여 자 중에는 이러한 예가 무려 4,650여 자나 된다고 한다. 이 중 한 글자가 두 개의 발음을 갖고 있는 것이 제일 많은데, 세 개의 발음을 가지고 있는 것도 무려 481자나 되며, 네 개의 발음을 가지고 있는 것은 75자, 다섯 개의 발음을 가지고 있는 글자는 15자, 여섯 개의 발음을 가지고 있는 것은 3자, 그리고 일곱 개와 여덟 개의 발음을 가지고 있는 글자들이 각각 한 개씩이다.

　이와 같은 현상은 우리나라의 한자에서만 나타나는 것이 아니라 중국의 경우도 마찬가지여서, 1932년에 중국의 교육부에서 공포한『국음상용자휘國音常用字彙』라는 자전에 수록된 한자 9,920자 중에는 이러한 한자들이 1,120자나 있다. 이렇게 같은 글자이면서도 발음에 따라 의미가 달라지는 글자들이 많다보니 중국에서는 아예 이러한 글자들만 모아 그 용례까지 들어 놓은 사전이를 파음자사전(破音字詞典) 이라고 부름을 편찬하기도 했다.

　다음에서는 우리나라의 자전 중에 나오는 이러한 글자들을 살펴보기로 한다. 다만 두 개의 발음이 나는 글자는 너무 많아 그 중 5자만 예를 들고, 세 개와 네 개의 발음이 나는 글자는 교육용 1,800자에 속하는 글자들만 열거하기로 한다. 그리고 다섯 개 이상의 발음을 가진 글자는 그 숫자가 얼마 안 되므로 모두 살펴보기로 한다.

1. 두 개의 발음을 가진 글자

乾 (건) 하늘, (간) 마르다
黔 (검) 검다, (금) 귀신이름
較 (교) 견주다, (각) 밝을
屈 (굴) 굽을, (절) 깎을
尼 (니) 여승, (닐) 가까울

2. 세 개의 발음을 가진 글자

假 (가) 거짓·빌릴, (하) 아득할, (격) 이르를
角 (각) 뿔·찌를, (록) 신선 이름·사람 이름, (곡) 꿩 우는 소리
干 (간) 방패·범할, (강) 생강, (안) 주사
蓋 (개) 뚜껑·덮을, (합) 이엉 덮을·어찌 아니할, (갑) 성·땅 이름
格 (격) 이를·올·바로잡을, (락) 막힐, (각) 휘추리·그칠·가지
肩 (견) 어깨, (간) 어깨뼈, (흔) 여위고 작을
見 (견) 볼·만나볼, (현) 나타날·드러날, (간) 관 덮는 보
謙 (겸) 겸손할, (혐) 족할·혐의, (참) 속을
告 (고) 알릴·여쭐, (곡) 청할·보일, (국) 국문할
谷 (곡) 골·궁진할, (욕) 성·나라 이름, (록) 흉노왕
果 (과) 실과, (관) 강신제, (라) 거북 이름
龜 (귀) 거북·점칠, (균) 얼어터질, (구) 나라 이름
均 (균) 고를, (운) 운, (연) 따를
菌 (균) 버섯·육계, (훤) 버섯·육계, (권) 버섯·육계
內 (내) 안·속, (납) 받을·들일, (나) 여관
能 (능) 능할·착할, (내) 세발자리·견딜, (태) 별 이름

泥 (니) 진흙·흠뻑 젖을·지체될, (녕) 땅 이름, (녈) 물들일
大 (대) 큰·지날, (다) 극할·심할, (태) 太와 같음·클
隊 (대) 조, (추) 떨어질, (수) 조
洞 (동) 고을·깊을, (통) 통할·꿸, (퉁) 퉁소
樂 (락) 즐길, (악) 풍류·풍류인, (요) 좋아할·하고자 할
累 (루) 묶을·붙을·괴롭힐, (라) 벌거벗을, (렵) 땅 이름
離 (리) 떼 놓을·이어진 모양·떠날, (치) 교룡, (려) 줄지을
沒 (몰) 가라앉을, (매) 빠질, (마) 어조사
薄 (박) 엷을, (벽) 쪼구미, (보) 물 이름
反 (반) 돌이킬·엎을, (번) 뒤칠, (판) 팔
拔 (발) 돌아올·빠를, (패) 밋밋할·휘어꺾을, (배) 성할
伯 (백) 맏·벼슬·이름, (맥) 길, (패) 우두머리·으뜸
番 (번) 번수·번들·갈마들, (반) 땅 이름·갈릴, (파) 날랠·하얗게 늙을
繁 (번) 많을·성할, (반) 말 배때끈, (파) 姓
並 (병) 아우를·견줄, (방) 곁·연할, (반) 짝할·고을 이름
副 (부) 버금·다음, (복) 쪼갤, (벽) 순산될
簿 (부) 문서·치부·장부, (박) 누에발·섶·잠박, (벽) 중깃
佛 (불) 부처·어기어질, (필) 흥할·도울, (발) 일
索 (삭) 노·얽힐·동아줄, (색) 찾을·더듬을, (소) 구할
殺 (살) 죽일·살촉, (쇄) 내릴·감할·덜 (시) 죽일
省 (성) 볼·살필·마을, (생) 덜·아낄, (선) 가을 사냥
屬 (속) 무리·좇을, (촉) 이을·닿을, (주) 부을
衰 (쇠) 쇠할·약할, (최) 같을·상복, (사) 도롱이
需 (수) 구할, (유) 부드러울, (연) 부드러울
宿 (숙) 잘·드샐·묵을, (수) 떼별·성좌, (척) 고을
盾 (순) 방패·벼슬 이름, (돈) 사람 이름, (윤) 벼슬 이름

識 (식) 알, (지) 기록할·적을, (치) 기

食 (식) 밥·먹을, (사) 밥·먹일, (이) 사람 이름

亞 (아) 버금·이어서, (악) 칠을 하여 장식할, (압) 누를

涯 (애) 물가·물언덕, (의) 물가·물언덕, (아) 물가·다할

野 (야) 들, (여) 변두리, (서) 농막

約 (약) 묶을·검소할·약속할, (요) 부절·약속할·미쁠, (적) 기러기 발

藥 (약) 약, (삭) 더울, (략) 간 맞출

葉 (엽) 잎·세대, (섭) 고을 이름·땅 이름, (접) 책

吾 (오) 나, (어) 소원할, (아) 땅 이름

汚 (오) 웅덩이·더러울·씻을, (와) 술구덩이·더럽힐·땅 팔, (우) 굽힐

作 (작) 지을·이룰, (자) 일어날·할·지을, (주) 만들

折 (절) 꺾을·절단할, (제) 천천할·편안한 모양, (설) 부러질

提 (제) 들·끌·끊을, (시) 고을 이름·날, (리) 보리수

諸 (제) 모든, (차) 姓, (저) 두꺼비

鳥 (조) 새, (작) 땅 이름, (도) 섬

池 (지) 못·섞바꿔 나를, (타) 물 이름, (철) 제거할

織 (직) 짤·만들, (지) 실 다듬을·실 뽑을, (치) 기·무늬 비단

差 (차) 어긋날·부릴·나을, (치) 층질·어긋날·구분 지을, (채) 버금·가릴

斥 (척) 물리칠, (탁) 방자할, (자) 姓

追 (추) 쫓을·따를, (퇴) 옥 다듬을·쇠북꼭지·갈, (수) 따를

畜 (축) 가축·집짐승·쌓을, (휵) 기를·용납할, (휴) 기름직한 짐승

逐 (축) 쫓을·물리칠, (적) 달리는 모양·빠를, (돈) 돼지

趣 (취) 추창할·뜻·달릴, (촉) 재촉할, (추) 추마 벼슬

脫 (탈) 벗어날·간략할·벗을, (태) 천천할·더딜, (열) 허물 벗을

湯 (탕) 끓인 물·끓일, (상) 흐르는 모양·씻을·물결 꿈틀거릴, (양) 해 돋을

蔽 (폐) 덮을, (별) 나눌, (불) 수레 장식
暴 (포) 사나울·침로할, (폭) 햇빛·쬘·나타날, (박) 앙상할
幅 (폭) 폭·겉치레할, (복) 두건·머리동이, (핍) 행진
害 (해) 해할·방해할, (할) 어찌, (갈) 어찌
獻 (헌) 바칠·드릴, (사) 술준·술단지·술두루미, (의) 위의 있을
險 (험) 험할, (삼) 고생할, (암) 낭떠러지
亨 (형) 형통할·남을, (팽) 삶을, (향) 드릴
紅 (홍) 붉을·연지, (공) 길쌈·베 짤, (강) 짙붉을
還 (환) 돌아올·돌려보낼, (선) 돌·가벼울, (영) 영위할
會 (회) 모을·맞출, (괴) 그릴, (괄) 상투
噫 (희) 느낄·한숨 쉴·탄식할, (애) 배불러 씨근거릴·기트림 할, (억) 문득
戲 (희) 탄식할·희롱할·놀, (휘) 기, (호) 서러울·아하

3. 네 개의 발음을 가진 글자 17

契 (계) 맺을, (결) 애쓸, (글) 종족 이름, (설) 사람 이름
龍 (룡) 용·귀신 이름, (롱) 두덕·언덕, (방) 잿빛·잡색, (총) 사랑할
莫 (모) 저물·나물·푸성귀, (막) 없을·막, (맥) 덕이 있고 온화할·고요할, (멱) 공허할
白 (백) 흰·분명할·작위, (배) 땅 이름, (파) 서방 빛, (자) 말할
汎 (범) 뜰·떠나갈·넓을, (봉) 뜰, (핍) 소리 가늘, (풍) 물소리
辨 (변) 분별할, (편) 두구, (폄) 폄할, (판) 갖출
射 (사) 쏠·화살같이 빠를, (석) 맞춰 취할·목표를 잡을, (야) 벼슬 이름, (역) 싫어할
邪 (사) 간사할·사기, (야) 고을 이름·축축한 땅, (여) 나머지, (서) 느릿할
說 (설) 말씀·고할, (열) 기꺼울·기쁠, (세) 달랠·쉴, (탈) 벗을

數 (수) 셀·수·움직이는 모양·사람 이름, (삭) 자주·여러 번, (속) 빠를, (촉) 촘촘할

拾 (습) 주울·집을, (십) 열, (겁) 다시·서로, (섭) 건널·오를

濕 (습) 축축할, (답) 강 이름, (압) 나라 이름, (섭) 사람 이름

疑 (의) 의심할·두려워힐·비길, (응) 정할, (을) 바로 설, (익) 바로 설

刺 (자) 찌를·베일, (척) 찌를·자자할, (체) 비방할, (라) 수라

齊 (제) 가지런할·조화할, (자) 옷자락·상옷 아래단할, (재) 재계할, (전) 자를

職 (직) 직분, (특) 말뚝, (익) 말뚝, (치) 기

罷 (파) 그만둘·파할·내칠, (피) 고달플·느른할, (벽) 가를, (패) 그칠·귀양 보낼

4. 다섯 개의 발음을 가진 글자

臑 (노) 팔꿈치, (이) 삶을, (완) 몸 더울, (혼) 육장, (유) 부드러울

胦 (젓) 뼈 섞어 담은, (연) 발병, (노) 어깻죽지, (눈) 연할, (이) 삶을

隶 (대) 미칠, (이) 근본, (시) 남을, (제) 여우 새끼, (태) 미칠

輅 (로) 수레 (학) 끌채 마구리, (락) 임금 수레, (아) 맞이할, (핵) 수레 앞 채마구리 나무

口率 (률) 지저귈, (설) 조금 마실, (쇄) 조금 마실, (술) 소리, (세) 핥을

釐 (리) 다스릴·이, (희) 길할·복, (래) 풀 벨·보리, (태) 땅 이름, (뢰) 줄

繆 (무) 실천 오리·얽을·삼 열 단, (류) 어그러질·잘못할, (목) 몹쓸·시호·사당 차례, (규) 수질·요질·졸라맬, (료) 두를·실 모양·꿈틀거릴

辟 (벽) 임금, (비) 견줄, (피) 피할, (백) 썰, (미) 그칠

肆 (사) 방자할, (실) 방자할, (이) 나머지, (해) 악장 이름, (적) 쪼개어 제기에 차린 희생

率 (솔) 거느릴·좇을, (수) 장수·새 그물, (류) 주효, (률) 비율·셈 이름·

과녁, (활) 무게의 단위

綏 (수) 편안할, (유) 기 드림, (타) 드리울, (훼) 덜, (퇴) 편안할

純 (순) 생사·실·순수할, (준) 선 두를·옷선, (돈) 묶을·꾸밀, (전) 온 전할, (치) 검은 비단

夭 (요) 어여쁠·무성할·일찍 죽을, (오) 끊어죽일·어릴, (옥) 땅 이름, (야) 부정할, (왜) 부정할

敦 (퇴) 쪼을·모을, (대) 옥쟁반·서직 담는 그릇, (돈) 성낼·알소할, (단) 모을·외조롱 달릴, (조) 아로새길·그림 그린 활

5. 여섯 개의 발음을 가진 글자

稅 (세) 구실·부세, (태) 추복 입을, (단) 검은 옷, (탈) 벗을 풀·끄를, (열) 기뻐할, (수) 검은 상복

苴 (저) 신바닥창·암삼·꾸러미, (조) 거친 거적, (차) 마름풀, (자) 두엄·거름풀, (사) 업신여길, (파) 나라 이름

6. 일곱 개의 발음을 가진 글자

敦 (돈) 도타울·어두울·낮을, (퇴) 다스릴, (단) 모일, (조) 새길, (대) 제기, (도) 덮을, (순) 폭

7. 여덟 개의 발음을 가진 글자

茶 (도) 씀바귀, (다) 차, (야) 땅 이름, (사) 띠꽃, (여) 띠꽃, (호) 띠꽃, (서) 옥 이름, (채) 두머리 사슴 이름

제4부

한자와
한자문화

한문이 세로쓰기를 해 온 까닭

우리나라에서 만들어지는 책은 물론 중국에서 새로 출판되는 책들 대부분이 가로쓰기를 하고 있다. 그러나 얼마 전까지만 해도 중국에서 나온 책은 물론, 우리나라에서 나온 책들조차 거의 대부분이 세로쓰기를 했다. 더욱이 신문에서는 불과 수년 전까지만 해도 모두 세로쓰기를 했었고 가로쓰기로 바뀐 것은 최근의 일이었으며, 아직도 우리나라의 일부 월간잡지와 신문들은 세로쓰기를 고집하고 있기도 하다.

그렇다면 독자의 입장에서 볼 때 가로쓰기와 세로쓰기 중 어느 것이 읽기에 편리할까? 두 눈이 가로로 나 있는 사람의 신체 구조상 가로쓰기가 훨씬 읽기에 편리할 수밖에 없다. 가로쓰기는 옆으로 읽어나가기 때문에 좌우로 달린 눈이 시선을 모으기 좋은 반면, 세로쓰기는 아래로 읽어야하기 때문에 읽기도 불편하거니와 한 줄을 읽고 나서 다음 줄을 읽을 때는 한 줄을 건너뛰어 읽거나, 읽은 줄을 다시 읽게 되는 경우도 있는 등 여간 불편한 것이 아니다.

그렇다면 이렇게 불편한 세로쓰기를 한 까닭은 무엇일까? 그것은 한자를 쓰는 도구 및 한자가 쓰여 있는 것이 무엇이었는가와 밀접한 관련이 있다. 갑골문 이전에 한자가 처음 만들어져서 글로 쓰였을 때, 그것이 가로쓰기였는지 아니면 세로쓰기였는지를 확실하게 알 방법은 없다. 그러나 갑골문 단계로 오면서 한자가 글의 형태로 쓰이기 시작하는데 그때 글자를 쓰는 도구로 사용된 것이 칼과 거북의 껍질이나 짐승의 뼈라는 점, 그 후에는 붓이었다는 점, 그리고 한자 형체의 특수성을 생각한다면 그에 대한 해답은 의외로 쉽게 찾을 수가 있다.

칼로 짐승의 뼈 위에 글자를 새겨 넣는다는 것이 쉬운 일은 아니라는 점은 누구라도 알 수 있을 것이다. 칼로 뼈 위에 글자를 새기기 위해서는 뼈의 특성을 잘 이용해야 한다. 뼈의 특성은 나무와 마찬가지로 결이 있어서 결을 따라 글자를 새기면 좀 쉽게 할 수 있는 반면, 결의 흐름과 어긋나게 새기면 아무리 예리한 칼이라도 새기기가 쉽지 않다. 그래서 갑골문의 경우 그것이 비록 상형문자라도 필획의 선線이 결의 방향으로 이루어진 것이 길게 뻗었거나 많으며, 결의 방향과 거슬리는 필획의 선은 적거나 짧은 것이 특징이다.

옛날 사람들이 뼈 위에 글을 쓰려고 할 때 많은 글자를 편하게 쓰기 위해서 뼈 판을 위에서 아래로 길게 놓고 썼다. 그렇게 뼈 판을 놓고 보니 뼈의 결은 위에서 아래 방향으로 나게 되었고 그러다 보니 글자의 선도 뼈의 결을 따라 위에서 아래 방향으로 난 긴 선이 많게 되었으며, 더 나아가 하나의 글자를 쓰고 다음 글자를 쓸 때도 옆으로 이어 쓰는 것보다는 아래로 이어 쓰는 것이 훨씬 자연스러운 형태가 된 것이다. 물론 그럴 경우 글을 읽는 사람이 불편할 수도 있지만 당시만 해도 하나의 글이 모두 짧은 문장으로 이루어지고 긴 문장은 거의 없었기 때문에 글을 읽는 데 불편함을 느낄 정도는 못되었다.

이러한 글자 쓰기가 습관이 되어 그 후로는 계속 세로쓰기가 진행되었는데, 이러한 세로쓰기의 원인이 갑골문 때문만은 아니었다. 금속 위에 글자를 쓰는 금문金文을 거치고 나서 대나무나 기다란 나무 조각 위에 글자를 쓰는 시기가 왔는데, 그 때는 일부 칼로 글자를 새기는 것이 아직 남아있었기는 했지만 이미 붓이 일상적으로 사용되던 시기였다. 그러나 붓으로 글자를 쓴다고 하더라도 대나무나 나무에 글자를 쓰기 위해서는 짐승의 뼈 위에 글자를 쓸 때와 마찬가지로 결을 이용하지 않으면 안 되었으며, 그러다 보니 자연히 나무의 위에서 아래 방향으로 글자를 써 내려가게 되었다. 그런데 당시의 글은 이미 상당히 긴 문장들이 많았으며 이에 따라 많은 양의 글자를 쓰기 위해서는 자연히 여러 개의 나무들이 필요했고, 글자를 모두 쓰고 난 후에는 그것들을 한 곳에 모아놓고 보아야 했다. 그렇게 하기 위해서는 글자를 쓴 나무들을 한 줄로 묶을 수밖에 없었으며, 그렇게 만든 것이 책이 되었다. 册책이라는 한자는 글자가 써진 이러한 나무들을 옆으로 묶어놓은 모양을 본떠 만든 것이다. 한자는 이런 과정을 거치면서 더욱 세로쓰기를 할 수밖에 없었으며, 그것은 매우 자연스러운 현상이었다.

그런데 후대로 오면서 글자를 나무에 쓰지 않고 종이에 쓰게 되었다. 종이에 글자를 쓰는 경우 재질의 결에 따라 쓰기 위해 세로쓰기를 한다는 것은 아무런 의미가 없게 된다. 그런데도 계속 세로쓰기를 한 것은 무슨 까닭일까? 이것은 그 당시에 이미 한자의 자형이 해서楷書로 바뀌었는데, 해서가 보여주는 자형상의 특징과 필기구인 붓의 관계에서 해답을 찾아야 한다.

해서는 이전의 자형에 비해 필획이 분명한 것이 가장 큰 특징이다. 이 글자들을 붓으로 쓰려면, 붓끝은 부드러운 털로 이루어진 것이기 때문에 한 필획씩 조심스럽게 쓰지 않으면 글자의 모양이 제대로 이루어질 수 없게 된다. 그런데 글자의 가로획은 필획이 끝나는 부분이 대부분 두터운 모양으로 이루어져 있기 때문에 가로획을 마치려면 필획의 끝부분에서 먹물을 묻힌 붓을 종이 위에 약간 힘을 주어 눌렀다가 튀어 오르듯이 떼어내야 하는 반면, 세로획은 대부분 필획이 끝나는 부분이 가느다란 모양으로 되어 있어 획을 마칠 때 붓을 가볍게 들어 올리면 된다.

문제는 한 글자를 끝내고 다음 글자를 쓰기 위해서는 옆으로 가는 것이 편리할 것인가 아니면 아래로 향하는 것이 편리할 것인가 하는 점이다. 마지막 획이 가로획이면 다음 글자는 옆으로 가는 것이 편리하고, 세로획이면 아래로 가는 것이 편리하다. 그러나 가로획으로 끝나는 획의 숫자와 세로로 끝나는 획의 숫자가 비슷하다면 붓을 가볍게 들어 올리면서 끝내는 세로획의 방향대로 다음 글자를 아래쪽으로 쓰는 것이, 붓에 힘을 주었다가 튀어 오르듯이 떼어내야 하는 가로획의 방향인 옆 방향으로 쓰는 것보다 편리할 것이다.

그런데 해서는 왼쪽 위에서 오른쪽 아래 방향으로 끝나는 필획이 가장 많고 가로나 세로로 끝나는 획의 숫자는 비슷하기 때문에 동일한 조건에서 한 글자를 쓰고 난 후 다음 글자를 쓰는 방향은 아래쪽으로 쓰는 것이 보다 편리할 수밖에 없었다. 그래서 붓으로 글자를 쓰던 시절에는 예전부터 해오던 습관의 영향을 받은 것도 있었지만 이러한 이유로 세로쓰기를 계속했던 것이다.

이러한 관습은 오랫동안 굳어진 것이었기 때문에 붓으로 글자를 쓰지 않고 인쇄를 할 경우에도 대부분 세로쓰기의 형태를 지속적으로 유지해왔다. 또 글자의 크기도 지금의 활자 인쇄에 비해 상당히 크고 줄과 줄의 간격이 매우 넓었을 뿐만 아니라 글을 읽는 사람들도 오랜 기간 동안 세로쓰기와 읽기에 익숙해져 있었기 때문에, 가로쓰기를 읽을 때보다는 불편하겠지만 적어도 다음 줄을 읽으면서 한 줄을 건너뛴다든가 혹은 읽은 줄을 다시 읽는 등의 실수란 거의 있을 수가 없었다.
　그러나 필기구가 붓에서 펜이나 연필로 대체되면서 문제가 달라지기 시작했다. 우선 글자가 작아져서 세로쓰기를 한 문장을 읽을 때 불편했을 뿐만 아니라, 펜이나 연필은 끝이 붓과는 달리 딱딱한 것으로 이루어져 있어 붓으로 세로쓰기할 때의 이점을 전혀 살릴 수가 없게 되었다. 즉 글자를 쓰는 사람의 입장에서는 가로쓰기나 세로쓰기가 완전히 동등한 조건이 되었는데 반해, 읽는 입장은 오히려 세로쓰기의 불편함만이 더욱 드러나게 되었다. 그래서 세로쓰기의 필요성이 사라지고 가로쓰기를 하는 것이 훨씬 유리하게 되었다.
　이때부터 서서히 가로쓰기가 시작되었고 지금은 오랫동안 세로쓰기를 해왔던 노년층을 제외하고는 대부분이 가로쓰기를 하고 있는데, 이러한 것은 매우 고무적인 현상이라 할 수 있다. 특히 요즘과 같이 컴퓨터 같은 기계가 글자를 대신 써주는 세상에서는 읽는 사람의 입장을 고려한 가로쓰기가 훨씬 시대상황에 부응하는 방식이라 할 것이다.

한문은 왜 띄어쓰기를 안 하나

요즈음 책들은 띄어쓰기가 되어 있어 그것을 읽고 의미를 이해하기가 쉽다. 그러나 예전에 쓴 글들을 보면 한글로 썼건 한자로 썼건 띄어쓰기가 전혀 되어있지 않고, 종이 위에 새까만 글자들만이 빽빽하게 들어차있는 경우가 많다.

한글이나 한문 모두 옛날에는 왜 띄어쓰기를 하지 않았을까? 지금과 같이 띄어쓰기를 하면 얼마나 읽기가 편했을까? 이런 생각을 하면서 다른 한편으로 영어는 일찍부터 띄어쓰기를 해서 읽기가 편했는데 왜 우리만_{중국도 포함} 띄어쓰기를 하지 않아 읽는 사람으로 하여금 곤란함을 느끼도록 했을까하는 생각들을 하게 한다.

그렇다면 과연 영어나 다른 로마자 등은 예전부터 읽는 이의 편리함을 위해 띄어쓰기를 철저히 했고, 한문은 읽는 이들의 입장을 전혀 고려하지 않아서 띄어쓰기를 하지 않은 것인가? 이에 대한 대답은 각 글자의 특성에서 찾을 수가 있다.

알다시피 한자나 영어 모두 의미를 가진 하나의 글자를 이루기 위해서는 각각 자기들만의 최소 글자형태들을 결합해야만 한다. 예컨대 '그 사람'이라는 의미를 영어는 'he', 한자는 '他_타'로 표현한다. 이들은 모두 영문 알파벳의 'h+e'와 한자의 '人 + 也'의 결합으로 이루어진다.

이와 같은 방식으로 "그는 승려僧_려이다"라는 문장을 만들려면 한자와 영어는 각각 다음과 같은 것들의 결합으로 만들어야 한다.

亻 也 日 昰 亻 曾　　한자
h e i s a m o n k　　영어

그런데 여기서 영어는 결합하는 방식을 가로 방향으로만 묶어서 "he, is, a, monk"로 만들었기 때문에 그들을 구별하려면 단어와 단어 사이를 띄울 수밖에 없다. 그러나 한글과 한자는 영어와 달리 가로 방향이 아닌 가로와 세로 방향을 동시에 결합하는 형태이기 때문에 한자는 "他, 是, 僧"과 같이 되어, 한 글자 한 글자씩이 이미 띄어쓰기가 된 것으로 볼 수 있다. 때문에 굳이 이들을 다시 한 번 띄어쓰기를 할 필요성을 느끼지 못하게 된 것이다. 그렇기 때문에 영어와 마찬가지로 한글·한자도 사실은 처음부터 띄어쓰기를 한 것이라 봐야 한다.

그런데도 왜 한자는 띄어쓰기가 전혀 안된 것처럼 느껴질까? 그것은 한자가 아닌 한글에서 원인을 찾아야 할 것이다. 위에서 보듯이 영어에서 단어와 단어가 서로 떨어져 있듯이 한자도 단어와 단어가 떨어져 있었다. 왜냐하면 한자는 하나의 글자가 하나의 단어이기 때문이다. 그런데 한글은 하나의 단어가 한 글자로 된 것이 아니었다. 만일 한글이 한 글자로 하나의 단어를 이룬다면 한자와 같이 전혀 문제점이 없었을 것이다. 그러나 한글은 두 개 혹은 그 이상의 글자들이 모여 하나의 단어를 이루는 것이 절대 다수이기 때문에, 그들이 분리되지 않으면 문장의 의미를 파악하는 것이 결코 쉽지 않은데도 불구하고 한자의 영향을 받아서인지 계속 붙여 쓴 것이다. 그러다 보니 띄어쓰기 하지 않은 것은 매우 해석하기 어렵고, 한문도 붙여 쓴 것이라서 어렵다는 생각을 하게 된 것이다.

우리가 한문 문장을 해석할 때 문장을 어디서 끊어 읽어야 할지 어렵다는 것을 느낀다. 그것은 단어의 띄어쓰기가 안 되어서가 아니라 문맥의 띄어 읽기가 어렵기 때문이다. 이러한 것은 영어 문장을 해석할 때도 마찬가지이다. 만일 영어 문장을 읽을 때 문맥의 분할을 정확하게 하지 못한다면 전혀 엉뚱한 해석을 하고 만다. 즉 한문과 영어는 모두 똑같이 문맥의 분할을 정확하게 하기가 어려울 뿐이지 결코 띄어쓰기의 문제가 아닌 것이다. 그런데도 불구하고 한문의 띄어 읽기가 어렵다고 하는 말은 잘못된 말이다.

이렇게 설명해도 아직 이해하기 어려운 부분이 있을 것이다. 아무리 그렇다하더라도 한문의 문장은 어디서 끝이 나는 것인지를 파악하기가 곤란하다고 느끼는 것이다. 이는 사실이다. 영어의 문장은 하나의 문장이 끝나고 나면 다른 문장을 시작할 때 반드시 첫 단어의 첫 알파벳을 대문자로 써서 문장 분리의 표시를 했다. 그러나 한자는 그런 표시를 전혀 하지 않았기 때문에 어려움을 느끼는 것이다. 즉 한 문장의 끝과 새로운 문장의 시작에 대한 구별이 한문에서는 전혀 없었기 때문에 좀 더 어렵다고 느끼는 것이다. 이와 같은 어려움은 만일 영어의 문장을 모두 대문자로 쓰는 경우에도 똑같이 느끼게 될 것이다.

그렇다면 진정한 의미에서 현재 우리가 느끼는 띄어쓰기는 언제부터라고 보아야 할 것인가? 그것은 표점(標點)의 시작부터라고 말하는 것이 올바른 답이다. 표점은 문장의 구별을 쉽게 해주는 역할을 하는 것이다. 물론 표점이 사용되기 전인 갑골문 시기에는 글자를 쓰는 줄을 바꾸어 문장의 쉼 표시를 하기도 했지만 이것을 표점이라고 볼 수는 없다.

　중국에서 처음 표점이 시작된 것은 한漢나라 때부터이다. 물론 그 때부터 모든 문장에 표점을 사용한 것은 아니지만, 일부 문장에는 간단하나마 표점이 사용된 것이 있다. 초기에 사용된 표점은 ╲과 亅의 두 가지 형태뿐이었다. 한나라 때의 사전인 허신許愼의『설문해자說文解字』에 나타나는 기록에 의하면 ╲은 잠깐 쉬는 부분에 찍는 표점이고 亅은 비교적 많이 쉬는 부분, 즉 문장이 끝나는 부분에 찍는 표점이라고 한다. 그 예로서 사마천司馬遷이 지은『사기史記』「골계열전滑稽列傳」에 보면 '을기처乙其處'라는 문장이 보이는데, 단옥재段玉裁라는 문자학자의 설명에 의하면 여기서 '乙'이란 글자가 아니라 바로 멈춤을 의미하는 표점인 亅의 부호라는 것이다.

　이러한 표점은 20세기에 발견된 한나라 때의 자료『유사추간流沙墜簡』에도 자주 보이는데, 한나라 사람들은 이것을 '구두句讀'라고 불렀다. 고대에는 갈고리를 의미하는 '鉤구'와 '句구'가 발음이 같아서 갈고리 모양을 한 亅을 句라고 불렀고, 또 머문다는 의미의 '逗두'는 '讀두'와 발음이 같아서 멈추는 의미의 표점인 ╲을 讀라고 불렀으며, 이들 표점을 한꺼번에 구두라고 표현했던 것이다.

　이와 같은 표점은 송宋나라 때에 와서 많이 사용했는데, 다만 그 때는 이미 구두점의 모양이 바뀌어 구句는 。의 모양으로 하고 두讀는 그대로 ╲을 사용했다. 어떤 경우는 구와 두를 모두 ╲의 모양으로 표현하되, 문장이 끝나는 부분에 사용하는 구는 글자의 옆에 찍고 잠깐의 쉼표를 의미하는 두는 글자와 글자 사이에 찍었다고 한다. 다만 송원宋元 시기에 출판된 경서經書의 경우는 이러한 구두점을 전혀 사용하지 않았다고 한다. 특히 표점이란 용어가 출현된 시기도 송나라 때의 일이다.

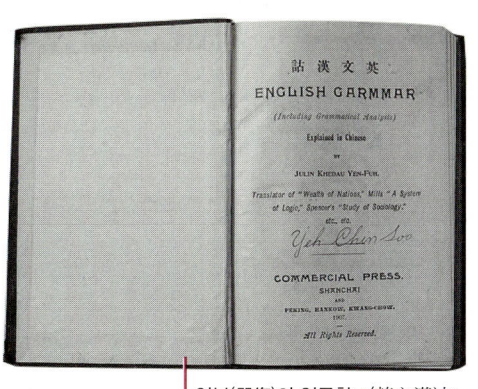

엄복(嚴復)의 영문한고(英文漢詁)

원나라 이후로는 대부분의 소설에 구두점을 찍었으며, 특히 희곡과 계몽서적의 경우에는 이 구두점을 적극 활용했다. 명明이후로는 보다 더 발전하여 인명의 경우는 그 오른쪽에 직선으로 표시했으며, 지명은 두 개의 직선을 그어 표시했다.

신식 표점이 사용되기 시작한 것은 청나라 말기의 일로서, 이 때는 서양에서 이미 사용하고 있던 표점부호를 모방하여 사용하였다. 가장 먼저 사용한 책은 엄복嚴復, 1853~1921이 1904년에 지은『영문한고英文漢詁』였다. 그러나 영어와 달리 한문은 세로로 쓰는 습관이 있었기 때문에 서양의 표점 부호를 그대로 사용하기에는 상당히 불편했다. 그래서 1918년에 나온『신청년新青年』제4권부터는 서양의 표점 부호를 세로쓰기에 맞게 약간 수정하여 사용했다고 한다.

그 후 여러 차례에 걸쳐 표점부호를 개량하였다. 또 최근에는 가로쓰기가 주로 사용됨에 따라 이에 알맞은 방식으로 표점의 모양을 바꾸기도 하고, 또 여러 가지의 표점도 개발하여 진정한 의미의 띄어쓰기에 적합하게 응용되었다.

엄복(嚴復)
중국 청나라 말기의 사상가로, 청일전쟁 이후 서유럽의 학술·사상을 번역 소개했다. 변법운동(變法運動)을 비롯해 청말기 개혁운동에 많은 영향을 미쳤다.

중국의 글자는 한자밖에 없나

한자라고 하면 먼저 중국의 글자를 연상하고, 중국의 글자라면 자연스럽게 한자를 머릿속에 떠올린다. 그 이유는 그만큼 한자가 중국과 밀접하게 관련되어 있기 때문이다. 사실 중국에서는 대다수의 사람들이 한자를 사용하고 있다. 그렇다면 중국에는 한자 이외의 다른 글자는 없을까? 정답은 '있다'이다.

중국은 오랜 역사를 거치면서 많은 소수민족을 동화하고 흡수해왔다. 그런 과정에서 소수민족들이 사용하고 있는 글자들도 자연스레 중국의 영토 안에서 사용되고 있다. 중국은 56개의 민족으로 이루어진 국가인데, 그 중 한족漢族이 92%로서 가장 높은 비율을 차지하며 나머지 8%가 55개의 소수민족으로 구성되어 있다. 그러다 보니 한족이 사용하는 한자가 중국의 글자가 되었고, 또 과거부터 현재까지도 대부분의 시기에 걸쳐 중국의 공식 글자로 한자가 지정되었다.

그렇다면 55개의 소수 민족들이 모두 자신들의 글자를 가지고 있는가? 그렇지는 않다. 글자란 매우 발달된 문화를 소유하고 있는 민족에게서 만들어지는 것이기 때문에 그리 높지 않은 문화 수준을 보였던 대부분의 민족들은 자신들만의 문자가 없이 그냥 다른 민족의 글자, 그 중에서도 대부분 한자를 사용해왔다. 또 자기들 나름대로 만들어 사용했다 하더라도 지금은 사실상 사용하지 않는 글자가 많으며, 현재 사용하고 있는 글자라 하더라도 자신들의 글자만을 사용하는 것이 아니라 중국의 공식 문자인 한자와 함께 사용하고 있다.

중국에서 현재도 사용되고 있는 글자로는 티베트 문자를 비롯하여 몽골족의 파스파巴斯巴문자, 위구르문자, 만족의 문자, 이족彝族의 문자, 조선족의 한글, 여족黎族·포의족布依族·동족侗族의 문자, 납서족納西族의 동파문자東巴文字 등이 있다. 과거에 존재했으나 지금은 사용치 않는 글자로는 거란문자, 여진女眞문자, 만주滿洲문자, 서하西夏문자가 있다.

이들 중에는 표의문자로 된 것도 있고 표음문자로 된 것도 있는데, 문자의 표기 방법이 지금은 라틴자모로 바뀐 것도 있다. 이 중 상형문자로 유명한 동파문자東巴文字에 대해 간략히 살펴보자.

중국 서남부 납서족納西族: 중국 발음은 '나시'은 그들의 경서經書인 동파경東巴經을 읽고 썼는데 그 경서에 사용된 문자를 납서문자納

납서족(納西族)
납서족은 고유의 언어인 납서어와 동파문 및 가파문(哥巴文)의 2종의 문자를 보유하고 있으며, 이 중 동파문은 세계에서 현재까지 사용되고 있는 유일한 상형문자다. 모계사회를 특징으로 하고 있으며, 2000년 통계에 의한 인구는 약 30.8만이다.

납서족(納西族)

골계열전(滑稽列傳)

西文字 혹은 동파문자라고 한다.

　납서족은 예전부터 문화수준이 높고 교육열도 매우 강한데, 그들이 주로 살고 있는 운남성 여강麗江 등지에서는 납희納喜: 중국 발음은 '나시'라고 많이 부르며, 운남성 영랑寧蒗·사천성 염원鹽源 등지에서는 납여納汝: 중국 발음은 '나루'·납일納日: 중국 발음은 '나르'·마사摩梭: 중국 발음은 '마쒀'라고 칭한다. 중국의 역사 기록에서는 진대晉代이래로 마사麼些: 중국 발음은 '마셰'·미사未些: 중국 발음은 '웨이셰' 등으로 칭하였다.

이 민족은 중국 고대 서북부 청해靑海·감숙황하甘肅黃河·황수湟水 일대에서 남하한 저강족氐姜族계와 운남 서북부와 사천성 서부의 토착민이 오랫동안 융합되어 형성되었으며, 원·명元明 이래로 한족 일부가 그에 융합되었다.

납서족의 초기 씨족 종교로는 동파교東巴敎가 있다. 동파교는 신神·인人·귀鬼의 의사 소통을 담당하는 제사장인 동파가 주관하는 종교로, '정파십라丁巴什羅'와 '아명십라阿明什羅'를 숭배한다. 동파교에는 백여 개의 종교제사의식과 점복의식이 있는데, 그 의식에 1,000여 종의 경서가 사용된다. 납서 동파문자로 쓴 경서 중 지금까지 보존되어 있는 20,000편 중 내용이 다른 것이 1,100여 권이 있다고 한다. 경서에는 납서족의 자연·귀신·조상·제사 등의 숭배내용을 담고 있는데, 이를 통해 그들의 종교·천문·문자·신화·전설 등 원시사회상을 엿볼 수 있다.

동파문자는 '살아있는 고문자古文字'로 표의·표음 성분을 겸비한 원시 단계 문자이며, 한자와는 다른 독립적인 체계를 유지하고 사용되어 왔다. 회화의 성분이 짙은 이 문자는 얼핏 보면 어린아이의 낙서처럼 보이지만 자세히 살펴보면 나름의 문자 체계를 가지고 있다.

한자의 조자방법인 육서六書, 즉 상형象形·지사指事·회의會意·형성形聲·전주轉注·가차假借를 적용하여 살펴보면 다음과 같다.

상형: 태양[日] ⊕, 달[月] ⌣, 닭[鷄] 🐓 등

지사: 하나[一] ㄱ, 아홉[九] 𖠚, 높다[高] ㄏ 등

회의: 맑다[晴] 👁 하늘아래 태양, 갈다[磨] 🗡 돌 위에 칼, 마소를 놓아기르다[牧] 🐂 등

형성: 벼랑[山崖] 산벼랑 모양을 본뜬 자형에 닭의 머리를 소리[音符]로 부가하였다 🗻 등

이 외에도 어떠한 의미를 표현하는 글자가 없어서 그 의미와 근접한 글자를 빌려 사용하는 경우가 있는데, 이때 그 글자는 새로 생긴 의미에 해당하는 음을 별도로 갖게 된다. 예를 들면, 火는 ⋀⋀⋀ 단행본과 다름로 쓰며 음은 ^{3}mi인데 이것이 붉은 색의 의미로 사용될 때의 음은 ^{3}hy이다. 동파문자도 한자와 같이 한 글자가 여러 의미를 지니거나, 한 가지 의미를 여러 문자로 표현한 경우가 있다.

납서족의 경전인 『고사기古事記』에 나오는 한 단락의 문장을 살펴보자.

〈글자의 의미〉

🥚 : 알을 들다. 알을 옮기다.

ㄐ : 가르다, 해부하다[解開]. 여기서는 이 의미를 나타내는 글자가 '희다'를 표시하는 말과 음이 같아서 '희다'의 의미로 가차하여 사용한 것이다.

● : 검다
≋ : 바람
◯ : 알
◒ : 호수
⚹ : 빛[發光]
◿ : 벼랑

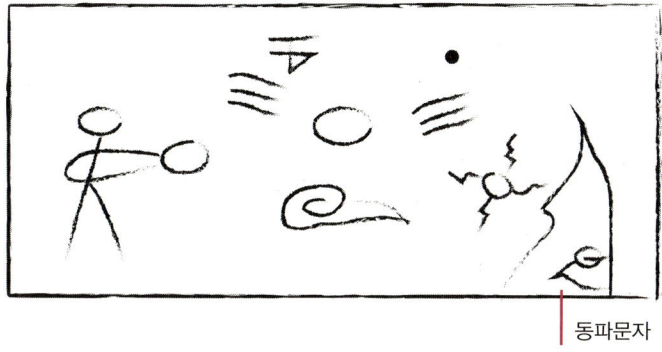

| 동파문자

〈해석〉

이 알을 호숫가에 던졌더니, 왼쪽에서 흰 바람이 불어오고 오른쪽에서 검은 바람이 불어왔다. 바람으로 호수가 일렁거리고 호수가 알을 흔드니, 알이 산벼랑에 부딪쳐서 휘황찬란한 것이 태어났다.

가장 많이 사용되는 한자

동해東海물과 백두산白頭山이 마르고 닳도록
하느님이 보우保佑하사 우리나라 만세萬歲
무궁화無窮花 삼천리三千里 화려華麗 강산江山
대한大韓 사람 대한大韓으로 길이 보전保全하세

우리는 민족중흥民族中興의 역사적歷史的 사명使命을 띠고 이 땅에 태어났다. 이에 우리의 나아갈 바를 밝혀, 안으로 자주自主 독립獨立의 자세姿勢를 확립確立하고, 밖으로 인류공영人類共榮에 이바지할 때다.

위의 두 글은 우리의 애국가 1절과 「국민교육헌장」의 앞부분이다. 이 글에서 사용된 한자어漢字語는 19개이고 한자의 숫자는 46자이며, 중복되지 않은 한자 수만을 헤아린다면 44자이다. 이와 같이 우리의 주변에서는 알게 모르게 많은 한자가 사용되고 있다.

그렇다면 우리의 언어생활에서 가장 많이 사용되는 한자는 어떤 글자일까? 이 문제를 해결하기 위해서는 우리나라 사람 전체가 수년 동안 사용한 모든 글자를 모아서 통계를 내야 할 것이다. 왜냐하면 글자를 사용하는 사람마다, 또 같은 사람이라 하더라도 시기와 장소에 따라 사용한 글자가 다르며, 아울러 가능한 많은 사용량을 가지고 통계를 내야만 보다 정확한 결과를 얻을 수 있기 때문이다. 그러나 이렇게 하는 것은 현실적으로 불가능하기 때문에, 현실적이면서도 보다 사실에 가까운 결론을 얻기 위해서는 다른 방법이 모색되어야 한다.

현재 할 수 있는 가장 좋은 방법은 일상적인 분야에서 사용된 글자나 여러 종류의 전문적인 분야에서 사용된 글자들을 망라하여 최근 수년간 사용된 글자들을 모으고, 이것을 통계 내는 것이라 할 수 있다. 즉 최근 수년간 신문이나 잡지에 사용된 글자, 문학 작품에 나타난 글자, 전문서적이나 간행물에 나오는 글자 등을 분야별로 적절한 배분원칙에 의해 수집한 후 이를 통계 내는 것이다.

그러나 이것 역시 결코 쉬운 일은 아니며, 이 일을 하기 위해서는 많은 인력이 동원되어야 하는 것은 물론 시간적으로도 오랜 기간이 요구된다. 때문에 한자를 사용하는 여러 나라에서는 개인이 이를 수행할 수 없기에 국가적인 차원에서 작업을 수행한 후, 그 중 가장 많이 사용되는 한자를 선별한다. 이를 상용자常用字로 지정하여 국민들 모두가 그것들을 배우도록 장려하고 있으며, 우리나라에서도 교육용한자 1,800자를 중·고등학교 교육과정에서 가르치도록 하고 있다.

우리나라에서도 1998년에 문화관광부에서 한자의 사용 빈도를 조사한 연구보고서를 발표한 바 있다. 이 보고서김흥규에 의하면 한국에서 조사대상 텍스트다양한 분야의 기록물에 출현된 한자의 누적 총계는 15,193,304자인데, 이는 한 글자가 여러 차례 사용된 횟수를 모두 포함한 것이다. 중복된 한자를 뺄 경우에는 8,708자밖에 되지 않는다.

통계 대상으로 삼은 글자는 8,646자인데 이 가운데 가장 많이 사용된 한자는 127,256회 사용된 國^국자이며, 이것이 차지하는 비율은 약 0.838%라 한다. 그 뒤를 이어 大^대·文^문·金^김·學^학·山^산·李^이·人^인·書^서·東^동의 순서로 많이 사용되었는데, 이 10개의 한자가 사용된 누적 빈도는 전체의 3.925%이다. 그 뒤를 이어 많이 사용되고 있는 法^법·一^일·子^자·三^삼·史^사·韓^한·事^사·的^적·中^중까지를 포함한 19자가 전체의 10.196%를 차지하고 있다.

누적빈도 1,800위까지의 한자가 차지하는 비율은 전체의 94.321%인데, 이것과 교육부지정 기초한자 1,800자는 정확하게 일치하지 않는다. 교육용 한자 1,800자만을 가지고 누적빈도를 계산하면 전체의 90.251% 밖에 되지 않아 교육용 1,800자와 실제로 많이 사용되는 한자 사이에는 약간의 차이가 있음을 알 수 있다.

같은 책의 다른 보고서_{남윤진}에는 또 다른 통계가 있는데, 이는 국립국어연구원에서 제작하고 있는 『표준국어대사전』에 수록된 표제어만을 대상으로 한 보고서이다. 이에 따르면 표제어에 한자를 포함한 항목은 316,721개이며 이들 표제어를 구성하는데 사용된 한자는 모두 7,471자이다.

이 7,471자의 총 사용횟수는 910,890회이고, 그 중 가장 많이 사용된 法^법자는 5,317회로서 0.58%를 차지한다고 한다. 그 다음이 學^학이며 性^성·大^대·子^자·物^물·地^지·人^인·動^동·生^생의 순으로 이어지고 있는데, 이 10개의 글자가 전체의 4.82%를 차지하고 있으며 이를 포함한 25자의 한자가 전체

사용량의 10%를 차지하고 있다. 그런데 이 수치는 실제 사용된 자료들을 누적한 통계가 아니라, 사전에 출현하는 표제어만을 대상으로 했기 때문에 실질적으로 가장 많이 사용되는 한자를 정확하게 반영했다고 보기는 어렵다. 하지만 나름대로의 객관성을 가지고 있다고 말할 수 있다.

또 이 보고서에 의하면 이들 표제어에 사용된 한자를 알기 위해서는 7,471자를 배워야하지만, 사용된 누적빈도로 보아 상위 90%에 해당되는 글자가 1,590자이고 95%는 2,258자에 불과하다. 따라서 1,590자만 배우면 우리말 사전에 나오는 한자의 90% 이상을 알게 되고, 2,258자만 배우면 무려 95% 이상을 알 수 있다는 결론이 나온다. 그런데 이 사전은 일상적으로 사용하는 어휘만을 수록한 것이 아니고 어느 정도 전문성이 있는 어휘들도 포함된 것이기 때문에, 누적 상위 2,000자만 익힌다면 적어도 우리나라에서는 모르는 한자가 없다는 소리를 들을 것이다.

재미있는 것은 여기서도 빈도순위 1,800위 이내의 글자가 차지하는 비율이 92.02%인데, 교육부 지정 기초한자에는 수록되어 있으나 이 1,800자 중에는 포함되지 않는 글자 暇, 簾, 陋, 栗, 肩 등이 다수 있으며, 반대로 교육용 기초한자에 수록되지는 않았지만 상위 1,800자 이내에 포함된 글자 伽, 姜, 鬪, 掘, 圈 등도 상당수 있다.

한자를 국자國字로 삼고 있는 중국에서도 이와 같은 조사를 여러 차례 한 바 있는데, 그들은 우리와 언어생활이 달라 자연히 각 한자의 빈도순위도 다를 수밖에 없다. 그러나 상위빈도에 속하는 글자들이 차지하는 비율은 역시 매우 높다. 1986

년에 발표된 『현대한어빈율사전現代漢語頻率詞典』北京語言學院出版社에 의하면 크게 사회과학계통의 간행물, 중급 문화 수준의 자연과학계통의 간행물, 일상 언어자료, 문학작품의 네 분야에서 채택한 200여 종의 텍스트에 나오는 약 180만 자를 대상으로 조사한 결과 여기에 사용된 한자는 모두 4,574자이며, 이 중 가장 많이 사용된 한자는 的적자로서 총 75,306회 사용되어 사용빈도가 전체의 4.164%를 차지하고 있다. 이는 的자가 현대중국어에서 조사助詞로 사용되는 특수성 때문에 나타나는 매우 특이한 현상이며, 이를 제외한다면 다음으로 많이 사용된 글자는 一자로서 전체의 1.837%이고, 다음이 了료, 是시, 不불, 我아, 在재, 有유, 人인, 這저, 他타, 們문, 來래, 個개, 上상, 地지의 순으로 이어지고 있다.

그런데 중국은 사용빈도의 집중도가 우리보다 훨씬 심해 상위 5자가 전체의 10.605%를 차지하고 있으며, 상위 10자는 15.846%, 상위 16자는 전체의 20.557%를 차지하고 있다. 이러한 현상의 원인은 중국어가 우리와는 달리 조사로 쓰이는 글자도 한자이다 보니, 이 조사로 쓰이는 글자들이 상위 그룹을 형성하고 있기 때문으로 볼 수 있다. 그렇다 하더라도 겨우 908자가 전체의 90%를 차지하고 있으며, 1,358자가 95%나 차지하고 있다. 그들이 상용자로 정한 2,500자와의 일치도와는 관계없이 누적빈도 2,500위까지의 사용빈도를 보면 무려 99.128%나 된다.

이런 통계로 본다면 중국은 한자를 사용하기 때문에 글자를 모르는 사람이 많고 이에 따른 불편함이 매우 심할 것이라는 우려가 쓸데없는 기우에 지나지 않는다는 것을 알 수 있다. 왜냐하면 2,500자만 알아도 모든 글자를 알고 있다고 칠 수 있기 때문이다. 오히려 합리적이고 효과적인 언어생활을 위해 중국인들보다 우리가 훨씬 힘든 과정을 거쳐야 하는 어려운 처지에 놓여있다고 하겠다.

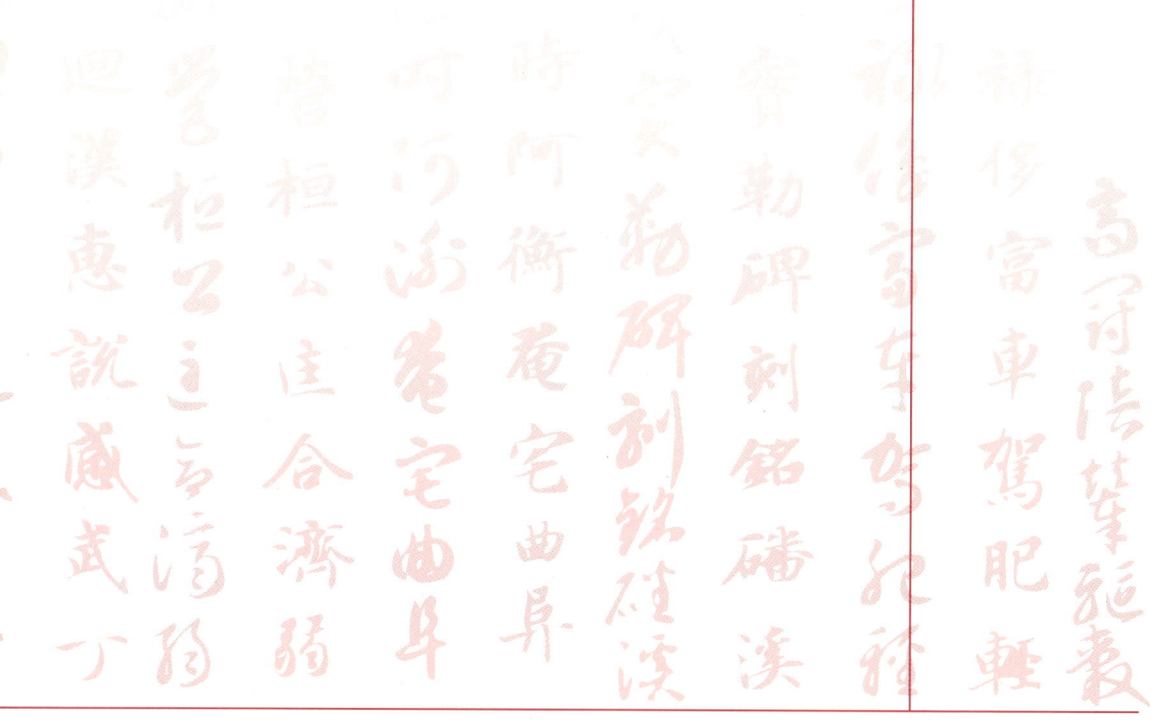

중국보다 한국에서 더 많이 쓰는 글자

최근에는 한글 전용의 추세로 가고 있으나, 우리말에는 이미 엄청난 분량의 한자어漢字語가 들어있다. 그래서 비록 한글만을 쓴다고 해도 사실은 수많은 한자어를 자신도 모르게 사용하고 있는 것이다. 그렇기 때문에 한글로 쓰인 한자어들을 모두 한자로 바꾼다면 우리는 실로 엄청난 양의 한자를 사용하고 있는 셈이다.

그렇다면 우리가 가장 많이 사용하는 한자는 어떤 것들일까? 이것을 알려면 한글로 된 한자어를 모두 한자로 바꾼 후 그것이 사용된 빈도를 조사하면 되는데, 매우 번거로운 일이기는 하지만 벌써 조사가 되어 있다. 이에 대해서는 이미 앞에서 이미 살펴보았다. 그런데 중국에서는 모든 글자를 한자로 쓰기 때문에 가장 많이 사용되고 있는 한자를 조사하기가 비교적 수월하다. 이에 대한 통계도 역시 앞에서 설명한 바 있다.

우리는 한글과 한자를 함께 사용하면서도 조사나 순수 우리말로 바꾸어 쓸 수 있는 것들은 한글로 쓰고 있기 때문에, 아무리 많이 사용하고 있는 글자라도 전체 한자에서 차지하는 비율이 높지 않고 그 빈도가 비교적 골고루 분포되어 있다. 반면 중국에서는 모든 것을 한자로 쓰다 보니 조사의 하나인 '的적'이라는 글자가 전체 한자의 4% 이상을 차지하고 있으며, 상위 빈도 10자에 속하는 글자가 전체의 15% 이상이나 된다.

그렇다면 중국에서는 많이 사용되는 글자이지만 한국에서는 상대적으로 적게 사용되는 글자는 어떤 것들이 있을까? 이 조사를 위해 우선 두 나라에서 각각 자주 사용되는 글자 100자씩을 순서대로 나열하고, 그 중 양쪽에 모두 있는 글자와 한쪽에만 있는 글자들을 아래의 도표로 만들어보았다. 이 표에 의하면 양국에서 함께 높은 빈도로 사용되고 있는 글자는 31자밖에 되지 않고, 나머지 69자는 자기 나라에서만 100위 안에 사용되고 있는 글자라는 것을 알 수 있다.

이 중 중국에서 조사로 가장 많이 사용하고 있는 '的'자는 우리나라에서도 18번째로 많이 사용될 만큼 빈도수가 높으며, 그 다음으로 많이 사용되는 '一일'자도 우리나라에서는 12번째에 속한다. 반면 '了료'나 '是시'와 같은 글자는 중국에서는 엄청나게 자주 사용되고 있으나 우리는 그다지 자주 사용하지는 않는 글자이다.

그 외에도 '我아·在재·有유·這저·他타·們문·來래·個개·着착·和화·裏리'와 같이 조사나 대명사, 혹은 우리나라에서는 순수 우리말이 있어서 한자로는 별로 쓰지 않는 말들이 중국에서는 상당히 자주 쓰이고 있음을 알 수 있다. 전체적으로 볼 때 한국에서 가장 많이 쓰이는 글자 50자 중 중국에서 100위 안에 사용되고 있는 글자는 20자인 반면, 중국에서 많이 쓰이는 50자 중 한국에서 100위 안에 들어가는 글자는 겨우 14자에 불과하다.

이와 반대로 한국에서는 '金김·李이'와 같이 성씨를 나타내는 글자가 매우 높은 빈도를 차지하고 있으나, 중국에서는 그것을 전혀 찾을 수가 없다. 이는 우리나라에서는 자주 쓸 수밖에 없는 상황 때문에 그런 것으로 보인다. 그럼에도 불구하고 우리가 많이 쓰는 '文문·書서·法법·史사'와 같은 한자가 중국에서는 이 표 안에 보이지 않는데, 이는 우리나라가 유독 학문과 관련된 글에서 한자를 많이 사용하기 때문인 것으로 추정된다.

또 중국에서는 '十십'이라는 한자가 이 안에 포함되어 있지만, 한국에서는 '一·三·五'와 같은 十 이하의 글자만 나타난다. 이것은 중국과 달리 한국에서는 十 이하의 글자를 쓸 때는 한자를 자주 사용하지만, 十 이상의 글자를 쓸 필요가 있을 때는 아라비아 숫자를 주로 사용하기 때문인 것으로 보인다.

또 다른 재미있는 사실은 우리가 쓰는 한자 100위 안에는 '東·西·南·北'이라는 방위를 나타내는 글자가 모두 들어 있는데 반해, 중국에서는 모두 들어있지 않다. 특히 '東'과 '南'이 10위와 29위에 있는 것과 같이 우리는 이 글자들을 매우 자주 쓰고 있지만, 중국에서는 100위 안에 이들 글자가 없다. 이는 조사 등이 중국의 문장에서 자주 쓰이고 있다는 점을 감안해도, 중국의 방위 개념이 우리보다 좀 약하지 않은가 하는 생각이 들게 한다.

한·중 사용빈도 상위 100자

순위	한국	중국	순위	한국	중국	순위	한국	중국	순위	한국	중국
1	國37	的18	26	州	裏	51	錄	沒	76	集	經49
2	大17	一12	27	日	麽	52	記	能	77	不5	産
3	文	了	28	民67	得	53	城	多	78	光	道25
4	金	是	29	南	去	54	成71	天48	79	說21	十
5	學46	不77	30	土33	也	55	長100	工	80	動58	甚
6	由	我	31	上	那	56	者	家61	81	平	進
7	李	在	32	高	會21	57	官	把	82	北	心98
8	人9	有	33	石	土30	58	物	動80	83	五	現
9	書	人8	34	神	時59	59	時34	用	84	年49	然
10	東	這	35	敎	出	60	海	對	85	朴	只
11	法	他	36	水	下	61	家56	中19	86	西	種
12	一2	們	37	王	國1	62	安	作	87	內	老
13	子24	來	38	理	過	63	部	自74	88	門	事17
14	三	個	39	正	爲	64	軍	發	89	相	從
15	史	上	40	實	好	65	世	又	90	川	分
16	韓	地20	41	朝	看	66	代	同	91	白	前
17	事88	大2	42	面68	生24	67	明	民28	92	元	些
18	的1	着	43	行99	可	68	政	面42	93	詩	點
19	中61	就	44	義72	以	69	寺	想	94	德	開
20	地16	你	45	社	還	70	院	樣	95	無	而
21	會32	說79	46	論	學5	71	本	成54	96	方97	很
22	性	到	47	新	起	72	公	義44	97	龍	方96
23	化	和	48	天54	都	73	體	後	98	心82	於
24	生42	子13	49	經76	年84	74	自63	她	99	權	行43
25	道78	要	50	宗	小	75	定	頭	100	江	長55

* 한자 옆에 있는 숫자는 상대국의 빈도 순위를 나타냄.

중국인들이 좋아하는 글자와 싫어하는 글자

　사람이 한자를 만들었을 때, 그 글자들은 무엇을 의미하는가에 따라 처음부터 좋은 뜻이 있는 것도 있고 나쁜 뜻이 있는 것도 있다. 즉 한자는 처음 만들어졌을 때부터 자신이 나타낼 의미를 가지고 세상에 나온 것이다.

　그런데 나중에 사람들이 이 글자들을 쓰면서 본래의 의미와는 상관없이 어떤 글자는 매우 좋아하고 어떤 글자는 상당히 꺼리고 있다. 물론 다 그런 것은 아니지만 상당수의 사람들이 그들 글자에는 대체적으로 비슷한 반응을 보이고 있다. 이러한 현상은 왜 일어나는 것이고, 그런 글자들은 어떤 것이 있을까? 이들을 숫자를 표시하는 글자와 기타의 두 분야로 나누어 살펴보면 다음과 같다.

　먼저 숫자와 관련된 글자들이다. 중국인들이 좋아하는 숫자는 의미상으로는 3이 있다. 3은 사물을 지탱하는 발의 숫자와 관련이 있는데, 두발 달린 물건이나 혹은 네발 달린 물건과 달리 세발 달린 물건은 균형을 잡기가 쉬워 안정된 형태를 보여준다. 이 때문에 3이란 숫자가 조화와 발전을 나타내는 것으로 인식되어 풍부함, 넉넉함, 완벽함, 성공 등의 이미지를 갖게 되었다.

　그래서 3과 관련된 예들이 많이 보이는데, 중국의 고대시기에 일어난 수많은 전쟁을 자세히 살펴보면 모조리 3자 투성이다. 유방은 9리산에서 항우를 이겨 중원을 정복했다. 『삼국지』의 많은 전투 장면 중 열심히 싸웠다 하면 30합이고, 멀리 내뺐다하면 30리다. 유비가 죽을뻔하다가 기병 30기만을 가지고 내뺀 거리는 300리다. 또 탄식하면 3번이고, 삼고초려三顧草廬에서 유비가 제갈공명을 얻기 위해 찾아간 횟수도 의도적으로 3번이다. 근래에 와서는 손문孫文이 제창한 주장도 삼민주의민족, 민권, 민생주의이다.

발음상으로 좋아하는 숫자로는 6과 8, 9, 1680이 있다. 이 중 6은 중국어 발음이 '류'로서, 이는 '잘 진행된다'는 의미를 지닌 글자인 '流류'의 발음과 같아 좋아한다. 6과 관련하여 중국 속담 중에는 '류류다순六六大順'이라는 것이 있다. 이것은 나이가 66살일 때 일이 가장 잘 풀려나간다는 의미이다.

8은 중국어 발음이 '바'인데, 이는 '돈을 번다'는 의미를 지닌 '發발'의 발음인 '바'와 같아서 좋아한다. 그래서 중국 사람들은 전화번호나 차량번호에 8이 많으면 매우 좋아하여 고가高價에 거래되곤 한다. 요즘은 없어졌지만 우리나라도 전화 설비가 적어 가설을 신청하여 설치하기까지 오랜 기간이 걸렸던 시절에는 '백색전화'라 하여 전화번호를 개인 간에 서로 매매했었는데, 그때

일이 매우 순조롭게 풀린다는 의미의 '류류다순(六六大順)'

도 좋은 번호는 값이 상당히 많이 나갔었다.

9는 양수 가운데서 가장 높은 숫자이기 때문에 좋아하기도 하지만, 발음이 '주'로서 '오래도록'이라는 의미의 '久구'와 발음이 같기 때문에 상서로운 숫자로 여겨진다. 그래서 이 숫자가 겹쳐진 날인 9월 9일에 결혼하면 부부가 오래도록 해로偕老한다고 하여 그날 결혼식을 많이 올리며, 더욱이 그 날이 토요일이나 일요일이면 예식장은 수개월 전부터 예약이 밀린다고 한다. 또 9의 2배인 18도 좋아하여 '18사나이'라든가 혹은 '18반 무예武藝' 등의 용어가 있으며, 9에서 파생된 72도 좋아하여 공자의 제자가 72명인 것, 『수호지』의 영웅이 72지살인 것, 황산黃山에 72개의 봉우리가 있는 것과 제남에 72개 샘물이 있는 것도 길하게 여긴다. 또한 천단기년전天壇祈年殿에는 72칸의 긴 복도가 있다.

1680은 중국어로 읽으면 '이류바링'이 되는데, 이는 '계속 돈이 벌려라'는 의미의 '一路發이루파'와 발음이 유사하여 좋아하는 숫자이다. 그래서 상인들이 돈 귀신에게 제사를 지낼 때는 그 비용을 가급적 1680원에 맞춘다.

중국인들이 금기시하는 숫자로는 의미상으로 볼 때 100이다. 이는 보통 숫자의 끝으로 생각하기 때문인데, 그렇기 때문에 중국인들은 백 살이 되었어도 99세라고 말하는 경우가 많다.

발음상으로는 단연 4를 싫어한다. 이것은 우리도 마찬가지로 4는 '死사'와 똑같이 '쓰'로 발음되기 때문이다. 그래서 4월에는 혼인을 꺼린다든가 축의금을 보낼 때에 4단위 액수를 피하는 것은 물론이고, 건축물에도 4층을 영문 'four'의 첫머리인 'F'로 표시하기도 한다. 또 5도 싫어하는 경우가 있는데, 5의 발음이 '미워

천단기년전(天壇祈年殿)
중국에서 군주 제천 행사를 맞기 위해 지은 제단 중 가장 유명한 건축물 중의 하나로서 천안문, 자금성과 함께 베이징의 상징이다. 직경 32m, 높이 38m, 25개의 중심에 유지된 제단으로 현존하는 중국 최대의 제단이며, 중국 건축사상 가장 중요한 건축물로 간주 된다.

천단기년전(天壇祈年展)

하다'는 의미의 '惡악'의 발음인 '우'와 동일하기 때문이다.

이 외에도 나이와 관련하여 송대의 포공이라는 사람의 전설이 있다. 청렴한 관리였던 그가 음험한 조왕을 체포하기 위해 거짓 죽음으로 상례를 거행하여 조문하러 온 그를 잡았다는 이야기가 있는데, 이때 그의 나이가 45세였다고 한다. 따라서 45세란 어려움을 만나거나 죽음을 경험할 나이라 하여 중국인은 45세 때 누가 나이를 묻게 되면 작년에 44세였다고 말하거나 내년에 46세가 된다고 말한다. 또 공자가 죽은 나이인 73세와 맹자가 죽은 84세도 꺼려 "73, 84에는 염라대왕이 청하지 않으면 자기가 간다"라는 말이 있다.

산동지역에서는 41세 때에 아내에게 문제가 생긴다는 속설이 있어 41이란 숫자를 꺼리고, 남부지역에서 9자를 싫어하여 9·19·29세 등의 나이를 직접 말하지 않는다. 소주蘇州지방에서는 20세를 꺼리는데, 이는 중국어 20의 발음이 '얼스'로서 아들이 죽었다는 의미인 '兒死아사'의 발음과 비슷하기 때문이다.

숫자가 아닌 글자 중에 좋아하는 글자는 의미상으로 龍용과 鳳봉, 魚어, 玉옥이 있다. 용과 봉황은 고대부터 중국인들에게 상서로운 동물로 각인되어 있어 신화나 전설에 자주 등장한다. 특히 용은 착한 성질을 가지면서 온화하고 인자함을 나타냄과 동시에 자연계의 남성적 활력과 생식력을 뜻한다. 그래서 한나라 때부터 용은 천자, 즉 황제의 상징이 되었다.

물고기를 의미하는 魚는 쉽게 잡아서 먹을 수 있기 때문에 식량으로서 중요한 역할을 하고 있을 뿐만 아니라, 번식력이 뛰어나 부귀를 준다고 믿어 중국인들이 좋아하는 글자이다. 그래서 중국인들 사이에서 물고기는 부귀를 상징하며, 음력설에 물고기를 먹는 풍습 역시 해마다 풍족하기를 기원하는 의미이다. "고기와 물이 어울린다魚水交融"라는 말은 성관계를 은유하는 말로서 흔히 행복한 신혼부부를 "물고기가 물을 얻었다"라고 묘사한다.

옥玉은 단단할 뿐만 아니라 아름다운 광채가 나는 돌이다. 이 때문에 고대 중국에서는 옥이 극히 존중되어 왔다. 유교 사회는 통치이념으로서 예의작법의 확립을 주장하였다. 사회를 원활하게 이끌기 위해서는 예법에 각양각색의 소도구가 필요하였는데, 중요한 의식이나 고위 신분을 표시하는 물건에는 옥을 가공하여 만든 것이 많았다. 그렇기 때문에 옥은 고대의 예법 체제에 있어 매우 중요한 것이었으며, 필연적으로 옥에 관계되는 것을 표시하는 문자가 많이 만들어졌고 이들 대부분 좋은 의미로 받아들여진다.

발음상의 이유로 좋아하는 글자들도 있다. 예컨대 '瓶병'과 '苹평'은 모두가 평안을 의미하는 '평平'과 발음이 같아 사람들이 좋아한다. '蝠복'은 본래 박쥐를 뜻하는 글자로 유럽 민속에서 박쥐는 마귀와 연관된 상서롭지 못한 동물이지만, 중국에서는 이와 정반대의 상황이다. 중국의 박쥐는 운수와 행복의 좋은 상징물인데, 그 이유는 바로 박쥐의 蝠과 '福복'자의 음이 같기 때문이다. 다섯 마리의 박쥐를 그린 그림은 흔히 하늘이 준 다섯 가지 복, 즉 장수·부귀·평안·미덕·무병을 나타낸다. 또 중국에서 붉은 박쥐는 특히 좋은 징조인데 그 이유는 붉은색이 액막이를 할 수 있는 색이거니와, 붉은색을 의미하는 '紅홍'자의 발음이 '크다'는 뜻을 가진 '洪홍'과 같기 때문에 좋아한다.

중국인들이 금기시하는 한자로 '猫묘'가 있다. 고양이를 나타내는 '猫'자는 지방에 따라 그 의미가 다르게 해석된다. 절강성 지방에서는 고양이가 눈이 좋아 어둠 속에서도 도깨비를 볼 수 있다고 생각한다. 또 흰 고양이는 지붕에 앉아 달빛을 훔쳐가며, 심지어 사람을 해치는 요괴가 된다 하여 절대 기르지 않는다. 이런 이유로 죽은 고양이는 마귀로 변할까 두려워하여 땅에 묻지도 않고 나무에 걸어놓는다. 그래야 안전하다는 것이다. 대만에서도 죽은 고양이가 나무에 걸려있는 것을 간혹 볼 수 있는데, 고양이가 관을 넘으면 송장이 행시行尸가 되어 그 지방에 해를 끼친다고 믿었다. 간단히 말해 고양이는 악마와 같은 힘을 가지고 있으며 쥐를 잡기는 하나 위험한 동물이라고 생각되었다. 따라서 고양이를 뜻하는 '猫'자가 일부 지방에서는 금기시되었다.

또 '鐘종'자도 매우 싫어한다. 鐘은 본래 '시계'를 뜻하는 글자인데, 이 글자의 발음은 '죽다' 혹은 '끝나다'라는 의미의 '終종'과 같다. 이 때문에 시계를 결혼 선물로 주면 그 결혼이 오래가지 못한다고 생각하여 절대로 남에게 시계를 선물하지 않는다.

이 밖에도 지금은 없어졌지만 특정한 환경 아래서만 금기시되는 글자들로서 피휘자避諱字가 있다. 그러나 이 글자들은 모든 사람에게 해당되는 것은 아니다.

피휘자避諱字

옛날 책을 읽다보면 이따금씩 낯선 한자漢字를 만날 때가 있다. 무슨 글자인지는 대략 알 것 같은데, 한 획이 빠져 있어 잘못 쓴 것으로 보이는 글자들이다. 그런데 문제는 유독 똑같은 글자에서 계속 이런 현상이 되풀이되고 있어 이것을 오자誤字라고 보기에는 석연치 않은 점이 너무 많다는 것이다. 하지만 그렇다고 제대로 쓴 글자가 아니기 때문에 자전字典을 찾아보면 나오지도 않는다. 또 어떤 곳에는 아예 글자를 발음이 비슷한 다른 글자로 바꾸어 쓰는 경우도 있고, 심지어는 일부러 글자를 빼먹은 것도 있어 문장의 해석이 매우 어렵게 되는 경우까지 생긴다. 이런 것들은 대부분 고의로 그렇게 한 것으로 추정되는데, 만일 진짜로 그렇다면 왜 그렇게 했으며 또 그 방법은 어떠했을까?

이런 것들을 피휘자避諱字라고 한다. 피휘란 '꺼리어 피한다'는 뜻이고, 피휘자란 '쓰기를 꺼리는 글자'라 생각하면 된다. 예컨대 지금도 흔히 볼 수 있는 것으로서 엘리베이터나 빌딩에서 층수를 표시할 때 '4'라는 숫자를 잘 쓰지 않고 그 자리에 영어의 '4'를 뜻하는 'four'의 이니셜인 'F'를 대신 쓴다든가, 혹은 아예 '4층'이란 것을 없애고 '5층'으로 표시해 숫자표시만 보고 5층인 줄 알고 올라가보면 실제는 4층인 경우도 있다. 이것은 사람들이 '4'라는 숫자의 발음이 죽음을 의미하는 '死사'와 같아 이를 꺼려하기 때문

피휘(避諱)
군주나 자신의 조상의 이름에 쓰인 글자를 사용하지 않는 관습이다. 때에 따라서는 글자뿐 아니라 음이 비슷한 글자를 모두 피하기도 했다. 이 관습은 중국에서 비롯하여 한국, 일본 등 주변의 한자문화권에 전파되었고 오랫동안 행해졌다. 부모나 조상의 이름을 언급할 때 '홍길동'이라 하지 않고 '홍 길 자 동 자'라고 조심하여 부르는 것도 같은 맥락으로 볼 수 있다.

에 '4'라는 글자 자체가 보이지 않도록 배려한 것이다. 이처럼 '4' 대신에 사용된 'F'를 피휘자라 한다.

피휘의 방법은 고대 중국의 주周 나라 때부터 시작되었다. 처음에는 그다지 성행하지 않았지만 진·한秦·漢시대를 거치면서 점차 많이 사용되기 시작했으며, 당唐과 송宋 이후 청대淸代 말기까지 매우 빈번히 사용되었다. 특히 존경의 의미로 사용한 경휘敬諱의 경우 처음에는 왕이나 상사·선조·웃어른 등의 이름과 완전히 같은 글자에 대해서만 피휘를 했으나, 삼국시대 이후에는 이름과 동일한 발음이 나는 글자에 대해서도 피휘했으며, 그 결과 송대에 와서는 한 임금의 이름과 관련하여 공식문서에 50자까지 피휘해야 하는 폐단까지 있었다고 한다.

피휘는 그 목적에 따라 크게 세 가지로 나뉜다. 첫째는 전통적인 예절제도나 규정, 혹은 선조들에 대한 존경의 표시로 그것들과 관련된 글자를 피해 쓰는 경휘이다. 둘째는 미신적인 심리로 인해 특정 글자를 쓰지 않는 기휘忌諱이며, 셋째는 어떤 사물이나 사건 혹은 사람에 대해 미워하는 마음으로 그것과 관련된 글자를 쓰지 않는 증휘憎諱이다.

기휘의 예는 다음과 같다. 오吳 지역의 사람들은 '離散이산'이란 말을 싫어하여 이 글자들과 발음이 비슷한 글자들도 쓰기를 꺼렸다. 그래서 그들은 '배'를 나타내는 글자인 '梨리'가 '離散'의 '離'와 발음이 같다 하여 두음법칙에 의해 같은 발음 '배'를 나타낼 때는 '梨'라 쓰지 않고 배가 둥그런 과일이므로 '圓果원과'라 표기했으며, 비올 때 비를 막아주는 '傘산'도 '離散'의 '散'과 발음이 같아 우산의 의미인 '竪笠수립'으로 바꾸어 썼다. 증휘의 경우도 이와 비슷하다. 예컨대 당나라

숙종肅宗은 안록산安祿山을 미워하여, 중국의 지명 중 '安'자가 들어가는 글자들을 모두 다른 글자로 바꾸도록 한 적이 있다고 한다.

그런데 가장 일반적이고도 광범위하게 사용된 것은 존경의 뜻으로 피휘하는 경휘이다. 경휘의 범위는 이름으로 사용된 글자가 가장 대표적이지만, 그 외에도 자字나 성姓으로 쓰인 글자를 피휘한 것도 적지 않으며, 심지어는 능명陵名이나 시호諡號 혹은 연호에 사용된 글자까지 피휘하기도 한다.

이렇게 피휘의 수요가 많다보니 그 방법도 여러 가지를 생각하게 되었다. 지금까지 나타난 피휘의 방법만 해도 십여 종류나 되는데, 이 중 대표적인 것을 몇 가지만 살펴보자.

첫째, 본래 글자를 '모某'라는 글자로 바꾸어 쓰는 방식이다. 예컨대 『상서尚書』 「금등金縢」에 '元孫某'라는 부분이 나오는데, 여기서 '元孫'은 무왕武王을 가리키는 말이다. '元孫' 다음자에는 당연히 무왕의 이름인 '發발'이 나와야 하나, 신하가 왕의 이름을 쓸 수가 없어 이를 '某모'로 바꾸어 쓴 것이다. 이러한 방식은 주나라 때부터 한나라 때까지 광범위하게 사용되다가 『삼국지』의 「제기帝紀」에 이르러 '휘諱'라는 글자를 사용하기 시작했다고 한다.

둘째, 글자를 아예 쓰지 않고 그 자리를 빈칸으로 비워두는 방식이다. 예컨대 당나라 말기의 주온朱溫이 정권을 장악한 후 자기의 아버지인 주성朱誠의 이름을 피휘하기 위해 모든 지명 중 아버지 이름인 '誠'과 발음이 같은 '城'이 들어가는 글자를 없애버렸다. 그 결과 고성考城이나 양성襄城 같은 지명은 모두 '城'자가 빠진 채 '考'나 '襄'이라는 한 글자 이름이 되었다. 또 『수서隋書』에서는 "한韓이 호랑이를 잡았다"라는 문장을 기록하기 위해 '韓擒虎한금

호'라고 써야하는데, 당나라의 태조인 경황제景皇帝의 이름이 이호
李虎였기 때문에 '虎'자를 빼버리고 그냥 '韓擒'이라고만 적어놓아
의미가 애매하게 되어버리기도 했다.

　셋째, 피휘하는 글자를 다른 글자로 바꾸어 쓰는 경우이다. 그
런데 이렇게 다른 글자로 바꾸어 쓸 때는 자기 마음대로 아무 글
자나 선택하여 바꾸어 쓴 것이 아니라 나름대로의 원칙을 지키려
했다. 즉 피휘하는 글자와 의미가 비슷한 것으로 바꾸어 쓴 것이
가장 많았으나, 나중에는 발음이 같거나 비슷한 글자로 바꾸어 쓰
기도 했고, 심지어는 글자의 모양이 비슷한 한자로 바꾸기도 했
다. 이러한 것들은 대부분 수·당 이전에 많이 통용되었다고 한
다. 예컨대 한나라 사람들은 한고조漢高祖의 이름이 유방劉邦이었
기 때문에 '邦'자를 써야하는 경우가 생기면 이 글자와 뜻이 같은
'國'자로 바꾸어 썼다. 또 『회남자淮南子』를 지은 유안劉安은 자기의
아버지 이름이 '장長'이었기 때문에, 만일 '長'자를 써야 할 때가
되면 역시 '길다'의 뜻을 가진 '수修'로 바꾸어 썼다.

　발음이 비슷한 글자로 대체하는 경우로, 사마천司馬遷은 『사
기史記』를 지으면서 자기의 아버지 이름이 '담談'이었기 때문에 '장
맹담張孟談'을 표기할 때 '談'과 발음이 비슷한 '同'으로 바꾸어 '장
맹동張孟同'이라고 썼다 한다. 또 남조南朝 때의 송나라 사람인 범
엽范曄은 자기 아버지의 이름이 '태太'였기 때문에 『후한서後漢書』의
'곽태郭太'를 '郭泰'로 바꾸어 썼다.

　형체가 비슷한 글자로 바꾸어 쓴 예로는 당나라 고조인 이연李
淵의 아버지 이름이 '병昺'인데, 昺자를 피휘하는 것은 물론 '병秉'
이라는 글자도 피휘했다. 그래서 『북사北史』에서 '최병崔秉'의 이름

을 쓸 때, 秉과 글자 모양이 비슷한 '康강'으로 바꾸어 썼다고 한다.

넷째, 피휘하는 글자의 필획 중에서 한 두 획을 생략하여 쓰는 방식이다. 이 방법은 당나라 초기부터 시작하여 청나라 말기까지 사용되었다고 하는데, 예를 들면 공자의 이름인 구丘를 쓸 때는 필획을 하나 생략하여 노丘에서 획 하나 지워서 사용로 쓴다.

다섯째, 글자의 형체를 바꾸어 쓰는 방식이다. 청나라 때의 사람들은 인종仁宗의 이름 중 한 글자인 '琰염'을 쓸 때는 우측의 편방인 炎의 글자 모양을 바꾸어 '琬'으로 쓰고 있다. 또 어떤 사람은 자기 아버지 이름에 있는 '星성'이라는 글자를 '日生'으로 모양을 바꾸어 쓰기도 했다.

여섯째, 자기 조상의 이름을 써야 하는 경우에 자기가 직접 쓰지 않고 빈칸으로 남겨두었다가 다른 사람에게 부탁하여 글자를 써넣도록 하는 경우이다. 명나라 때의 소경방邵經邦이란 사람은 『일감정기一鑒亭記』를 지으면서, 자기 아버지의 이름이 '감鑒'이기 때문에 이 부분은 자기가 직접 쓰지 않고 이경李坰이란 사람에게 부탁하여 쓰게 하고는 "이경李坰이 휘諱를 써넣었다"라는 주석을 달아놓았다고 한다.

이 밖에도 글자는 그대로 적어놓고 읽을 때는 '모某'라고 읽는다든가, 글자를 직접 쓰지 않고 그 글자가 무슨 글자인지를 설명하는 내용을 덧붙이는 방식, 그 글자의 뜻과 관련 있는 낱말로 바꾸어 쓰는 방식 등 여러 가지가 있다.

어쨌든 이런 피휘자를 모른 채 옛 글을 읽는다면 전혀 엉뚱한 해석을 하거나 혹은 아예 해석을 못하는 경우가 발생한다. 그렇기 때문에 한문 문장을 읽는 사람이라면 마땅히 이 점을 주의해야 한다.

중국의 기발한 외래어 표기

"우리는 최근 버스정류장에서 귀에 이어폰을 끼고 카세트에서 흘러 나오는 음악을 들으며, 한편으로는 손에 햄버거를 들고 먹으면서 버스를 기다리는 젊은이들을 흔히 볼 수 있다."

이 문장에서 사용된 단어 중에 버스, 이어폰, 카세트, 햄버거 등은 모두 외래어이다. 이와 같이 우리의 언어생활에는 이미 수많은 외래어가 사용되고 있으며, 이미 이들은 전혀 낯설지 않은 우리 언어의 일부로 정착되었다.

중국에서도 외국과의 교류가 활발해지면서 우리와 마찬가지로 많은 외래어가 생겨났으며, 지금도 꾸준히 증가하고 있다. 그렇다면 그들은 외래어를 어떻게 받아들이고, 어떠한 방식으로 표현했을까? 우리와 같이 소리 나는 그대로 표현했을까, 아니면 다른 새로운 방식을 강구했을까?

이에 대한 가장 적절한 예는 바로 'bus'라는 외래어의 수용방식일 것이다. 'bus'라는 단어가 처음 들어왔을 때, 중국이나 우리는 모두 자기 나라 말 중에서 그 발음에 가장 가까운 글자를 이용해 외래어를 표기했다. 그래서 우리는 '버스'라고 했고, 중국은 '巴士바스'라는 말로 이를 표현했다. 그러나 중국 사람들은 '巴士'라는 단어를 사용하면서, 한편으로는 나름대로 '버스'의 의미를 최대한 살리는 가장 적절한 단어를 여러 가지로 생각한 끝에 '公共汽車공공기차'라는 어휘를 만들었다. 지금은 주로 이 '公共汽車'라는 단어를 많이 사용하고 있다.

물론 중국에서 모든 외래어가 이러한 과정을 거친 것은 아니고 일부만이 이와 같이 완전히 중국어로 동화되었지만, 중요한 것은 하나의 외래어라도 자기 나라 언어의 일부로 완전 동화시키려는 노력이 매우 긍정적인 일이라는 것이다.

그러면 중국에 외국어가 들어와서 외래어로 정착되기까지는 어떤 과정을 거치게 되는가? 하나의 단어가 들어와 글자로 표기되어야 할 때, 처음에는 그 단어에 대한 공통된 표기법을 정할 시간이 충분치 못하기 때문에 대부분은 그것의 발음을 그대로 표현할 수밖에 없다. 그래서 그 단어의 발음을 표기하는데 있어, 사람마다 어떤 글자를 사용하는가에 따라 그 외래어의 단어는 같을 수도 있고 약간씩 다르게 표기될 수도 있다. 그러나 비록 여러 개의 다른 표현이라도 어느 정도의 시간이 지나면 대개가 하나로 통일된다. 이는 그 중에서 가장 많은 사람들이 사용하는 것만 남고 나머지는 모두 사라지기 때문인데, 남아 있는 것은 대체적으로 가장 합당하다고 생각되는 것들이다.

또 하나의 방식은 정부가 주도하여 외래어의 표기와 관련된 기관을 만들고, 여기서 기존의 많은 표현 형태 중 가장 적합한 표기 형태를 만들어 공표하는 것이다.

이러한 외래어를 만드는 방법은 크게 네 가지로 나뉜다. 첫째는 외국어의 발음을 그대로 표기하는 것으로 여기에 사용되는 한자는 단지 발음의 유사성만을 따질 뿐이지, 한자의 의미와는 전혀 관련이 없다. 둘째는 표기에 사용되는 한자를 선택할 때, 발음이 유사할 뿐만 아니라 한자의 의미가 본래 외국어 단어의 의미와 매우 관련이 있는 것들로 선택하는 방법이다. 셋째는 발음이 비슷한 글자에 본래의 뜻과 관련 있는 글자를 합쳐 만드는 방식이다. 넷째는 외국어의 발음과는 전혀 상관없이 의미만을 되살리는 단어를 새로 만드는 방식이다. 이 네 가지 경우를 예를 들어 보면 다음과 같다.

1. 발음이 비슷하게 나는 글자로 표기

伊索Yī-suǒ — 이솝고대 그리스 사람

雅典娜Yǎ-diǎn-nà — 아테나그리스 여신

比丘bī-qiū — 비구남자 승려

比丘尼bī-qiū-ní — 비구니여자 승려

布魯斯bù-lǔ-sī — 블루스춤의 종류

白蘭地bó-lán-dì — 브랜디술의 종류

巴士bā-shì — 버스

水門汀shuǐ-mén-tīng — 시멘트

巧克力qiǎo-kè-lì — 초콜릿

西打xī-dǎ — 사이다

雪茄xuě-jiā — 시가담배

打dǎ — 다스12자루

譯意風yì-yì-fēng — 이어폰

法郎fǎ-láng — 프랑프랑스 화폐

瓦斯wǎ-sī — 가스

高爾夫(球)gāo-ěr-fū(qiú) — 골프

吉他jí-tā — 기타(악기)

漢堡hàn-bǎo — 햄버거

印第安(人)Yìn-dì'ān(rén) — 인디안

摩登mó-dēng — 모던현대

奧林匹克ào-lín-pǐ-kè — 올림픽

沙拉shā-lā — 샐러드

三明治sān-míng-zhì — 샌드위치

桑那sāng-nà — 사우나

恤(衫)xù(shān) — 셔츠

沙發shā-fā — 소파

的士dí-shì — 택시

T-恤T-xù — T-셔츠

幽浮yōu-fú — UFO

維納斯Wéi-nà-sī — 비너스

威士忌(酒)wēi-shì-jì(jiǔ) — 위스키

2. 발음도 비슷하고 의미도 관련 있는 글자로 표기

波音bō-yīn — 보잉 미국 항공사 이름

拜拜bài-bài — 바이바이 안녕

咖啡kā-fēi — 커피

卡通kǎ-tōng — 카툰 만화

基督Jī-dū — 크라이스트 예수

可口可樂kě-kǒu-kě-lè — 코카콜라

爹地diē-dì — 대디 아빠

幽默 yōu-mò — 유머

引得 yǐn-dé — 인덱스색인

金剛 jīn-gāng — 킹콩

雷射 léi-shè — 레이저

檸檬 níng-méng — 레몬

米老鼠 mǐ-lǎo-shǔ — 미키마우스

模特兒 mó-tèr — 모델

雷達 léi-dá — 레이더

系列 xì-liè — 시리즈

維他命 wéi-tā-mìng — 비타민

3. 발음이 비슷한 글자에 본래의 뜻과 관련 있는 글자를 표기

밑줄 친 부분은 발음이 비슷한 부분이고, 밑줄이 없는 부분은 외래어와 의미상으로 관련 있는 글자이다

酒吧 jiǔ-bā — 바bar, 술집

啤酒 pí-jiǔ — 맥주

保齡球 bǎo-líng-qiú — 볼링

卡片 kǎ-piàn — 카드

可蘭經 Kě-lán-jīng — 코란경

迷你裙 mí-nǐ-qún — 미니스커트

摩托車 mó-tuō-chē — 모터사이클

霓虹燈 ní-hóng-dēng — 네온사인

乒乓球 pīng-pāng-qiú — 핑퐁탁구

輪胎 lún-tāi — 타이어

氷淇淋 bīng-qí-lín — 아이스크림

榻榻米 tà-tà-mǐ — 다다미일본어로서 일본식 바닥

4. 의미를 완전히 한자로 번역하여 표기

俱樂部 jù-lè-bù — 클럽
鷄尾酒 jī-wěi-jiǔ — 칵테일 cocktail
熱狗 rè-gǒu — 핫도그 hotdog
耳機 ěr-jī — 이어폰 earphone
空調 kōng-tiáo — 에어컨 대만에서는 冷氣[lěng-qì]라고 함
電腦 diàn-nǎo — 컴퓨터

한자는 컴퓨터에 어떻게 입력시키나

한자를 컴퓨터로 쓴다면 어떻게 해야 할까? 영어나 한글처럼 알파벳 26개와 자모字母 33개_{이는 한글의 기본 자음 14개에 ㅃ·ㅉ·ㄸ·ㄲ·ㅆ과 기본 모음 10개에 ㅐ·ㅒ·ㅔ·ㅖ를 추가한 수}를 이용하여 소리 나는 대로 자판에 있는 해당키를 누르기만 하면 자동적으로 그 글자들이 입력되는 방식에 익숙한 사람들은 그 복잡한 한자를 어떻게 칠 것인가 매우 궁금해 할 것이다.

한자는 우리말이나 영어와 달리 표의문자이기 때문에 각각의 형체가 의미를 가지고 있어 그것을 입력한다는 것은 상당히 어려운 일이다. 그렇다고 컴퓨터를 사용하는 첨단 문명 시대에 그것을 이용하지 않는다는 것 또한 매우 어리석은 일이다. 그래서 중국 사람들은 물론 한자를 사용하는 모든 국가들은 한자를 보다 쉽게 입력하는 방법을 강구해왔다.

그 결과 한자를 입력하는 방법은, 크게 그 글자의 발음을 알고 있을 때 자신들이 사용하는 발음을 이용하여 원하는 한자를 찾아 입력하는 방식과, 글자의 발음은 모르지만 글자의 형체를 알면 그것을 이용하는 방식의 두 가지이다.

우리나라에서 한자를 입력하는 방식을 알아보기로 하자. 한자를 사용하는 우리나라 사람들은 한글을 입력하는 워드프로세서인 '훈글'에 매우 익숙해져 있으므로 그것을 이용하여 입력하는 방법을 택한다.

가장 쉽게 입력하는 방식은 한자의 발음을 한글로 먼저 입력 후 'F9' 혹은 '한자'키를 누르면 그 발음을 가진 글자들이 화면에 나타나는데, 그 때 자기가 원하는 글자의 위치에 커서를 놓고 그 한자를 선택한 후 '엔터'키를 누르면 입력된다.

다음은 한자의 발음을 알지 못하고 대신 부수를 알고 있을 때 사용하는 방식이다. 이것은 먼저 '입력-부수로 입Ctrl-F9' 기능을 통해 그 한자의 형체를 찾아 엔터키를 눌러 입력하는 방법이다.

이 외에도 한자의 뜻[訓]과 소리[音]로 입력하는 방법이 있는데, 예컨대 '바람 풍'이라고 입력하면 '風'이 입력되는 방식이다. 이것은 실용성이 없어 지금은 거의 사용하지 않는다.

한자를 전문적으로 사용하는 중국에서는 수많은 방식이 만들어졌다. 그러나 그것들도 역시 발음을 이용하는 방법과 글자의 형체를 이용하는 방식의 두 가지 틀을 거의 벗어나지 못하고 있는데, 그 종류는 다음과 같다.

1. 한어병음漢語拼音 입력법
2. 오필자형五筆字形 입력법
3. 창힐倉頡 입력법
4. 정마법鄭碼法
5. 무하미無蝦米 입력법
6. 증명입력법
7. 주음부호注音符號 입력법
8. 마우스 입력법
9. 형태병음중문 입력법

10. 동발음 입력법광동말 입력법

11. 여씨중문 입력법

12. 심이전병 입력법

이 중 현재 중국에서 가장 많이 사용하는 입력법인 오필자형五筆字形 입력법과 한어병음漢語拼音 입력법을 소개하면 다음과 같다.

왕영민이라는 사람이 개발한 오필자형 입력법은 현재 중국에서 가장 실용적이며 가장 가치 있고, 속도 면에서도 가장 빠르다는 장점을 가지고 있다. 오필자형 한자 입력법은 전문가들이 많이 쓰고 있는 방법으로, 사용법을 완전히 익히고 나면 분당 300타 정도의 속도를 낼 수 있어 한글과 영어 타자법의 속도와 비슷하다고 한다.

오필자형 한자 입력법은 한자 자근字根: 편방과 비슷한 개념에 바탕을 두고 있는 것으로, 모든 한자의 자근은 다섯 가지의 필획 형태가로획, 세로획, 왼쪽 비침, 오른쪽 삐침, 꺾음로 이루어진다는 원리를 이용한 것이다. 여기에 사용되는 한자 자근은 모두 130개에 이른다. 이 130개의 자근을 모두 25개의 자판에 고루 배치시켜 놓고, 모든 한자들이 자근으로 구성되어 있다는 점에 착안하여 어떤 글자를 치고자 할 때 그 글자를 이루는 자근에 해당되는 자판들을 치면, 그 자근들로 구성된 모든 글자들이 화면에 나타나는데 그 중에 자기가 원하는 글자를 선택하도록 한 것이다. 이렇게 했을 때 하나의 한자를 입력하기 위해서는 불과 서너 번의 자판을 두드리면 된다고 한다. 그리고 아무리 복잡한 글자라도 자판을 다섯 번 두드리면 한 글자를 완성할 수 있다.

그러나 이 방법의 단점은 먼저 130개의 자근을 하나하나 완전히 외워야 하고, 또한 그 자근들의 조합 원리를 알아야 사용할 수 있으므로 한자에 익숙한 중국인이라고 해도 2개월 정도의 집중적인 교육을 받아야만 한자의 조형 원리를 완전히 파악할 수 있다는 것이다. 그러나 자근을 완전히 기억하고 나면 실용적으로 사용할 수 있는 방법이다.

그렇다면 어떻게 컴퓨터 자판에 자근을 대응시켜 놓았는가? 예를 들면 우리나라 키보드에서 영문자판 Q에 ㅂ, ㅃ이 대응되는 것과 마찬가지로 중국에서 사용되는 키보드의 영문자판 Q에 한자 자근 몇 개씩이 대응되도록 한다. 이런 방식으로 영문 Z를 제외한 모든 영어 자판키에 모든 한자의 자근이 대응되어 있다. 그러나 그 대응방법도 상당히 과학적으로 이루어져, 자근의 형체를 이루는 필획의 형체에 따라 다섯 가지로 분류하여 배치했기 때문에 배우거나 외우기가 아주 어려운 것은 아니다.

오필자형 입력방법은 많은 시간과 노력을 필요로 하지만, 한번 배우고 나면 속도 면에 있어서 다른 한자 입력법들을 월등히 앞선다. 그래서 오필자형 방법은 그 독창성과 실용성·과학성에서 널리 인정을 받고 있으며, 사용자가 급속도로 늘어나 한글 2벌식처럼 중국 타자법의 전형으로 자리를 잡아가고 있다. 다만 이 방법은 한자의 글자 형체를 눈앞에 놓고 친다든가 혹은 머릿속으로 그려서 입력해야 하며, 만일 어떤 글자를 치고 싶은데 그 글자의 자형을 모른다면 빨리 입력할 방법이 없다는 단점이 있다.

다음으로 자주 사용하는 한어병음 입력법은 상당히 간단하다. 이것은 오필자형 방식과 함께 많은 중국인들이 사용하고 있으며,

한국의 중문과 학생들도 대부분 이 병음 입력법을 사용하고 있다.

　병음 입력법은 중국어의 병음 표기법을 사용하여 한자의 발음을 입력하고 중국어로 변환시키는 방법이다. 이것은 우리가 '문'이라는 글자를 치고 그것을 한자로 변환하기 위해서 키보드의 한자 변환키를 누르면 독음이 '문'인 한자가 나오게 되는 원리와 같다.

　예를 들어 만약 중국발음으로 'ai'라는 글자를 입력하려면, 이 발음을 영문으로 치고 변환키_{스페이스 바}를 누르면 발음이 'ai'인 수많은 글자가 화면에 나온다. 그 중에서 자기가 원하는 글자를 고르면 바로 한자로 입력되는 간편하고 편리한 방법이다. 오필자형 방법처럼 배우기 어려운 것이 아니기 때문에 많은 중국 컴퓨터 사용자들이 애용하고 있는 방법이다. 물론 과학성과 속도 면에서는 오필자형 입력법을 따라갈 수 없지만, 한자의 발음과 글자를 알고 있는 상태에서는 이 방법이 매우 편리하며, 또 병음 입력법도 계속 새로워지면서 과학적이고 속도를 빠르게 할 수 있는 방법으로 변해가고 있다.

　초기 병음 입력법이 나올 때는 문장 위주가 아닌 글자 위주의 입력방식이었으나, 지금은 계속해서 여러 문장을 표현할 수 있는 방식으로 발전해 가고 있다. 자주 사용되는 일상적인 말들의 문장 자체를 컴퓨터에 기억시키는 것인데, 예를 들면 다음과 같다. 중국어로 "나는 한국사람입니다"라는 문장을 입력하기 위해서는 'wo我shi是han韓guo國ren人'과 같은 식으로 먼저 발음을 한자씩 입력하고 나서 변환을 해야 된다.

　예전에는 이 문장을 입력하려면 한 글자씩 따로 발음을 입력해야 했지만 현재 이 정도의 문장은 한꺼번에 영문으로 입력을 하고 스페이스바를 누르기만 하면 바로 중국어로 변환이 될 정도로 발전되었다. 즉 'woshihanguoren'이라고 입력하고 변환키를 누르면 '我是韓國人'으로 바로 입력되기 때문에 한 글자 한 글자의 발음을 일일이 독립적으로 입력해서 변환해야 되는 번거로움이 없어진 것이다. 그래서 이 병음 입력법도 시간이 지나면 속도면에서 오필자형 입력방식 못지않게 빨라질 것으로 기대된다.

대만과 홍콩에서는 똑같은 원리로 대만에서 주로 사용하는 발음 표기법인 주음부호注音符號를 이용한 주음부호법을 사용하고 있다.

이들 외에도 복잡한 형태의 글자들을 얼마든지 쉽게 입력할 수 있으며, 10만 자 이상의 글자들도 모두 다 쉽게 입력할 수 있다는 정마법鄭碼法도 지금 중국에서 서서히 중요한 입력방법으로 자리잡아가고 있다.

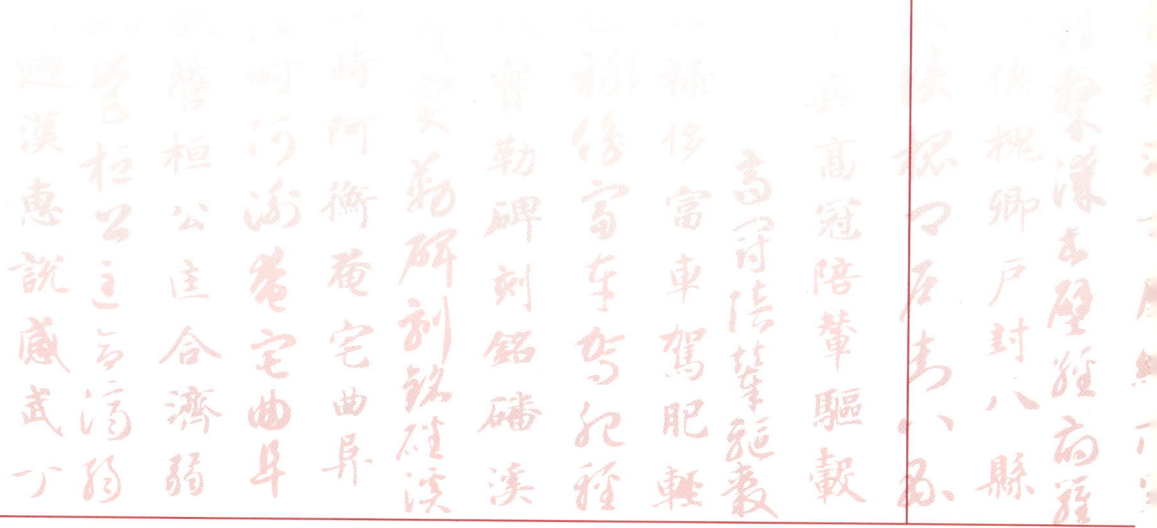

부록

중국의 상용한자(2,500자)

1획
一 乙

2획
二 十 丁 厂 七 卜 人 入 八 九 几 儿 了 力 乃 刀 又

3획
三 于 干 亏 士 工 土 才 寸 下 大 丈 与 万 上 小 口 巾 山 千
乞 川 亿 个 勺 久 凡 及 夕 丸 么 广 亡 门 义 之 尸 弓 己 已
子 也 女 飞 刃 习 叉 马 乡

4획
丰 王 井 开 夫 天 无 元 专 云 扎 艺 木 五 支 不 太 犬 区 历
尤 友 匹 车 巨 牙 屯 比 互 切 瓦 止 少 日 中 冈 贝 内 水 见
午 牛 手 毛 气 昇 长 仁 什 片 仆 化 仇 币 仍 仅 斤 瓜 反 介
父 从 今 凶 分 乏 公 仓 月 氏 勿 欠 风 丹 匀 乌 凤 勾 文 六
方 火 为 斗 忆 订 计 户 认 心 尺 引 丑 巴 孔 队 办 以 允 予 劝 双 书 幻

5획
玉 刊 示 未 末 击 打 巧 正 扑 口 扒 功 扔 去 甘 世 古 节 本
术 可 丙 左 厉 右 石 布 龙 平 灭 轧 东 卡 北 占 业 旧 且 旦
目 叶 甲 申 叮 电 号 田 由 史 衹 央 兄 叼 叫 另 叨 叹 四 生
失 禾 丘 付 仗 代 仙 们 仪 白 仔 他 斥 瓜 乎 丛 令 用 甩 印
乐 句 匆 册 犯 外 处 冬 鸟 务 包 饥 主 市 立 闪 兰 半 汁
汇 头 汉 宁 穴 它 讨 写 让 礼 训 必 议 讯 记 永 司 尼 民 出
辽 奶 奴 加 召 皮 边 发 孕 圣 对 台 矛 纠 母 幼 丝

6획
式 刊 动 扛 寺 吉 扣 考 托 执 老 巩 圾 扩 扫 地 扬 场 耳 共
芒 亚 芝 朽 朴 机 权 过 臣 再 协 西 压 厌 在 有 百 存 而 贡
匠 夸 夺 灰 达 列 死 成 夹 轨 邪 划 迈 毕 至 此 贞 师 尘 尖

劣光当早吐吓虫曲团同吊吃因吸吗屿帆岁回岂
刚肉网年朱先丢舌竹迁乔伟传乒兵休伍伏优伐
延件任伤价份华仰仿伙伪自血向似后行舟全会
合兆企众伞创肌朵杂危旬旨负各名多争色壮冲
冰庄庆亦劉齐交次衣产决充妄闭问 羊併籴米
灯州汗污江池汤忙兴宇守宅字安讲军许論农讽
设访寻那迅盡异孙陈阳收阶阴防奸如妇好她妈
戲羽观欢买红 级约纪驰巡

7획

寿弄麦形进戒吞远违运扶抚坛技坏扰拒找批扯
址走抄坝贡攻赤折抓扮抢孝均抛投坟抗坑坊抖
护壳志扭块声把报却劫芽花芹芬芳苍严芦劳克
苏杆杠杜材村杏极李杨求更束豆两丽医辰励否
还歼来連步坚旱盯呈时吴助县里呆园旷围呀吨
足邮男困吵串员听吩吹呜吧吼别岗帐财针钉告
我乱利秃秀私每兵估休何但伸作伯伶佣低你住
位伴身皂佛近彻役返余希坐谷妥含隣岔肝肚肠
龜免狂扰角删条卵岛迎饭饮係言冻狀亩况床库
疗应冷这序辛弃冶忘闲间闵判灶灿弟汪沙汽沃
泛沟没沈沉怀忧快完宋宏牢究穷灾良證启评朴
初社识拆诊词译君灵即层尿尾迟局改张忌际陆
阿陈阻附妙妖妨努忍劲鸡驱纯纱纳纲驳纵纷纸
纹纺驴纽

8획

奉玩环武青责现表规抹拢拔拣担坦押拐拖拍者
顶拆拥抵拘势垃拉拦拌幸招坡披拨择抬其取苦
若茂苹苗英范直茄茎芽林枝杯柜折板松枪構杰
述枕丧或畫卧事刺枣雨卖矿码厕奔奇奋态欧垄
妻轰顷转斩轮软到非叔肯齿些虎虏肾贤尚旺具
果味昆国昌畅明易昂典固忠咐呼鸣咏咏呢岸巖
帖罗帜岭凯巖败贩购图钓制知垂牧物乖刮秆和
李委佳侍供使例版姪侦侧凭侨佩货依迫的质征

往爬径所舍彼金命斧爸采受乳贪念贫肤肺肢肿
胀朋股肥服胁周昏鱼❏狐忽狗备饰饱饲变亦享
店夜庙府底剂郊废净盲放刻育闸闹郑券卷单炒
炊炕炎爐沫浅法泄河沾泪油泊沿泡注泳泥沸波
泼泽治怖性怕怜怪学宝宗定宜审宙官空帘实试
郎诗肩房诚懒衫视话诞询该详建肃录隶居刷屈
弦弦承孟孤陕降限限妹姑姐姓始驾参艰线练组
细驶织终驻驼绍经贯

9획

秦春帮珍玻毒型挂封持项垮挎城挠政赴赵挡挺
括拴拾挑指垫挣挤拼挖按挥挪某甚革荐巷带草
茧茶荒茫荡荣故胡南药标枯柄栋相查柏柳柱柿
栏树要咸威歪研砖厘厚砌砍面耐耍牵残殃轻鸦
皆背战点临览竖省削尝是盼眨哄显哑冒映星昨
畏胃趴贵界虹虾蚁思蚂虽品咽骂哗咱响哈咬咳
哪炭峡罚贱贴骨钞钟钥钩御桁拜看矩怎牲选适
秒香种秋科重复竿段便俩贷顺修保促悔俭俗俘
信皇泉鬼侵追俊盾待律很鬣叙剑逃食盆胆胜胞
胖脉勉狭狮独狡狱狼贸怨急饶蚀饺饼弯将奖哀
亭亮度跻庭疮疯疫疤姿亲音帝施闻阀阁差养美
姜叛送类迷前首逆总炼炸炮烂剃洁洪洒浇浊洞
测洗活派洽染济洋洲浑浓津恒恢恰恼恨举觉宣
室宫宪突穿窃客冠语扁袄祖神祝误诱说诵垦退
既屋昼费陡眉孩除险院娃姥姨姻娇怒架贺盈勇
怠柔垒绑绒结绕骄绘给络骆绝纹统

10획

耕耗艳泰珠班素蚕顽盏匪捞栽捕振载赶起盐捎
捏埋捉捆捐损都哲逝捡换挽热恐壶挨耻耽恭莲
莫荷获晋恶真框桂档桐株桃格校核样根索哥速
逗栗配翅辱哥唇夏础破原套逐烈殊顾轿较顿毙
致柴桌虑监紧党晒眠晓鸭晃响晕蚊哨哭恩唤啊
唉罢峰圆贼贿钱钳钻铁铃铅缺氧特牺造乘敌秤

租积秧称秘透笔笑笋债借值倚倾倒尚俱倡候俯倍
倦健臭射躬息徒徐舰舱般航途拿爹爱颂翁脆脂胸
胳脏胶脑狸狼逢留皱饿戀桨浆衰高席准座脊症病
疾疼疲效离唐资凉站剖竟部旁旅畜閲羞瓶拳粉料
益兼烤烘烦烧烛烟递涛浙涝酒涉消浩海涂浴浮流
润浪浸涨烫涌悟悄悔悦害宽家宵宴宾窄容宰案请
朗诸扇袜袖袍被祥课谁调冤谅谈谊剥恳展剧屑弱
陵陶陷陪娱娘通能难预桑绢繡验继

11획

球理捧堵描域掩捷排掉堆推掀授教掏掠培接控
探据掘职基著勒黄萌萝菌菜萄菊萍菠营械梦梢
梅检梳梯桶救副票戚爽聾袭盛雪辅辆虚雀堂常
匙晨睁眯眼悬野啦晚啄距跃略蛇累唱患唯崖崭
崇圈铜剷银甜梨犁移笨籠笛符第敏做袋悠偿偶
偷您售停偏仮得啷盘船斜盒鸽悉欲彩领脚脖脸
脱象够猜猪猎猫猛馅馆凑减毫麻痒痕廊康庸鹿
盗章竟商族旋望率着盖粘粗粒断剪兽清添淋淹
渠渐混渔淘液淡深婆梁渗情惜憨悼惧惕惊惨惯
寇寄宿窑蜜谋谎祸谜逮敢屠弹随蛋隆隐婚婶颈
勖绪续骑绳维绵绸绿

12획

琴斑替款堪搭塔越趁趋超提堤博揭喜插揪搜煮
援裁搁搂搅握揉斯期欺联散惹葬葛董葡敬蔥落
朝辜葵棒棋植森椅椒棵棍棉棚棕惠惑逼厨厦硬
确雁殖裂雄皙雅辈悲紫辉敞赏掌晴署最量喷晶
喇遇喊景践跌跑遗蛙蛛蜓喝喂喘喉幅帽赌赔黑
铸铺链销锄锅锈锋锐短智毯鹅剩稍程稀税筐等
筑策筛筒答筋笔傲傅牌堡集焦傍储奥街惩御循
艇舒番释禽臘脾腔鲁猾猴然馋装蛮就痛童阔善
羡普粪尊道曾焰港湖渣湿温渴滑湾渡游滋溉愤
慌惰愧愉慨割寒富窜窝窗遍裕裤裙谢謠谦属屡
强粥疏隔隙絮嫂登缎缓编骗缘

13획
瑞魂肆摄摸填搏塌鼓摆儹搬摇搞塘摊蒜勤鹊蓝
墓幕蓬蓄蒙蒸献禁楚想槐榆楼概赖酬感碍碑碎
碰碗碌雷零雾雹输督龄鉴睛睡睬鄙愚暖盟歇暗
照跨跳跪路跟遣蛾蜂嗓置罪罩错锡锣锤锦键锯
矮辞稠愁筹籖简毁舅鼠催傻像躲微愈遥腰腥腹
腾腿触解酱痰廉新韵意粮数煎塑慈煤煌满漠源
滤滥滔溪溜滚滨梁滩慎誉塞谨福群殿辟障嫌嫁
叠缝缠

14획
静碧璃墙撇嘉摧截誓境摘摔聚蔽慕暮蔑模榴榜
榨歌遭酷酿酸磁愿需弊裳颗嗷蜻蜡蝇蜘赚锹锻
舞稳算箩管僚鼻魄貌膜膊鲜疑馒裹鼓豪膏遮腐
瘦辣竭端旗精歉熄熔漆漂漫滴演漏慢寨赛察蜜
谱嫩翠熊登骡缩

15획
慧撕撒趣趟撑播撞撤增聪鞋蕉蔬横槽樱橡飘醋
醉震霉瞒题暴瞎影踢踏踩踪蝶嘱墨镇靠稻黎稿
稼箱箭篇僵躺僻德艘膝膛熟摩颜毅糊遵潜潮憧
额慰劈

16획
操燕薯薪薄颠橘整融醒餐嘴蹄器赠默镜赞篮邀
衡膨雕磨凝辨辩糖樵燃澡激懒璧避缴

17획
戴擦鞠藏 霜霞瞧蹈螺穗繁辨赢糟糠燥臂翼骡

18획
鞭覆蹦镰翻鹰

19획
警 攀 蹲 顫 瓣 爆 疆

20획
壤 耀 躁 嚼 孃 籍 魔

21획
蠢 霸 露

22획
囊

23획
罐

중국의 차상용한자(1000자)

2획
匕刁

4획
丐歹戈夭卣讥冗邓

5획
艾夯凸卢叭叽皿凹囚矢乍尔冯玄

6획
邦迂邢芋芍吏夷吁吕吆屹廷迄臼仲伦伊肋旭匈凫妆亥汛讳
讶讹讼诀弛阱驮驯纫

7획
玖玛韧抠扼汞扳抡坎坞抑拟抒芙芜苇芥芯芭杖杉巫权甫匣
轩卤肖吱吠呕呐吟呛吻吭邑囤吮岖牡佑佃伺囱肛肘甸狈鸠
彤炙创庇吝庐闰兑灼沐沛汰沥沧汹沧沪忱诅诈罕屁坠妓姊
妒纬

8획
玫卦坷坏拓坪坤拄拧拂拙拇拗茉昔苛苦苟苞苴 苔柱枢枚枫
杭郁矶奈奋殴歧卓县哎咕呵咙呻咒咆咖帕账贬贮氛秉岳侠
侥侣佟卑剑刹肴觅忿瓮肮肪犭宁庞疟疙疚卒氓炬沽沮泣泞
泌沼怔怯宠宛衩祈诡帚屉弧弥陋陌函 姆虱参绅驹绊绎

9획
契贰玷玲珊拭拷拱挟垢垛拯荆茸荟荚茵茴荞荠荤荧荔栈柑
栅柠枷勃枣砂泵砚鸥轴韭虐昧盹咧昵昭盅勋哆咪哟幽钙钝
钠钦钧钮毡氢秕俏俄俐侯徊衍胚胧胎狰饵奕咨飒闺闽籽娄
烁炫洼柒涎洛浒恍恬恤宦诫诬祠诲屏屎逊陨姚娜蚤骇

10획

耘耙秦匿埂捂捍袁捌挫挚捣捅埃耿聂莘莽莱莉莹莺梆栖桦
栓桄桩贾酌砸砰砾殉逞哮唠唪剔蚌蚜畔蚣蚪蚓哩圄鸯唁哼
唆哨唧峻赂赃钾铷氨秫笆俺赁倔殷耸舀豺豹颁胯胰脐脓逛
卿鸵鸳馁凌悽袁郭斋疹紊瓷羔烙浦涡涣涤涧涕涩悍悯窍诺
诽袒谆崇恕娩骏

11획

琐麸琉琅措捺捶赦埠捻掐掂掖掷掸掺勘聊娶菱菲萎菩萤乾
萧萨茹彬梗梧梭曹酝酗厢硅硕奢盔匾颅彪眭晤曼晦冕啡畦
趾啃蛆蚯蛉蛀唬啰唾啤啥啸崎逻崔崩婴赊铐铛铝铡铣铭
矫秸秽笙笤偎傀躯兜衅徘徒舶舷舵敛翎脯逸凰猖祭烹庶庵
痊阎阐眷焊焕鸿涯淑淌淮淆渊淫淳淤淀涮涵惦悴惋寂窒谋
谐裆袱祷谒谓谚尉堕隅婉颇绰绷综绽缀巢

12획

琳琢琼揍堰揩揽揖彭揣搀搓壹搔葫募蒋蒂韩稜椰焚椎棺榔
楠粟棘酣酥硝硫颊雳翘凿棠晰鼎喳遏晾畴跋跛蛔蜓蛤鹃喻
啼喧嵌赋赎赐锉锌甥掰氮氯黍筏牍粤逾腌腋腕猩猥惫敦痘
痢痪竣翔奠遂焙滞湘渤渺溃溅湃愕惶寓窖窘雇谤犀隘媒媚
婿缅缆缔缕骚

13획

瑟鹉瑰搪聘斟靴靶蓖蒿蒲蓉楔椿楷榄楞楣酪碘硼碉辐辑频
睹睦瞄嗜嗦暇畸跷跺蜈蜗蜕蛹嗅嗡嗤署蜀幌锚锥锨锭锰稚
颓筷魁衙腻腮腺鹏肆猿颖煞雏馍馏禀痹廓痴靖誊漓溢溯溶
滓溺寞窥窟寝褂裸谬媳嫉缚嫔剿

14획

赘熬赫蔫蔓蔗蔼熙蔚兢榛榕酵碟碴石咸碳辕辖雌墅喊踊
蝉嘀幔镀舔熏箍箕箫舆僧孵瘩瘟彰粹漱漩漾慷寡廖谭褐褪
隧嫡缨

15획
撑撩撮撬擒墩撰鞍蘂蘊樊樟橄敷豌醇磕磅碾憋嘶嘲嘹蝠蝎
蜥蝗蝙嘿幛镊镐稽篌膘鲤鲫褒瘪瘤瘫凛澎潭潦澳潘澈澜澄
憔懊憎翩褥遣鹤憨履嬉豫缭

16획
撼擂擅蕾薛薇擎翰噩橱橙瓢磺霍霎辙冀踱蹂蟆蚄螟噪鹦黔
穆篡篷篙篱儒膳鲸瘾瘸糙燎濒憾懈窿疆

17획
壕薤檬檐檩檀礁磷暸瞬瞳瞪曙蹈蟋蟀嚎赠镣魏簇儡微爵朦
臊鳄縻癌懦豁臀

18획
藕藤瞻嚣鳍癞瀑襟璧戳

19획
攒孽蘑藻鳖蹭蹬簸簿蟹靡癣羹

20획
鬓攘蠕巍鳞糯譬

21획
霹躏髓

22획
蘸镶瓤

24획
矗

대만의 상용한자(4,808자)

袈迦瑕傢街價可伽呵軻嫁嘉哥咖佳賈假柯家架蚵痂加苛茄坷稼歌駕脚各
榷卻擱殼角覺珏胳閣咯刻恪艱艮肝簡齦看趕懇澗刊柬奸間竿侃桿干稈揀
姦幹墾曷竭渴羯葛喝褐坎鹼坩憾酣勘堪敢戡撼砍瞰鑑橄柑甘崁感蚶嵌疳
減檻監胛甲匣瞌鉀降江岡講康腔羌扛慷強鋼僵薑糠姜剛韁疆介溉疥劊
慨尬皆個改凱愾概鈣芥開蓋磕揩喀客鏗羹坑粳噱距遽苣璩拒炬苴倨巨居
據鋸去渠舉乾虔騫毽件腱建巾健鍵杰乞桀傑撿儉劍鈐黔檢臉砝劫怯憩揭
檄擊激駱隔格鬲膈遣譴肩繭絹堅甽甄狷見牽犬鵑決訣缺潔闋結抉歉箝縑
鉗謙兼竟頃耿頸耕境經埂卿勁磬磬敬鏡景警涇氫鯨梗庚瓊輕擎更競徑傾
硬慶京逕瘦莖憬驚雞稽屆鍥階戒忾悸系癸繫係溪計誡界契械繼桂豀啟髻
季高瞽稿菰告蛄搞糕鼓拷估僱固辜靠故孤庫苦烤叩咕鈷鈷枯蠱膏鵠詁股
呱篙考牯顧槁沽古罟雇羔姑褲翱鵠曲穀彀谷哭困坤袞棍昆睏捆綑滾崑梱
汩骨空蚣槓贛鞏龔倥拱工功共攻控孔公恐崆恭貢供寡裹顆夥垮課夸果踝
棵槨蝌過科鍋猓戈瓜跨霍槨廓郭款貫棺縮慣寬冠冠倌官串罐灌觀盥館關
管括刮颳光胱獷匡筐誆眶廣逛狂曠礦框磺壙枴掛卦褂拐乖塊愧怪魁瑰傀
槐壞摑幗轟宏肱校教交餃蛟攪郊轎較佼喬蹺僑矯翹驕咬絞嬌鉸鮫姣窖
狡膠橋巧扣矩邁釦瞿颶球玖衢蚯鉤溝鷗句嘔拘夠岣邱鳩龜九究疚構救具
枸區佝丘仇苟驅媾甌購樞嫗俱灸口勾咎久嶇舊懼狗舅歐臼駒韭寇垢毆裘
求鞠菊掬局麴踘國君軍裙郡窘群窟屈倔崛掘躬弓窮穹宮圈勸倦捲權拳眷
券卷蹶厥蕨了鱖獗麂匱軌潰簣櫃饋詭跪几歸鬼飯貴閨逵竅奎窺叫睽糾圭
揆規葵赳筠鈞菌勻均橘極克劇剋戟棘亟屐勤跟根僅觀近斤芹筋禁金錦禽
今噙嗪琴襟擒給岌圾汲急級及矜肯兢亙飢饑幾器技騎耆冀嗜嘰祈其氣
忌妓綺譏己奇企麒淇歧機夔畸起基記豈箕覬磯寄衹崎璣旗既鰭羈琪祁紀
肌暨棋棄期杞欺岐汽祺緊拮桔吉

那螺挪糯鐻玃裸懶蘿羅喇娜癩騾懦哪拿鑼邐奈籮囉駱洛烙落諾酪絡鉻樂
犖攔瀾難蘭赧灤欄鸞暖鑾爛亂卵闌捏辣剌垃濫藍喃欖楠覽襤婪籃嵐男攬
南纜納蠟臘鈉拉啦廊浪囊狼朗郎榔娘琅瑯螂睞乃迺內耐萊奶來氖冷年駑
嘮嚕弩櫓怒瑙虜蘆勞盧努爐奴顱撈呶鱸路老露魯癆擄鷺氯麓錄祿綠碌鹿
論膿儂噥農攏濃弄隴籠瓏朧壟聾噥賴惱腦磊瀨儡鐳蕾牢餒耒擂籟雷賂屢
摟嫘樓簍褸婁髏鏤螻嘍淚漏累縷壘陋嫩訥吶肋勒凜懍能陵愣綾楞稜凌菱

爹茶多旦檀湍段斷簞靶緞鍛衵單團丹壇端踹蛋但短躂達獺撻韃湛啖氮譚
痰擔罎澹膽覃淡談毯坍潭蹋答踏搪棠螳鐺倘膛醣堂塘噹當襠檔瞠擋唐幢
鐺撞躺袋貸帶代待玳對臺隊黛大岱戴德倒睹淘禱度到萄挑刀堵途渡逃都
導陶棹屠塗掉濤櫂嘟盜鍍島搗荼桃稻悼蹈賭掏道跳滔匋徒圖韜叨讀牘督
瀆禿犢牘篤犢獨毒飩頓蠹燉豚囤沌敦突咄憧鏧懂彤凍童同疼棟桐董動
洞胴咚瞳潼冬東僮抖逗頭杜竇豆蚪陡鬥兜痘蠹斗肚鈍遁臀屯得鄧等籐謄
登嶝蹬磴藤橙凳燈騰

理里

瑪孋麼痲魔嘛螞蟆馬麻碼摩磨媽蘑嗎莫藐漠幕膜寞蠻灣饅彎蔓曼鰻慢鏝
懣滿瞞漫萬挽晚戀娩幔輓末茉秣襪沫抹望忙妄惘蟒茫莽芒亡罔網昧買
邁妹玫寐煤枚魅媒莓罵梅每霾埋驀陌脈貉貊虻孟盟萌氓盲錳猛覓免眠
面勉綿冕麵丏緬棉篾蔑滅名冥瞑酩皿螟鳴命明茗銘袂摸牡侮謀募矛耗茅
帽慕冒暮母毛牟模眸謨貌糢某髦姥摹瑁姆睦苜木沐目牧穆歿沒檬矇夢蒙
朦懵濛杳妙描渺苗瞄墓廟貓卯戊畝茂蕪舞鵡無撫拇繆嫵霧貿武毋誣務巫
默嘿墨紋紊蚊聞吻抆刎們雯問物勿瀰眉徽鎂芈彌美瞇咪味迷媚謎弭
麋糜微薇尾娓未米靡抵閔閩憫燜岷玟民悶敏蜜密

啪撲噗搏箔泊博樸薄剝鉑拍舶珀迫駁朴膊雹縛半頒潘礬扳伴蹣飯盤闆搬
胖拌磐班返絆般畔斑反叛盼攀莩脖勃撥髮跋發缽鈸渤拔潑幫邦房龐綁方
螃膀彷謗仿紡鎊滂坊倣梆旁蚌妨舫肪榜訪放防磅徬傍枋芳焙配杯坏扒俳
輩賠徘啡背排蓓拜胚湃培陪盃倍裴伯佰魄柏帛白百翻樊煩番繁蕃藩罰伐
筏閥氾范泛犯範梵帆凡法琺碧蘗壁霹璧癖劈僻辟擘薛匾辮邊辨辯弁卞抃
變鱉撇彆別瞥並柄乒摒屏炳兵廾併秉餅兵摒駢拼病丙祅寶譜甫普報保菩
輔堡步補覆蹼腹僕複蝠伏匐復卜福袱葡服馥本封鋒峰烽蓬逢蜂棒俸篷縫
捧奉扶赴附斧仆芙傅溥府敷腑簿俯駙膚腐埠付伕富釜副孚浮否符缶阜麩
夫俘負婦部訃父孵剖賦咐北分盆紛汾糞焚笨芬扮憤賁畚氛奮奔墳粉噴吩
忿彿弗不氟拂紼佛蹦朋繃棚崩砰鵬俾譬脾陴妃裨憊翡斐婢琵坤肥妣菲痞
紕備痱卑仳痺批呸秕丕媲鼙匪悲鼻睥啤碑屁祕霏沸匕鄙比扉費庇仳非臂
瀕殯濱份牝貧儐顰嬪蘋繽檳鬢彬殯賓頻聘憑騁冰

娑砂渣駛辭沙鷺絲寫肆謝徙篩麝士師四舍乍喳伺査梭唆鯊莎耍賜傻事史
紗邪駟祠俟斯巳奢捨裟斜糸耜使泗飼詐嗣詞私蛇咋似思獅司榭死仕寺卸
些社射簑赦瀉祀姒朔爍削鑠酸跚刪珊門散姍舢山汕鏟剷疝潸傘産蒜算
薩煞殺撒三杉衫滲森參芟挿卅颯澁桑償箱廂嘗上翔霜祥傷常尙喪像嗓
床晌橡爽裳湘詳觴象相庠賞孀嚐想殤狀商鰓璽賽色索穡嗇塞嗦笙牲生甥
恕緖噬鋤署棲西薯絮婿舒署徐犀黍誓胥瑞抒逝敘庶墅書鼠曙序嶼螫晳碩
夕釋惜席淅析蜥石汐昔錫矽蓆蟬癬繕線薛煽扇蟬漩禪鱔選渲旋羨船仙先
膳腺鮮善宣薛屑褻說挈楔碟設舌泄雪殲贍暹陝閃纖聶躡慴攝囁燮涉醒惺
腥聲性誠星姓省城猩盛聖成稅歲細世勢洗騷嘛邵瀟紹簫宵韶霄所昭梳消
酥溯笑疏巢蕭穌蘇塑訴召燒搔掃甦嘯沼少小捎疏繅素逍艘贖束俗速續粟
屬飧孫蓀遜損巽率甩蟀摔淞頌誦松送悚鬆宋鎖鏁碎灑晒瑣刷涮釗衰蒐守
嗽藪樹殊銖需叟岫瘦隧誰羞修搜隋綏雖袖穗睡輸愁崇陲手秀狩圳授受嫂
颼漱髓獸燧粹戌須繡囚數售酬擻鬚豎收壽首餿水帥汜脩垂鏽茱倏熟夙
叔肅敖宿塾孰蓿淑楱巡舜殉盹淳詢瞬徇盾鶉旬諄荀脣循馴筍肫純術叫戌
嵩崇膝虱蝨瑟啃褶逕拾習乘僧丞升承蠅繩勝屍詩試廝匙豺柿施嗤豉市矢
示兕腮屎柴侍豕猜是時尸撕弑始嘶視翅恃拭媳植式飾軾息殖食熄識蝕伸
莘愼臣迅訊辛紳神新宸薪身信晨砷娠腎哂蜃申呻悉室蟋失實尋甚深心審
瀋蕈嬸沁沈十雙氏

亞訝蛾丫芽衙兒鵝牙阿雅峨婀啞娥俄我啊餓鴉哦岳握渥噩嶽愕顎喔堊齷
鱷萼鄂惡晏安贗鞍案岸眼雁氨按謁戛嘎軋斡挖遏歹訐巖菴癌鵪庵暗岩黯
鴨狎壓押怏仰殃泱鴦昂央盎鞅秧埃哎捱皚礙嗳愛唉璦薆崖靄曖涯哀呃閡
艾隘挨縊液腋厄扼軛額掖嚶鸚鶯櫻夜耶偌冶惹琊也椰野爺約喲篛鑰略若
掠藥躍弱佯讓孃梁亮颺癢輛楊瘍烊鑲糧壤煬量攘樣陽釀氧良洋諒襄涼養
羊氧漾兩倆梁揚齬魚語淤於漁菸瘀馭禦御抑臆憶億唁焉堰言嫣諺齷偃彥
臬孽鎳嚴淹掩嚴醃奄俺業恚蠣茹勵戾予蠡黎儼汝臚驪余廬旅女荔鋁麗呂
輿嶮濾礪侶閭驢癘櫚唳如厲慮與妤壢易逆役曆歷域亦疫靂力譯繹睪驛瀝
礫娟軟煙然戀衍輦煉燕延吮蜒蠕攣妍撊撚燃胭嚥筵捐鍊鳶蓮硯沿鰱緣鉛
憐涓聯研克練涎淵漣宴碾演攣冽烈悅捩劣熱閱列冽裂燄豔閻魘厭濂念炎
染焰廉帘拈殮苒恬斂鹽捻魘髯冉苒鐮簾獵葉靨令伶玲營螢鴒瑛贏寗嬰鈴
盈詠獰侫齡領拎另羚翎纓榮影擰泳贏映零嶺檸英穎苓逞楹靈聆寧迎縈
嚀永睿瑿羿灃銳睨譽禮拽刈嚶蕊裔豫穢藝例詣倪霓曳預隸晤塢鏖娛嗷圬
汙五蜈奧襖寤敖鎢鼇吳午唔傲懊誤噢烏嗚熬梧悟鰲伍捂澳獄沃玉屋醞
塭氳溫蘊瘟慍穩媼兀甕雍臃嗡擁壅翁渦萵窪窩訛臥蝸蛙瓦緩踠頑腕宛阮

玩婉惋碗蜿莞剜完曰枉旺王往汪倭矮哇娃歪畏外巍猥桅偎要療繞了尿鬧
燎舀繚澆寥么饒吆瞭潦鷯聊謠料妖嬈窯裊夭腰寮堯窈瑤邀曉搖凹遼佬耀
遙僥嘹姚擾拗僚撓撩廖鐃欲峪浴辱褥慾溶庸榕傭朧蓉冗甬勇蛹熔甬用恿
踴佣鎔湧茸容龍俑舂聳竽羽尤吁藕齲宇禹虞迂右祐牛魷寓偶盂佑芋于愚
郵友遇憂隅雨優又煜旭昱郁頊云運雲耘隕韻紜鬱蔚雄熊愿願袁猿媛元垣
園鴛怨圓原寃院轅遠源爰員苑援沅越粵月韋衛位爲尉熨餵葦違喟慰威委
危闈痿諉圍胃渭萎偽謂緯魏喂偉游劉覦灪諭臾荑鼬誘濡諭幼瘉琉紐留猶硫
唯裕庾瑜維榴牖楡由類兪溜輮蹂流油喻宥猷幽柳柚癒柔乳孺有縲籲
黝瘤萸妞帷謬釉愈鈾愉鈕儒遊扭悠惟揉遺嚅酉逾陸毓嘀六肉戮育倫崙淪
掄尹潤昀綸侖胤閏允輪慄栗律聿戎隆絨融臟殷銀嗯慇垠恩隱乙蔭飲淫吟
陰霪音泣揖邑應鷹凝膺儀醫旖椅擬倚懿意誼宜毅漪疑義犄矣依議衣蟻耳
圯彝已弛洱利你梨洱尼而泥伊哩咦履俐俚狸呢漓肆以怡琍喱璃李娌異爾
姨痢籬妳旎二犛妮您移贏夷吏罹犁離貍邐邐嗰貽膩莉頤迤裡胰餌鯉飴溺
匿益翌翼咽引鱗燐湮仭吝茵仁人麟刃氤遴紉忍寅躪靭轔紉因姻蚓藺印禽
靭磷逸一份日溢壹噎王琳淋飪賃任妊稔霖林荏臨立入廾笠粒扔剩孕仍

刺自者孜紫諮煮榨孳滋赭恣瓷慈姊磁姿咨子髭雌鶿鋅炙蔗藉仔字資疵貲
茲昨柞炸斫綽雀酌爵作妁嚼鵲芍灼孱棧盞殘潺驫箋簪蕪賺潛岑暫雜卡匝
眨砸戕章臧醬杖奘藏妝賬腸蟑匠掌仗槳丈瘴裝椿薔壯樟臟漿漳場璋將帳
葬鏘牆障獎張髒莊幛獐蔣長才材滓哉宰梓再栽在災財齋載裁狰崢趟錚箏
掙爭諍咀佇貯躇抵豬底邸詆苧渚褚氐低沮儲著疽姐牴狙這齟她杵蛆的
翟狄鏑寂嘀赤籍逖敵滴迪荻嫡跡積適吊績賊摘笛詮頡塡腆典電澱全展巓
滇佃轉囀渝碘銓餞田甸闐靦磚箋箭篆靛戰煎栓傳剪前氈專錢癲輾顚拴殿
奠顚痊纏切折截節淅竊絶佔占黏唸墊點玷惦漸店霑接蝶仃艇釘晶旌鼎楨
幀庭程淨婷叮錠偵整丁頂禎怔汀情挺貞正政梃盯霆酊阱靜停鄭定征睜訂
井亭廷精呈睛梯悌制蹄臍題濟齊諸第銻娣啼弟擠霽提帝劑祭堤際眺藻助
叨組佻趙槽嘈俎澡曹釣朝操碉躁蚤稠刁詔找兆租灶早凋棗潮糟彫鳥肇
抓燥措造調漕祖條噪粗阻窕祚爪皂照弔厝嘲糙遭鏃足簇族尊存卒拙鐘踵
種鍾縱腫從終樅綜慫鬃粽棕淙宗佐座挫銼坐左罪蛀侏揍櫥珠紂冑廚舟晝
做丟躊主嗾宙株住疇朱州駐硃柱註奏拄籌綢肘鑄走注儔周咒湊洲酒誅週
蛛冑粥竹瀋峻皴蹲蠢雋浚駿準俊遵竣准苴仲衆重中卽喞櫛怎汁楫拯增
證証曾症贈憎蒸持旨止砥漬誌墀蜘智輕池知之袛遲指紙至志祉支痣地肢
枝址摯脂踟趾只芝舐咫吱直織職稷陳疹眞塵震盡晉鎭珍進陳秦儘臻診津
趁辰振榛賑質迭叱跌秩姪疾軼嫉蛭窒斟鴆朕什輯集緝執戢瞪癥懲澄

遮車搽蹉扯借嗟搓差且岔磋此次叉齜窄鑿錯搾戳捉贊鑽篡餐竄讚爨燦撰
篹咱扎擦偺剎札紮察斬讒慘懺攙饞嶄偺塹慚站廠倡彰唱倀創窗滄傖悵蒼
鯧唱愴娼倉脹淌漲瘡艙槍猖昌敞搶暢睬採寨蔡彩采釵綵菜踩債蚱柵責嘖
冊策凄妻萋悽處齣戚感踢剔脊擲斥惕隻滌蜴躑瘠尺呎閫淺踐袄阡濺川擅
泉喘舛千倩遷賤仟韆釧穿天荐鐵蜇撤轍凸綴哲澈徹啜輟詹瞻諂忝添沾尖
鮕舔簷籤簽睫妾輒帖貼諜疊捷喋牒菁靑廳凊請聽晴滯涕砌蒂諦棣締替
遞屜掣嚏體逮剃肖招瞧梢剿醋貂迢抄勤焦蕉鈔硝憔愀鍬悄礁礎超炒鞘稍
椒吵初楚哨秒樵峭俏草燭矗躅促矚囑蜀寸忖村吋冡恩總寵蔥塚匆傯叢聰
撮摧崔最催秋追芻啾墜鰍椎皺錘醜捶抽雛樞揪鄒推錐惆帚鄒酋軸祝蓄妯
畜縮竺蹙築逐丑春朮怵出絀黜虫蟲衝衷沖充忠贅萃揣悴瘁惴就炊取脆吹
橇嘴娶翠趣聚醉臭驟側廁仄惻測層輜梔佗峙痴值痔蚩稚齒淄馳雉幟襯熾
緻緇嗤置致恥卮治飭則襯親漆七沉針砧寢枕侵浸忱稱秤

儈筷快

陀唾躲朵它妥沱橢剁跎墮打佗馱吒縋駝惰牠跥舵他拖鴕踱拓啄濯桌圩濁
卓鐲鐸託拆託琢托憚綻嘆瘓炭坦吞誕碳灘攤癱彈脫奪貪探耽榻搨塌瘩
塔濼盪帑燙糖湯抬台兌汰颱呆泰蛻態胎太怠笞苔跆殆澤宅擇撑土口討
吐嘽桶痛筒恫慟通統堆頹退槌褪腿渝套殷透投妒偷慝特

闖罷頗玻鄱簸吧芭婆趴耙菠把疤怕笆派帕叵擺破坡巴杷靶琶葩波跛爬爸
播舨判阪辦版瓣販板叭八悖珮沛狽佩敗壩貝霸牌澎砰碰彭烹膨愎編偏片
騙鞭便翩篇扁遍蝙砭貶抨評平坪萍姘陛幣廢蔽閉敝吠斃弊肺鋪布袍埔刨
蒲鮑圃褒庖胞葡捕跑浦包匏匍炮暴拋哺飽脯苞抱胞鉋怖咆泡曝瀑幅輻爆
剽彪飄標瓢瞟鰾表驃嫖錶漂婊鏢鑣稟品風楓諷豐瘋彼被疲披皮避泌必
畢弼疋筆匹乏逼

瑕下河呀夏廈霞蝦荷何賀遐虐涸瘧學壑罕漢恨䍐汗悍嫻翰閑韓限閒瀚焊
寒狠旱瞎割轄艦咸啣喊鹹緘銜陷函涵檻頷含餡盍蛤盒闔呷哈合嗑溘閤鴿
項伉航恒嫦港炕巷肛杭缸吭骯抗諧咳偕奚孩害邂骸楷懈亥海蟹嗨駭解該
骸核劾行倖幸杏悻飴響嚮香鄉享向虛許栩墟噓獻憲軒歇蠍險驗奕革赫嚇
弈玄懸舷顯絢炫縣眩絃現弦賢血穴子頁嫌夐狹峽夾協俠頰愜莢挾螢炯
亨衡型兄形刑邢荊哼迥慧彗蹊兮惠鞋蕙壕瑚鬍蒿弧犒葫壺唬嚎嗥互虎好
皓狐琥瓠蠔毫糊呼濠湖乎胡豪滬號蝴浩扈戶護酷或惑琿餛婚昏混渾魂忽

惚訌虹哄鴻烘泓洪弘紅汞嘩華划禾花樺貨火話化伙畫和譁靴禍穫攫確擴
豢換歡渙鍰還患喚環煥宦幻奐鰥丸桓滑猾豁闊活煌慌謊蝗黃荒惶徨璜
況晃恍遑篁凰皇隍簧幌肓恢匯誨誠懷會悔蛔繪繪淮膾賄茴晦回灰檜盔徊
迴劃獲橫淆爻曉效梟囂肴哮孝撬酵吼厚后逅詬喉嗅後朽侯候猴酗煦葷薰
勛燻訓暈醺喧萱毀燬卉揮徽麾諱彙暉虧畦咻攜休恤譎洶匈胸兇凶黑很欣
釁掀痕吃疙迄紇屹訖欠欽翕洽吸恰歆興犧戲嬉熙曦熹僖姬喜嘻禧稀希
羲詰頡黠

일본 상용한자(1,945자)

価可暇佳加嫁家仮架歌稼街刻脚各却殻閣角覚間簡看肝刊墾幹干懇渇褐
喝紺甘敢減鑑堪憾感監甲岬康綱剛強鋼講江皆開改箇概介個慨客坑拠
距居巨拒挙去拠乾健件建傑倹検剣憩掲激撃隔格犬見繭遣肩堅絹決欠結
潔兼謙敬茎慶径驚経鯨軽傾景警耕京硬鏡境更競季計鶏啓渓契系継階係
届戒界械雇枯故稿顧孤古鼓固庫苦考高告拷穀谷曲困昆骨恐恭工功孔公
貢控共攻供空課菓果過科寡誇郭棺缶貫管款館官寛関慣冠観括鉱狂広光
掛壊塊怪拐校巧郊教絞較矯橋交丘久購殴究句救求球欧旧拘構溝具口区
駆九菊国局君軍群郡掘屈堀窮宮弓巻権圏勧券軌机帰鬼貴叫規糾菌均劇
極克根近筋謹斤勤今襟金禁琴及級給急扱肯器崎忌奇基寄旗既期棋棄機
碁気汽祈幾紀肌記己起企岐飢騎技欺緊吉喫

裸羅落酪諾楽絡難欄乱卵暖南男覧濫納朗廊娘郎浪耐内来冷年怒虜奴炉
努老路労露緑録論滝濃農雷頼瀬悩脳塁楼累漏涙能陵

茶多鍛断段単短端団壇丹但達淡胆談曇担答踏党堂当糖唐代帯待台貸大
対袋隊徳導到島桃跳挑渡悼徒途度図都刀陶逃倒塗盗稲道独篤読督毒豚
突銅同棟胴童働凍冬東動洞豆頭斗痘鈍屯得登等騰謄灯

里理

麻磨摩馬魔幕漠膜万慢漫晩満蛮湾抹末網亡妄忙忘望梅枚魅買毎媒埋売
妹麦脈盟盲猛免綿眠面勉滅明命名銘皿鳴募冒謀慕暮母侮帽某耗矛毛模
木牧目没夢妙墓描猫苗茂貿務武畝舞霧無墨黙門匁蚊紋文問聞物美尾迷
味未米微敏民密

撲舶泊拍薄博縛迫朴盤伴畔反半般飯班返頒搬発髪鉢抜防傍訪芳妨肪方
坊邦紡倣房放配輩排背俳拝陪賠培杯倍百伯白煩翻繁藩番閥伐罰凡帆犯
範法癖壁辯変辺別柄病瓶塀丙並兵併歩補報普保譜宝伏複僕覆服复腹福
本封棒俸峰奉縫不部否簿付富附副父婦賦扶敷剖赴負浮膚符府夫腐北奔
盆紛雰分粉奮憤墳噴払仏棚崩沸鼻非備費肥飛碑泌比批秘扉悲妃卑浜貧

頻賓氷

死士嗣師思四使伺私糸仕史司詐寺峻詞捨射邪蛇査賜辞飼舎事似写赦卸
斜砂社謝削傘山産酸算散殺杉三森参挿渋祥尚象賞桑相詳上峠床常償箱
喪状想傷商霜像璽色索省生牲緒署序徐書暑敍逝庶西誓婿夕潟釈昔析石
惜席線旋宣扇善銑船繕鮮先禅仙選舌設説雪繊摂渉聖成城星声盛誠性姓
世細税洗勢歳笑少巣塑疎素焼騒訴消沼宵小所掃昭咲召紹続属俗速束損
孫訟松送刷砕鎖衰首収囚需樹授秀獣捜狩殊手守穂修愁寿受酬随垂数髄
帥輸遂粋水睡熟叔宿粛塾淑循旬盾瞬殉巡順純述術崇襲習拾湿昇勝縄承
乗升僧矢示始時是侍市視試詩施息識食式飾殖植辛信薪慎申迅新神娠身
伸紳臣室実失審心甚尋深十双氏

我餓雅芽児亜握悪岳安眼顔岸案謁岩暗押圧仰央涯愛哀厄液額桜夜野躍
約若弱略薬羊洋壌陽醸様揚良涼譲嬢養両量糧御魚語漁憶抑億言厳業円
与励戻麗如旅慮女余訳疫力歴駅役暦域易逆研宴然鉛軟縁錬煙延燃連練
恋演沿裂熱烈劣列閲悦染塩炎廉念葉猟零影詠映領齢英永営令泳迎寧栄
霊鈴芸予預隷礼刈鋭誉例奥呉五汚娯誤午悟屋玉獄穏温翁擁渦腕完緩頑
王往外窯謡療料寮僚揺曜凹腰尿了要辱欲浴溶勇容庸用踊竜冗憂雨優芋
羽宇右郵友虞偶又愚牛隅遇韻運雲雄源援遠園院原元猿願員垣越月衛委
偽胃違威慰尉緯偉為囲位危幽誘遊悠裕柔由猶遺幼唯柳乳硫留儒癒有愉
油維流類諭育肉陸六輪倫潤律率融隆隠銀恩乙吟音飲陰泣応凝依医宜擬
疑義衣儀議意移異離厘裏泥痢利吏履耳二弐尼以益翼翌匿仁人刃認姻印
忍因引隣一逸日壱任臨妊林賃入粒込立剰

慈姿紫者煮諮子磁滋自字雌刺資姉昨爵酌勺桟残暫蚕潜雑奨腸荘掌章
将匠張長場粧障帳壮臓丈装蔵葬災栽材才斎裁再在宰載財争著低抵底貯
邸敵寂嫡積賊滴績赤跡籍適笛的摘戦伝専典栓畑展転殿銭田前全電切絶
節折窃粘占漸店点接井静丁晶征錠定浄整訂政艇頂程情亭精廷庭町正停
呈偵貞際剤斉弟帝済提製祭除題第堤制諸鳥釣潮調朝眺兆彫弔照租阻操
組粗早曹造槽藻条燥祖措詔遭助繰族足存尊拙梓卒従種鐘宗終縦左座佐
罪奏注柱株州朱舟珠酒主鋳駐走住週宙周昼竹準遵俊准衆重中仲即汁蒸
証増症憎贈持止紙芝脂遅志肢支指祉枝至旨誌地池漬知職織直鎮津珍陣
震進診真振唇尽陳質迭秩疾窒朕執集徴澄懲
差且車次借遮着搾錯賛察擦札慚彰倉脹創窓唱彩採債菜冊策責妻処斥尺

隻天泉千遷践薦浅川哲凸鉄徹撤添畳清青聴庁晴請締逮替体逓滞硝草礎
招初礁秒肖抄酢焦超嘱促触村寸塚総銃撮最催抽錘推追墜醜秋枢軸祝逐
縮築蓄畜春出衝充沖衷虫忠就趣臭取吹炊酔側測層歯痴値恥治致置稚勅
則親七漆寝沈浸針侵称

快

惰妥堕馱他打濯濁託卓拓炭誕嘆弾奪脱探塔搭湯太胎怠泰態沢択宅吐討
土通筒痛統退投透闘特

婆罷派破把波判販版坂板八覇敗貝膨編偏遍便片平評坪廃幣閉陛肺弊浦泡
包布褒抱砲舗捕胞怖飽暴爆幅標俵票表漂品豊風避彼披疲皮被必筆匹乏

河賀何荷下夏学虐閑寒恨漢汗限轄割含陥艦合恒港抗降航項該害海解核
劾行幸享香郷響向許虚軒献憲験険革嚇玄現顕弦賢懸県穴血嫌狭脅協峡
挟衡刑蛍形型兄恵護呼戸好号湖互弧豪酷惑魂混婚紅洪華火和画話禍靴
貨花化確拡穫還幻丸環歓換患喚滑活況黄皇慌荒懐灰悔絵賄回会獲横効
暁孝酵侯朽后後候厚薫訓勲揮輝休携胸凶黒吸興戯希姫喜犠詰

한국의 교육용 한자(1,800자)

(가)
架 街 假 歌 加 暇 佳 可 價 家

(각)
閣 覺 各 角 刻 却 脚

(간)
幹 簡 干 懇 姦 看 間 刊 肝

(갈)
渴

(감)
減 敢 監 甘 鑑 感

(갑)
甲

(강)
降 講 綱 江 康 强 剛 鋼

(개)
改 開 個 介 蓋 皆 慨 概

(객)
客

(갱)
更

(거)
去 擧 拒 居 距 據 巨 車

(건)
件 建 乾 健

(걸)
傑

(검)
儉 檢 劍

(게)
憩

(격)
格 擊 激

(견)
堅 絹 遣 見 犬 肩

(결)
結 缺 決 潔

(겸)
謙 兼

(경)
頃 慶 京 敬 庚 耕 警 經 輕 竟
徑 卿 鏡 驚 境 傾 競 景 硬

(계)
溪 計 係 鷄 啓 桂 界 階 契 戒
季 癸 繼 系 械

(고)
姑 枯 高 古 故 庫 顧 考 孤 苦
告 固 鼓 稿

(곡)
穀 哭 谷 曲

(곤)
坤 困

(골)
骨

(공)
貢 攻 功 供 恐 公 空 恭 工 共 孔

(과)
果 寡 課 過 科 戈 瓜 誇

(곽)
郭

(관)
冠 管 關 館 寬 觀 貫 官 慣

(광)
廣 光

(괘)
掛

(괴)
愧 壞 怪 塊

(교)
郊 敎 校 巧 橋 交 較 矯

(구)
口 拘 俱 究 狗 九 舊 驅 具 久 丘
構 龜 懼 苟 句 救 區 求 鷗 球

(국)
局 國 菊

(군)
軍 群 郡 君

(굴)
屈

(궁)
窮 宮 弓

(권)
勸 卷 券 權 拳

(궐)
厥

(귀)
鬼 貴 歸

(규)
規 叫 閨

(균)
均 菌

(극)
克 極 劇

(근)
近 斤 謹 根 勤 僅

(금)
錦 今 琴 禽 禁 金

(급)
急 及 級 給

(긍)
肯

(기)
欺 氣 忌 器 奇 豈 旗 棄 己 記
期 畿 機 起 騎 祈 飢 寄 其 幾
基 紀 旣 技 企

(긴)
緊

(길)
吉

(나)
那

(낙)
諾

(난)
暖 難

(남)
南 男

(납)
納

(낭)
娘

(내)
奈 乃 內 耐

(녀)
女

(년)
年

(념)
念

(녕)
寧

(노)
怒 奴 努

(농)
農 濃

(뇌)
腦 惱

(능)
能

(니)
泥

(다)
多 茶

(단)
斷 但 壇 丹 短 端 段 旦 單 檀 團

(달)
達

(담)
淡 談 擔 潭

(답)
踏 答 沓

(당)
黨 當 唐 堂 糖

(대)
大 隊 對 貸 待 臺 代 帶

(덕)
德

(도)
島 徒 盜 都 逃 導 度 到 道 倒
桃 陶 途 圖 渡 刀 挑 跳 稻

(독)
毒 篤 獨 督 讀

(돈)
敦 豚

(돌)
突

(동)
同 動 洞 童 冬 東 銅 凍 桐

(두)
斗 頭 豆

(둔)
鈍

(득)
得

(등)
等 燈 登

(라)
羅

(락)
落 樂 洛 絡

(란)
亂 蘭 爛 卵 欄

(람)
覽 濫 藍

(랑)
廊 浪 郞 朗

(래)
來

(랭)
冷

(략)
略 掠

(량)
兩 量 糧 良 諒 梁 凉

(려)
勵 麗 慮 旅

(력)
歷 力 曆

(련)
連 憐 鍊 蓮 練 聯 戀

(렬)
烈 列 裂 劣

(렴)
廉

(령)
令 領 靈 嶺 零

(례)
例 禮

(로)
勞 老 露 路 爐

(록)
錄 綠 祿 鹿

(론)
論

(롱)
弄

(뢰)
雷 賴

(료)
料 了

(룡)
龍

(루)
屢 淚 累 樓 漏

(류)
柳 留 流 類

(륙)
陸 六

(륜)
倫 輪

(률)
栗 律 率

(륭)
隆

(릉)
陵

(리)
理 里 吏 利 李 離 裏 履 梨

(린)
隣

(림)
臨 林

(립)
立

(마)
馬 磨 麻

(막)
幕 莫 漠

(만)
萬 漫 慢 晚 滿 灣

(말)
末

(망)
茫 亡 妄 罔 忘 望 忙

(매)
賣 買 妹 埋 梅 每 媒

(맥)
麥 脈

(맹)
盟 猛 孟 盲

(면)
勉 綿 面 免 眠

(멸)
滅

(명)
鳴 命 名 銘 明 冥

(모)
某 毛 暮 慕 謀 貌 母 模 募 矛

(목)
睦 目 牧 木 沐

(몰)
沒

(몽)
夢 蒙

(묘)
卯 墓 廟 妙 苗

(무)
務 無 茂 霧 貿 武 戊 舞

(묵)
墨 默

(문)
文 門 問 聞

(물)
勿 物

(미)
尾 眉 未 迷 美 味 米 微

(민)
民 敏 憫

(밀)
密 蜜

(박)
朴 薄 泊 博 拍 迫

(반)
半 叛 班 飯 返 反 盤 般

(발)
髮 發 拔

(방)
房 傍 芳 方 訪 邦 防 放 妨 倣

(배)
背 培 拜 杯 排 倍 配 輩

(백)
伯 百 白 栢

(번)
繁 番 煩 飜

(벌)
罰 伐

(범)
凡 犯 範 汎

(법)
法

(벽)
碧 壁

(변)
變 辨 邊 辯

(별)
別

(병)
兵 病 屛 丙 竝

(보)
寶 保 普 步 補 報 譜

(복)
伏 卜 復 腹 福 服 複

(본)
本

(봉)
鳳 峰 奉 逢 封 蜂

(부)
赴 附 負 夫 否 符 富 副 部 父 浮 付 扶 婦 簿 府 賦 腐 膚

(북)
北

(분)
紛 墳 憤 分 奔 奮 粉

(불)
不 佛 弗 拂

(붕)
朋 崩

(비)
備 悲 秘 飛 卑 肥 非 妃 婢 碑 比 費 鼻 批

(빈)
貧 賓 頻

(빙)
聘 氷

(사)
司 私 斜 社 寫 詐 事 蛇 辭 史 詞 射 士 思 沙 巳 死 賜 仕 謝 絲 使 斯 四 祀 舍 寺 邪 師 似 捨 査

(삭)
削 朔

(산)
山 散 産 算 酸

(살)
殺

(삼)
三 森

(상)
商 嘗 喪 常 傷 賞 床 象 想 霜
上 詳 尙 桑 祥 像 相 裳 狀 償

(새)
塞

(색)
色 索

(생)
生

(서)
庶 署 序 書 敍 恕 緖 徐 西 暑

(석)
席 夕 釋 惜 石 昔 析

(선)
善 仙 旋 船 選 鮮 宣 禪 先 線

(설)
雪 設 說 舌

(섭)
涉

(성)
城 盛 聖 姓 星 聲 成 誠 性 省

(세)
洗 勢 稅 世 細 歲

(소)
訴 掃 所 騷 疎 召 燒 笑 小 消 素
蘇 少 昭 蔬

(속)
速 續 粟 束 俗 屬

(손)
孫 損

(송)
訟 誦 松 送 頌

(쇄)
刷 鎖

(쇠)
衰

(수)
需 殊 秀 帥 樹 雖 輸 誰 手 囚 遂
愁 授 壽 修 受 水 隨 守 須 睡 獸
首 收 數

(숙)
宿 淑 孰 肅 叔 熟

(순)
巡 純 順 循 旬 脣 殉 盾 瞬

(술)
戌 術 述

(숭)
崇

(습)
習 濕 襲 拾

(승)
勝 承 僧 昇 乘 升

(시)
視 侍 示 試 是 市 施 矢 始 詩 時

(식)
識 植 飾 式 食 息

(신)
愼 晨 神 身 辛 伸 信 新 臣 申

(실)
室 失 實

(심)
深 心 甚 審 尋

(십)
十

(쌍)
雙

(씨)
氏

(아)
牙 雅 我 兒 亞 阿 芽 餓

(악)
岳 惡

(안)
安 眼 岸 雁 案 顔

(알)
謁

(암)
巖 暗

(압)
壓

(앙)
仰 央 殃

(애)
愛 哀 涯

(액)
額 厄

(야)
野 也 耶 夜

(약)
藥 約 若 弱

(양)
陽 養 讓 揚 羊 楊 壤 洋 樣

(어)
於 御 語 魚 漁

(억)
抑 憶 億

(언)
言 焉

(엄)
嚴

(업)
業

(여)
余 輿 汝 如 與 予 餘

(역)
譯 易 域 驛 役 逆 亦 疫

(연)
宴 燃 緣 煙 演 然 燕 沿 延 鉛 研 硯 軟

(열)
悅 熱

(염)
鹽 炎 染

(엽)
葉

(영)
營 永 英 影 榮 迎 詠 泳 映

(예)
豫 藝 銳 譽

(오)
嗚 午 汚 烏 誤 悟 吾 五 梧 娛 傲

(옥)
玉 屋 獄

(온)
溫

(옹)
翁

(와)
臥 瓦

(완)
緩 完

(왈)
曰

(왕)
往 王

(외)
外 畏

(요)
搖 腰 遙 要 謠

(욕)
辱 浴 欲 慾

(용)
用 勇 容 庸

(우)
于 宇 右 牛 友 雨 憂 又 尤 遇 羽 愚 優 偶 郵

(운)
云 雲 運 韻

(웅)
雄

(원)
元 原 願 遠 園 怨 圓 員 源 援 院

(월)
月 越

(위)
位 危 爲 衛 威 謂 圍 緯 衛 委

慰僞胃偉

(유)
由 油 酉 有 猶 唯 遊 柔 遺 幼
幽 惟 維 乳 儒 裕 誘 愈 悠

(육)
肉 育

(윤)
閏 潤

(은)
恩 銀 隱

(을)
乙

(음)
音 吟 飮 陰 淫

(읍)
邑 泣

(응)
應

(의)
衣 依 義 議 矣 醫 意 宜 儀 疑

(이)
二 以 已 耳 而 異 移 夷 貳

(익)
益 翼

(인)
人 引 仁 因 忍 認 寅 印 姻 刃

(일)
一 日 逸 壹

(임)
壬 任 賃

(입)
入

(자)
字 者 刺 紫 子 慈 恣 資 玆 自
姿 姉 雌

(작)
作 昨 酌 爵

(잔)
殘

(잠)
潛 暫 蠶

(잡)
雜

(장)
長 章 場 將 壯 丈 帳 莊 裝 奬
墻 葬 掌 狀 張 粧 腸 藏 臟 障

(재)
才 材 財 在 再 哉 災 裁 載 栽

(쟁)
爭

(저)
著 低 底 抵 貯

(적)
的 赤 適 敵 寂 籍 賊 跡 積 績
摘 蹟 笛 滴

(전)
田 全 典 前 戰 電 錢 傳 專 轉 展

(절)
節 絶 切 折

(점)
占 點 漸 店

(접)
接 蝶

(정)
丁 頂 停 井 正 政 定 貞 精 情
靜 淨 亭 廷 程 征 整 庭 訂

(제)
弟 第 祭 帝 題 除 諸 製 提 堤
制 際 濟 齊

(조)
兆 早 造 鳥 調 朝 助 祖 弔 操
照 條 租 潮 燥 組

(족)
足 族

(존)
存 尊

(졸)
卒 拙

(종)
宗 種 鐘 終 從 縱

(좌)
左 坐 佐 座

(죄)
罪

(주)
主 注 住 朱 走 酒 晝 舟 周 州
柱 洲 宙 株

(죽)
竹

(준)
俊 遵 準

(중)
中 重 衆 仲

(즉)
卽

(증)
曾 增 證 贈 蒸 憎 症

(지)
只 支 枝 止 之 知 地 指 志 至
紙 持 智 遲 池 誌

(직)
直 職 織

(진)
辰 眞 進 盡 振 鎭 陳 珍 陣

(질)
質 秩 疾 姪

(집)
集 執

(징)
徵 懲

(차)
且 次 此 借 差

(착)
着 錯 捉

(찬)
贊 讚

(찰)
察

(참)
參 慘 慙

(창)
昌 唱 倉 創 蒼 窓 滄 暢

(채)
採 彩 債 菜

(책)
責 冊 策

(처)
妻 處 悽

(척)
尺 斥 戚 拓

(천)
千 天 川 泉 淺 賤 遷 薦 踐

(철)
鐵 哲 徹

(첨)
添 尖

(첩)
妾

(청)
靑 淸 晴 請 聽 廳

(체)
體 替

(초)
初 草 招 肖 超 抄 礎

(촉)
燭 促 觸

(촌)
寸 村

(총)
總 聰 銃

(최)
最 催

(추)
秋 追 推 抽 醜

(축)
丑 祝 畜 蓄 築 逐 縮

(춘)
春

(출)
出

(충)
充 忠 衝 蟲

(취)
取 吹 就 醉 臭 趣

(측)
側 測

(층)
層

(치)
治 致 齒 値 置 恥 稚

(칙)
則

(친)
親

(칠)
七 漆

(침)
侵 寢 沈 枕 針 浸

(칭)
稱

(쾌)
快

(타)
他 打 墮 妥

(탁)
托 濯 濁 琢

(탄)
歎 彈 炭

(탈)
脫 奪

(탐)
探 貪

(탑)
塔

(탕)
湯

(태)
太 泰 怠 殆 態

(택)
宅 澤 擇

(토)
土 吐 討 兎

(통)
通 統 痛

(퇴)
退

(투)
投 鬪 透

(특)
特

(파)
破 波 播 罷 頗 派

(판)
判 板 版 販

(팔)
八

(패)
貝 敗

(편)
片 便 篇 編 遍

(평)
平 評

(폐)
閉 廢 弊 蔽 幣 肺

(포)
布 抱 包 飽 浦 捕 胞

(폭)
暴 爆 幅

(표)
表 標 漂 票

(품)
品

(풍)
風 豐 楓

(피)
皮 彼 疲 被 避

(필)
必 匹 筆 畢

(하)
下 夏 賀 何 河 荷

(학)
學 鶴

(한)
閑 寒 恨 限 韓 漢 旱 汗

(할)
割

(함)
咸 含 陷

(합)
合

(항)
恒 項 巷 港 抗 航

(해)
害 海 亥 解 奚 該

(핵)
核

(행)
行 幸

(향)
向 香 鄕 享 響

(허)
虛 許

(헌)
軒 憲 獻

(험)
險 驗

(혁)
革

(현)
現 賢 玄 縣 懸 顯 弦 絃

(혈)
血 穴

(협)
協 脅

(형)
兄 刑 形 亨 螢

(혜)
惠 兮 慧

(호)
戶 乎 好 虎 號 湖 互 胡 浩 毫
豪 護 呼

(혹)
或 惑

(혼)
婚 混 昏 魂

(홀)
忽

(홍)
紅 洪 弘 鴻

(화)
火 化 花 貨 和 畫 華 禾 禍 話

(확)
確 穫 擴

(환)
歡 患 換 環 還 丸

(활)
活

(황)
黃 皇 況 荒

(회)
回 會 悔 懷 灰

(획)
獲 劃

(횡)
橫

(효)
孝 效 曉

(후)
後 厚 侯 候 喉

(훈)
訓

(훼)
毀

(휘)
揮 輝

(휴)
休 携

(흉)
凶 胸

(흑)
黑

(흡)
吸

(흥)
興

(희)
希 喜 戲 噫 熙 稀

북한의 교육용 한자(3,000자)

(가)
伽 佳 假 價 加 可 呵 哥 嫁 家
暇 架 歌 稼 苛 街 駕

(각)
刻 却 各 恪 殼 脚 覺 角 閣

(간)
刊 墾 奸 干 幹 懇 揀 杆 桿 看
簡 肝 艱 間

(갈)
喝 渴 竭 葛 褐

(감)
堪 感 憾 敢 橄 減 甘 監 瞰 鑑
匣 岬 甲 胛

(강)
剛 姜 崗 康 强 慷 江 彊 糠 綱
腔 薑 襁 講 鋼 降

(거)
倨 去 居 巨 拒 據 擧 距 醵

(건)
乾 件 健 巾 建 虔 鍵

(걸)
乞 傑

(검)
儉 劍 檢

(겁)
劫 怯

(격)
擊 格 檄 激 鬲 膈 隔 骼

(견)
堅 牽 犬 絹 繭 肩 見 譴 遣 鵑

(결)
決 潔 結 缺 訣

(겸)
兼 箝 謙

(경)
京 傾 勁 境 徑 慶 憬 敬 景 更
梗 涇 痙 硬 竟 競 經 耕 莖 警
輕 鏡 頃 驚 鯨 黥

(고)
古 告 呱 固 姑 孤 庫 拷 故 敲
痼 稿 考 膏 苦 藁 辜 錮 雇 顧
高 鼓

(곡)
哭 曲 梏 穀 谷 鵠

(곤)
困 昆 棍

(골)
汨 骨

(공)
供 公 共 功 孔 工 恐 恭 控 攻
槓 空 貢 鞏

(교)
交 僑 喬 嬌 巧 攪 敎 校 橋 狡
皎 矯 絞 膠 蕎 蛟 較 郊 驕

(구)
丘 久 九 仇 佝 俱 具 區 口 句
勾 嘔 寇 嶇 廐 懼 拘 救 柩 構
歐 毆 求 溝 灸 狗 玖 球 矩 究
臼 舊 苟 謳 購 軀 邱 韭 驅 鳩
鷗 龜

(국)
國 局 菊

(군)
君 窘 群 軍 郡

(굴)
屈 掘 窟

(궁)
宮 弓 穹 窮

(규)
叫 圭 珪 糾 規

(균)
均 菌

(귤)
橘

(극)
克 剋 劇 戟 棘 極 隙

(근)
僅 勤 懃 斤 根 筋 謹 近 饉

(금)
今 琴 禁 禽 衾 襟 金 錦

(급)
及 急 扱 汲 級 給

(긍)
兢 矜 肯

(기)
企 伎 其 嗜 器 基 奇 妓 寄 岐
崎 己 幾 忌 技 旗 旣 期 杞 棄
某 機 欺 氣 汽 畸 畿 紀 羈 肌
記 譏 起 飢 騎 麒

(긴)
緊

(길)
吉

(개)
介 价 個 凱 恂 慨 改 概 漑 皆
箇 芥 蓋 開

(객)
客

(갱)
坑

(게)
揭

(계)
憩 係 啓 契 季 屆 戒 桂 械 溪
界 稽 系 繫 繼 計 誡 階 鷄

(괴)
乖 傀 塊 壞 怪 愧 槐 魁

(굉)
宏

(귀)
歸 貴 鬼

(과)
寡 戈 果 棵 瓜 科 菓 誇 課 過

(곽)
廓 郭

(관)
冠 官 寬 慣 棺 款 灌 管 罐 觀
貫 關 舘

(괄)
刮 恝 括

(광)
光 廣 曠 狂 礦 胱 鑛

(권)
倦 券 勸 卷 圈 拳 捲 權 眷

(궐)
蹶 闕

(괘)
掛

(궤)
櫃 詭 軌

(나)
懦 拿 那

(난)
暖 煖 難

(날)
捏 捺

(남)
南 娚 男

(납)
納

(낭)
囊

(녀)
女

(년)
年

(념)
念 嚀

(녕)
嚀 寧

(노)
努 奴 怒 駑

(농)
濃 膿 農

(뇨)
尿

(뉴)
紐

(능)
能

(니)
泥

(닉)
匿 溺

(내)
乃 內 奈 奶 耐

(뇌)
惱 腦

(다)
多 茶

(단)
丹 但 單 團 壇 斷 旦 段 短
端 緞 蛋 鍛

(달)
撻 獺 達

(담)
憺 擔 淡 潭 澹 膽 談

(답)
沓 畓 答 踏

(당)
唐 堂 撞 棠 當 糖 黨

(덕)
德

(도)
倒 刀 到 圖 堵 塗 導 屠 島
度 徒 悼 挑 桃 淘 渡 滔 濤
盜 稻 萄 賭 蹈 逃 途 道 都
鍍 陶

(독)
毒 瀆 獨 督 禿 篤 纛 讀

(돈)
敦 沌 豚 頓

(돌)
埃 突

(동)
冬 凍 動 同 垌 憧 東 桐 棟 洞
潼 疼 瞳 童 胴 董 銅

(두)
斗 杜 痘 豆 頭

(둔)
屯 鈍

(득)
得

(등)
橙 燈 登 等 藤 謄 鐙 騰

(대)
代 垈 大 對 帶 待 戴 擡 臺
袋 貸 隊

(라)
懶 羅 螺 裸

(락)
樂 洛 烙 絡 落 諾 駱

(란)
亂 卵 欄 欒 瀾 爛 蘭

(랄)
剌 辣

(람)
欖 濫 籃 藍 襤 覽

(랍)
拉

(랑)
廊 朗 浪 狼 瑯 郎

(략)
掠 略

(량)
倆 兩 凉 喨 梁 樑 粱 糧 良
諒 輛 量

(려)
侶 勵 呂 慮 戾 旅 濾 驪 麗 黎

(력)
力 曆 歷 瀝 靂

(련)
憐 戀 攣 漣 煉 練 聯 蓮 連
鍊 鰱

(렬)
列 劣 烈 裂

(렴)
廉 斂

(렵)
獵

(령)
令 囹 嶺 怜 玲 鈴 零 靈 領 齡

(로)
勞 撈 擄 爐 盧 老 虜 路 露 魯
鷺 鹵

(록)
碌 綠 錄 鹿 麓

(론)
論

(롱)
壟 弄 朧 瓏 籠 聾

(료)
了 僚 料 燎 療 瞭 聊 遼

(룡)
龍

(루)
僂 壘 屢 樓 淚 漏 累 縷 褸 陋

(류)
劉 嚠 榴 流 溜 琉 留 硫 類

(륙)
六 戮 陸

(륜)
倫 淪 綸 輪

(률)
律 慄 栗

(륭)
窿 隆

(륵)
肋 勒

(름)
凜

(릉)
凌 稜 綾 菱 陵

(리)
俚 利 吏 履 悧 李 梨 理 痢 籬 罹 裏 里 離

(린)
吝 燐 躪 鄰 鱗 麟

(림)
林 淋 臨

(립)
立 笠 粒

(래)
來

(랭)
冷

(례)
例 禮 醴

(뢰)
儡 賂 耒 賴 雷

(마)
摩 痲 磨 馬 魔 麻

(막)
寞 幕 漠 膜 莫

(만)
娩 慢 挽 晩 滿 漫 灣 瞞 萬 蔓 蠻 饅

(말)
抹 末 沫 襪

(망)
亡 妄 忘 忙 惘 望 網 罔 芒 茫

(면)
免 勉 棉 眠 綿 緬 面 麵

(멸)
滅 蔑

(명)
冥 名 命 明 皿 銘 鳴

(모)
侮冒募姆帽慕摸暮某
模母毛牟牡矛耗謀貌

(목)
木沐牧目睦穆

(몰)
歿沒

(몽)
夢懜濛朦蒙

(묘)
墓妙廟描瞄苗

(무)
務撫武毋無舞茂蕪誣
貿霧鵡

(묵)
墨默

(문)
問文紋紊聞門

(물)
勿物

(미)
味尾彌微未眉米美薇
迷

(민)
悶敏憫民閔黽

(밀)
密蜜

(매)
埋妹媒寐昧枚梅每罵買
賣邁魅

(맥)
脈麥

(맹)
孟猛盟盲萌

(박)
剝博拍搏撲朴泊珀箔粕
縛膊舶薄迫雹駁

(반)
伴半反叛拌搬班斑畔盤
磐攀絆般返頒飯

(발)
勃拔撥潑發跋醱鉢髮魃

(방)
倣傍坊妨尨幇彷房放枋
榜紡肪膀芳訪謗邦防魴

(번)
煩番繁飜蕃

(벌)
伐筏罰閥

(범)
凡帆氾汎泛犯範

(법)
法琺

(벽)
僻 劈 壁 擘 璧 甓 癖 碧 闢 霹

(변)
卞 變 辨 辯 邊

(별)
別 瞥

(병)
丙 倂 兵 屛 甁 病 並 餠

(보)
保 報 堡 媬 寶 普 步 洑 甫 補
褓 譜 輔

(복)
伏 僕 匐 復 服 福 腹 複 覆
輻 鰒

(본)
本

(봉)
俸 奉 封 峯 棒 烽 縫 蜂 逢 鋒
鳳

(부)
付 俯 剖 副 否 咐 埠 夫 婦 孵
富 府 扶 敷 浮 父 符 簿 腑 腐
膚 訃 負 賦 赴 部 釜 阜 附

(북)
北

(분)
分 吩 噴 墳 奔 奮 忿 憤 扮 焚
盆 粉 糞 紛 雰

(불)
不 佛 彿 拂

(붕)
崩 硼 繃

(비)
備 匕 匪 卑 婢 庇 悲 批 比 沸
泌 琵 痺 碑 砒 秘 緋 翡 肥 脾
蜚 誹 譬 費 鄙 非 飛 鼻

(빈)
瀕 貧 賓 頻

(빙)
氷 憑 聘

(배)
倍 俳 培 徘 拜 排 杯 湃 胚 背
裵 褙 賠 輩 配

(백)
伯 佰 栢 白 百 魄

(사)
事 些 仕 似 使 史 司 唆 四 士
奢 寫 寺 射 巳 師 徙 思 捨 斜
斯 査 死 沙 瀉 獅 砂 社 祀 私
篩 紗 絲 肆 舍 蛇 詞 詐 謝 赦
辭 邪 飼 麝

(삭)
削 朔

(산)
傘 山 散 珊 産 算 酸

(살)
撒 殺 煞

(삼)
三 森 滲 蔘

(삽)
揷 澁 鍤 霎

(상)
上 傷 像 償 商 喪 嘗 尙 常 想
桑 爽 床 狀 相 祥 箱 裳 詳 象
賞 霜

(서)
婿 嶼 序 庶 徐 恕 抒 叙 暑 曙
書 棲 瑞 緖 署 舒 西 誓 逝 黍
鼠

(석)
夕 席 惜 晳 析 潟 石 釋 錫

(선)
仙 先 善 宣 扇 旋 煽 線 繕 腺
膳 船 選 銑 鮮

(설)
屑 泄 渫 舌 薛 設 說 雪

(섬)
殲 纖 閃 攝

(섭)
涉

(성)
城 姓 性 成 星 盛 省 聖 聲
誠 醒

(소)
召 塑 小 少 巢 所 掃 沼 消 溯
燒 疏 疎 笑 簫 素 紹 蔬 蕭 蘇
訴 逍 騷

(속)
俗 屬 束 粟 續 贖 速

(손)
孫 損 遜

(솔)
率

(송)
宋 悚 松 訟 誦 送 頌

(수)
修 受 囚 垂 壽 嫂 守 帥 愁 戍
手 授 搜 收 數 樹 殊 水 狩 獸
瘦 睡 秀 粹 繡 羞 蒐 袖 竪 輸
遂 酬 銹 隨 需 須 首 髓 鬚

(숙)
叔 塾 夙 宿 淑 熟 肅

(순)
巡 循 旬 殉 淳 盾 瞬 筍 純 脣
荀 醇 順 馴

(술)
術 述

(숭)
崇

(슬)
瑟 膝

(습)
拾 濕 習 褶 襲

(승)
乘 僧 勝 承 昇 繩

(시)
匙 始 媤 屍 市 施 是 時 柴 柿
猜 矢 示 視 試 詩

(식)
式 息 植 殖 熄 識 食 飾 蝕

(신)
伸 信 呻 娠 愼 新 申 神 紳 腎
臣 薪 蜃 訊 身 辛 迅

(실)
失 室 實

(심)
審 尋 心 深 瀋 甚

(십)
十

(색)
嗇 塞 索 色

(생)
牲 生 甥

(세)
世 勢 歲 洗 稅 細 貰

(쇠)
衰

(쇄)
刷 碎 鎖

(쌍)
雙

(쏘)
讐

(씨)
氏

(아)
亞 兒 啞 我 牙 芽 訝 阿 雅 餓

(악)
岳 惡 愕 握 顎 鰐 齷

(안)
安 岸 按 案 眼 鞍 顔

(알)
斡 軋

(암)
岩 暗 癌 闇

(압)
壓 押 鴨

(앙)
仰 央 快 昂 殃 秧 鴦

(야)
也 倻 冶 夜 惹 揶 椰 爺 耶 野

(약)
弱 約 若 藥 躍 龠

(양)
壤 揚 楊 樣 洋 瘍 羊 襄 讓 釀
陽 養

(어)
圉 御 於 漁 瘀 禦 語 魚

(억)
億 憶 抑 臆

(언)
堰 焉 言 諺

(엄)
儼 嚴 掩

(업)
業

(여)
汝 余 如 與 輿 餘

(역)
亦 域 役 易 疫 繹 譯 逆 驛

(연)
延 宴 捐 撚 椽 沿 淵 演 然 煙
燕 燃 研 緣 臙 衍 軟 鉛 鳶

(열)
悅 熱 閱

(염)
厭 染 炎 焰 艶 髥 鹽

(엽)
葉

(영)
影 映 榮 永 泳 營 盈 英 詠 迎

(오)
五 伍 傲 午 吾 吳 嗚 奧 娛 寤
悟 懊 梧 汚 烏 誤

(옥)
屋 沃 獄 玉

(온)
溫 穩

(옹)
壅 擁 甕

(요)
僥 夭 妖 拗 搖 撓 擾 曜 窯 腰
要 謠 邀 饒

(욕)
慾 欲 浴 辱

(용)
傭 勇 容 庸 湧 溶 熔 用 茸 踊 鎔

(우)
于 偶 優 又 友 右 宇 寓 尤 愚
憂 牛 禹 紆 羽 迂 遇 郵 雨

(욱)
煜

(운)
云 殞 運 隕 雲 韻 鬱

(웅)
熊 雄

(유)
乳 儒 兪 唯 喩 宥 幼 幽 悠 惟
愉 揄 有 柚 柔 楡 油 游 由 癒
維 裕 誘 諭 諛 謬 蹂 踰 遊 遺
酉

(육)
毓 肉 育

(윤)
尹 潤 閏

(융)
融

(은)
恩 慇 殷 銀 隱

(을)
乙

(음)
吟 淫 陰 音 飮

(읍)
邑

(응)
凝 應 膺

(이)
二 以 伊 夷 姨 已 弛 相 異 移
而 耳 貳

(익)
益 翼

(인)
人 仁 印 咽 因 姻 引 忍 湮 認
靭 靷

(일)
一 壹 日 溢 逸

(임)
任 壬 姙 賃

(입)
入

(잉)
剩

(애)
哀 愛 曖 涯 碍 隘 靉

(액)
厄 液 額

(예)
曳 蘂 睿 藝 裔 詣 譽 銳 隸 預
(豫)

(외)
外 歪 猥

(위)
位 偉 僞 危 圍 委 威 尉 慰 渭
爲 緯 胃 萎 蔚 衛 謂 違 韋

(의)
依 倚 儀 宜 意 擬 椅 毅 疑 義
艤 衣 誼 議 醫

(와)
渦 瓦 臥 訛
(완)
婉 完 宛 玩 緩 腕 莞 豌 頑

(왈)
曰

(왕)
往 旺 汪 王

(왜)
倭 矮

(원)
元 原 員 園 圓 怨 寃 援 源 猿
遠 院 願 鴛

(월)
月 越

(왜)
倭 矮

(자)
仔 刺 姉 姿 子 字 恣 慈 滋 磁 紫
者 自 藉 諮 資 赭 趑 雌

(작)
作 昨 柞 灼 炸 芍 酌 雀

(잔)
孱 棧 殘 潺 盞

(잠)
暫 潛 蠶

(잡)
雜

(장)
丈 仗 匠 場 壯 奬 將 帳 張 掌 杖
檣 漿 牆 章 粧 腸 臟 莊 葬 薔 藏
裝 醬 長 障

(저)
低 咀 底 抵 沮 狙 箸 著 詛 貯
趄 躇 邸

(적)
寂 摘 敵 滴 炙 狄 的 積 笛 籍
績 賊 赤 迹 跡 蹟 適

(전)
傳 全 典 前 剪 塡 專 展 廛 戰
栓 殿 氈 澱 煎 田 甸 纏 轉 錢
電 顚 餞

(절)
切 截 折 竊 節 絶

(점)
占 店 漸 粘 點

(접)
接 摺 楱

(정)
丁 井 亭 偵 停 叮 呈 定 幀 庭
廷 征 情 挺 政 整 晶 正 淨 町
碇 程 穽 精 艇 訂 貞 鄭 釘 錠
靜 頂 鼎

(조)
兆 凋 助 嘲 弔 彫 措 操 早 曹
朝 條 槽 潮 照 燥 爪 祖 租 稠
笊 粗 組 繰 藻 調 趙 跳 躁 造
遭 阻 鳥

(절)
節 絶

(점)
占 店 漸 粘 點

(접)
接 摺 楱

(정)
丁 井 亭 偵 停 叮 呈 定 幀 庭
廷 征 情 挺 政 整 晶 正 淨 町
碇 程 穽 精 艇 訂 貞 鄭 釘 錠
靜 頂 鼎

(조)
兆 凋 助 嘲 弔 彫 措 操 早 曹
朝 條 槽 潮 照 燥 爪 祖 租 稠
笊 粗 組 繰 藻 調 趙 跳 躁 造
遭 阻 鳥

(족)
族 足

(존)
存 尊

(졸)
卒 拙 猝

(종)
宗 從 種 終 綜 縱 腫 蹤 鐘

(주)
主 住 做 呪 周 奏 宙 州 廚 晝
朱 柱 株 注 洲 珠 疇 紬 舟 註
誅 走 躊 週 酒 鑄 駐

(죽)
竹 粥

(준)
俊 峻 浚 準 准 竣 蠢 遵 駿

(중)
中 仲 衆 重

(즉)
卽

(즐)
櫛

(즙)
汁

(증)
增 憎 曾 症 蒸 證 贈

(지)
之 只 咫 地 址 志 持 指 摯 支
旨 智 枝 止 池 知 祉 紙 肢 脂
至 芝 誌 遲

(직)
直 稷 織 職

(진)
塵 振 晉 津 珍 疹 盡 眞 診 辰
進 鎭 陣 陳 震

(질)
佚 叱 姪 嫉 帙 桎 疾 秩 窒 質
跌

(집)
什 執 輯 集

(징)
徵 懲
(재)
再 哉 在 宰 才 材 栽 滓 災 裁
財 載 齋 爭

(쟁)
琤 箏 錚

(제)
制 劑 堤 帝 弟 提 梯 濟 祭 第
製 諸 除 際 題 齊

(죄)
罪

(좌)
佐 坐 左 座 挫

(차)
且 借 叉 岔 差 次 此 車 遮

(착)
捉 搾 窄 着 錯 鑿 齪

(찬)
燦 簒 纂 讚 贊 鑽 餐 饌

(찰)
刹 察 擦 札

(참)
僭 參 塹 嶄 慘 憯 懺 斬 站 讒

(창)
倉 創 唱 廠 彰 昌 暢 槍 滄 猖
瘡 窓 脹 艙 菖 蒼

(처)
妻 悽 處

(척)
尺 戚 拓 擲 斥 滌 瘠 脊 陟 隻

(천)
仟 千 天 川 泉 淺 穿 薦 賤 踐
遷 闡

(철)
哲 徹 撤 綴 轍 鐵

(첨)
尖 添 籤 諂

(첩)
妾 帖 捷 牒 疊 諜 貼

(찬)
鑽 餐 饌

(찰)
刹 察 擦 札

(참)
僭 參 塹 嶄 慘 慙 懺 斬 站 讒

(창)
倉 創 唱 廠 彰 昌 暢 槍 滄 猖
瘡 窓 脹 艙 菖 蒼

(처)
妻 悽 處

(척)
尺 戚 拓 擲 斥 滌 瘠 脊 陟 隻

(천)
仟 千 天 川 泉 淺 穿 薦 賤 踐
遷 闡

(철)
哲 徹 撤 綴 轍 鐵

(첨)
尖 添 籤 諂

(첩)
妾 帖 捷 牒 疊 諜 貼

(청)
廳 晴 淸 聽 請 靑

(초)
初 哨 憔 抄 招 梢 楚 焦 硝 礁
礎 秒 肖 草 蕉 超 醋 隹

(촉)
促 嗾 囑 燭 觸 鏃

(촌)
寸 村

(총)
叢 寵 忽 總 聰 葱 銃

(추)
墜 抽 推 椎 樞 秋 趨 追 酋 醜
錐 錘 鎚

(축)
畜 祝 築 縮 蓄 蹴 軸 逐

(춘)
春

(출)
出 黜

(충)
充 忠 虫 衝 衷

(측)
側 惻 測

(층)
層

(치)
侈 値 峙 幟 恥 治 熾 痴 癡 稚
緻 置 致 馳 齒

(칙)
則

(친)
親

(칠)
七 柒 漆

(침)
侵 寢 枕 沈 浸 針 鍼

(칩)
蟄

(칭)
稱

(채)
債 彩 採 菜 蔡 采

(책)
冊 策 責

(체)
替 滯 締 逮 遞 體

(최)
催 崔 最

(취)
取 吹 就 炊 翠 聚 脆 膵 臭 萃
趣 醉

(찰)
撮

(췌)
悴

(쾌)
快

(타)
他 唾 墮 妥 惰 打 橢 舵 駝

(탁)
卓 托 擢 濁 濯 琢 託

(탄)
呑 坦 彈 憚 歎 灘 炭 綻 誕

(탈)
奪 脫 頉

(탐)
探 眈 貪

(탑)
塔

(탕)
宕 湯 盪 蕩 踢

(터)
攄

(토)
吐 土 討

(통)
桶 痛 筒 箭 統 通

(투)
套 妬 投 透 鬪

(특)
特

(태)
兌 台 太 怠 態 殆 汰 泰 胎 颱 馱

(택)
宅 擇 澤

(탱)
撐

(퇴)
堆 槌 腿 退 頹

(파)
坡 婆 巴 把 播 波 派 爬 琶 破
罷 芭 頗

(판)
判 板 版 辦 瓣 販 坂

(팔)
八 捌

(팡)
愎

(편)
便 偏 扁 片 篇 編 遍 鞭

(평)
坪 平 萍 評

(포)
包 匍 咆 哺 圃 布 怖 抱 抛 捕 暴
泡 浦 疱 砲 胞 脯 葡 蒲 舖 飽

(폭)
幅 曝 瀑 爆

(표)
剽 慓 標 漂 票 表 豹 飄

(품)
品 稟

(풍)
楓 諷 豊 風

(피)
彼 披 疲 皮 被 避

(필)
匹 必 畢 疋 筆

(핍)
乏 逼

(패)
佩 悖 敗 牌 狽 貝 霸

(팽)
澎 膨

(폐)
幣 廢 弊 斃 肺 蔽 閉

(하)
下 何 夏 河 荷 蝦 賀 霞

(학)
壑 學 瘧 虐 謔 鶴

(한)
寒 恨 旱 汗 漢 罕 翰 閒 限 韓

(할)
割 轄

(함)
函 含 咸 喊 緘 艦 銜 陷 鹹

(합)
合 盒 蛤

(함)
陜

(항)
亢 巷 恒 抗 港 缸 航 項

(향)
享 向 嚮 鄉 響 香

(허)
噓 墟 虛 許

(헌)
憲 獻

(헐)
歇

(험)
險 驗

(혁)
嚇 赫 革

(현)
峴 弦 懸 現 玄 眩 絃 絢 縣 舷 衒 賢 鉉 顯

(혈)
穴 血 頁

(혐)
嫌

(협)
俠 協 峽 挾 狹 脅

(형)
亨 兄 刑 型 形 荊 螢 衡

(호)
乎 互 呼 壕 好 弧 戶 扈 毫 浩 湖 狐 琥 瑚 糊 胡 虎 號 護 豪

(혹)
惑 或 酷

(혼)
婚 昏 混 渾 魂

(홀)
忽 惚

(홍)
洪 紅 虹

(효)
哮 嚆 孝 效 爻 酵

(후)
候 厚 喉 嗅 後 朽 逅

(훈)
勳 暈 燻 薰 訓

(휴)
休 携

(흉)
兇 凶 洶 胸

(흑)
黑

(흔)
欣 痕

(흘)
吃 屹

(흠)
欠 欽

(흡)
吸 恰 洽

(흥)
興

(힐)
詰

(해)
偕 咳 奚 害 海 解 該 諧 邂 駭 骸

(핵)
劾 核

(행)
倖 幸 杏 行

(혜)
彗 惠 慧 醯

(회)
回 迴 徊 恢 悔 懷 會 灰 繪 膾 蛔

(획)
劃 獲

(횡)
橫

(휘)
彙 徽 揮 諱 輝 麾

(희)
喜 希 戱 熙 犧 稀

(화)
化 和 樺 火 畫 禍 禾 花 華 話
貨 靴

(확)
擴 攫 確 穫

(환)
丸 喚 幻 患 換 歡 煥 環 還

(활)
活 滑 猾 豁 闊

(황)
凰 徨 怳 恍 惶 慌 況 煌 皇 荒
遑 黃

(훼)
毀

천자문(千字文)

天地玄黃	宇宙洪荒	日月盈昃	辰宿列張	寒來暑往
秋收冬藏	閏餘成歲	律呂調陽	雲騰致雨	露結爲霜
金生麗水	玉出崑岡	劍號巨闕	珠稱夜光	果珍李柰
菜重芥薑	海鹹河淡	鱗潛羽翔	龍師火帝	鳥官人皇
始制文字	乃服衣裳	推位讓國	有虞陶唐	弔民伐罪
周發殷湯	坐朝問道	垂拱平章	愛育黎首	臣伏戎羌
遐邇壹體	率賓歸王	鳴鳳在樹	白駒食場	化被草木
賴及萬方	蓋此身髮	四大五常	恭惟鞠養	豈敢毀傷
女慕貞烈	男效才良	知過必改	得能莫忘	罔談彼短
靡恃己長	信使可覆	器欲難量	墨悲絲染	詩讚羔羊
景行維賢	克念作聖	德建名立	形端表正	空谷傳聲
虛堂習聽	禍因惡積	福緣善慶	尺璧非寶	寸陰是競
資父事君	曰嚴與敬	孝當竭力	忠則盡命	臨深履薄
夙興溫凊	似蘭斯馨	如松之盛	川流不息	淵澄取暎
容止若思	言辭安定	篤初誠美	愼終宜令	榮業所基
籍甚無竟	學優登仕	攝職從政	存以甘棠	去而益詠
樂殊貴賤	禮別尊卑	上和下睦	夫唱婦隨	外受傅訓
入奉母儀	諸姑伯叔	猶子比兒	孔懷兄弟	同氣連枝
交友投分	切磨箴規	仁慈隱惻	造次弗離	節義廉退
顚沛匪虧	性靜情逸	心動神疲	守眞志滿	逐物意移
堅持雅操	好爵自縻	都邑華夏	東西二京	背邙面洛
浮渭據涇	宮殿盤鬱	樓觀飛驚	圖寫禽獸	畫采仙靈
丙舍傍啓	甲帳對楹	肆筵設席	鼓瑟吹笙	陞階納陛
弁轉疑星	右通廣內	左達承明	旣集墳典	亦聚群英
杜稿鍾隸	漆書壁經	府羅將相	路夾槐卿	戶封八縣

家給千兵	高冠陪輦	驅轂振纓	世祿侈富	車駕肥輕
策功茂實	勒碑刻銘	磻溪伊尹	佐時阿衡	奄宅曲阜
微旦孰營	桓公匡合	濟弱扶傾	綺回漢惠	設感武丁
俊乂密勿	多士寔寧	晋楚更霸	趙魏困橫	假途滅虢
踐土會盟	何遵約法	韓弊煩刑	起翦頗牧	用軍最精
宣威沙漠	馳譽丹靑	九州禹跡	百郡秦幷	嶽宗恒岱
禪主云亭	雁門紫塞	鷄田赤城	昆池碣石	鉅野洞庭
曠遠綿邈	巖岫杳冥	治本於農	務玆稼穡	俶載南畝
我藝黍稷	稅熟貢新	勸賞黜陟	孟軻敦素	史魚秉直
庶幾中庸	勞謙謹勅	聆音察理	鑑貌辨色	貽厥嘉猷
勉其祗植	省躬譏誡	寵增抗極	殆辱近恥	林皐幸卽
兩疏見機	解組誰逼	索居閑處	沈默寂寥	求古尋論
散慮逍遙	欣奏累遣	感謝歡招	渠荷的歷	園莽抽條
枇杷晚翠	梧桐早凋	陳根委翳	落葉飄颻	遊鵾獨運
凌摩絳霄	耽讀翫市	寓目囊箱	易輶攸畏	屬耳垣牆
具膳飱飯	適口充腸	飽飫烹宰	饑厭糟糠	親戚故舊
老少異糧	妾御績紡	侍巾帷房	紈扇圓潔	銀燭煒煌
晝眠夕寐	藍筍象床	弦歌酒讌	接杯擧觴	矯手頓足
悅豫且康	嫡後嗣續	祭祀蒸嘗	稽顙再拜	悚懼恐惶
牋牒簡要	顧答審詳	骸垢想浴	執熱願凉	驢騾犢特
駭躍超驤	誅斬賊盜	捕獲叛亡	布射僚丸	嵇琴阮嘯
恬筆倫紙	鈞巧任釣	釋紛利俗	竝皆佳妙	毛施淑姿
工顰妍笑	年矢每催	曦暉朗耀	璇璣懸斡	晦魄環照
指薪修祐	永綏吉劭	矩步引領	俯仰廊廟	束帶矜莊
徘徊瞻眺	孤陋寡聞	愚蒙等誚	謂語助者	焉哉乎也

한중일 공용한자(808자)

■ – 한국
■ – 중국
■ – 일본

1	一	37	天	73	井
2	人	38	太	74	仁
3	十	39	日	75	犬
4	二	40	方	76	他
5	又	41	分	77	以
6	力	42	五	78	可
7	九	43	心	79	生
8	八	44	水	80	出
9	七	45	月	81	主
10	入	46	化	82	用
11	刀	47	比	83	去
12	上	48	公	84	民
13	大	49	內	85	本
14	子	50	今	86	外
15	小	51	手	87	加
16	下	52	六	88	四
17	工	53	反	89	正
18	三	54	少	90	由
19	口	55	文	91	平
20	己	56	夫	92	代
21	女	57	火	93	白
22	山	58	元	94	立
23	已	59	毛	95	打
24	及	60	王	96	北
25	才	61	友	97	世
26	千	62	支	98	必
27	土	63	片	99	目
28	士	64	木	100	市
29	久	65	引	101	布
30	亡	66	止	102	石
31	寸	67	父	103	母
32	川	68	尺	104	未
33	弓	69	午	105	半
34	夕	70	牛	106	示
35	不	71	戶 户 戸	107	古
36	中	72	氏	108	史

109	失	149	先	189	宇
110	功	150	名	190	寺
111	田	151	再	191	兆
112	皮	152	安	192	我
113	令	153	共	193	作
114	左	154	光	194	**見** 见
115	句	155	至	195	利
116	右	156	收	196	位
117	玉	157	交	197	走
118	冬	158	字	198	完
119	兄	159	米	199	**別** 别
120	永	160	色	200	形
121	末	161	式	201	決
122	巨	162	死	202	身
123	幼	163	早	203	改
124	甘	164	列	204	**車** 车
125	仙	165	江	205	快
126	申	166	衣	206	花
127	**冊** 册	167	存	207	住
128	在	168	忙	208	志
129	有	169	守	209	**每** 每
130	地	170	充	210	更
131	全	171	考	211	究
132	年	172	血	212	近
133	多	173	印	213	何
134	自	174	肉	214	步
135	好	175	危	215	技
136	行	176	曲	216	告
137	同	177	耳	217	兵
138	成	178	羊	218	言
139	如	179	休	219	低
140	老	180	伐	220	足
141	因	181	竹	221	角
142	向	182	吉	222	助
143	合	183	伏	223	防
144	各	184	刑	224	希
145	百	185	朱	225	村
146	西	186	仰	226	投
147	回	187	舌	227	弟
148	次	188	宅	228	良

229	初	269	物	309	免		
230	均	270	知	310	承		
231	男	271	表	311	依		
232	判	272	者	312	波		
233	冷	273	**兒** 儿 児	313	居		
234	材	274	命	314	呼		
235	君	275	性	315	妹		
236	困	276	果	316	味		
237	否	277	**門** 门	317	松		
238	迎	278	**東** 东	318	季		
239	吹	279	放	319	枝		
240	私	280	官	320	宗		
241	忘	281	**爭** 争 争	321	招		
242	序	282	取	322	店		
243	**佛** 仏	283	育	323	幸		
244	辛	284	直	324	妻		
245	尾	285	治	325	抱		
246	妙	286	金	326	虎		
247	**壯** 壮 壮	287	受	327	卷		
248	**貝** 贝	288	非	328	姓		
249	忍	289	油	329	典		
250	豆	290	林	330	彼		
251	秀	291	空	331	奉		
252	臣	292	往	332	**舍** 舍		
253	赤	293	易	333	忠		
254	扶	294	京	334	宙		
255	孝	295	服	335	泣		
256	**姊** 姉	296	河	336	昔		
257	的	297	若	337	卒		
258	**來** 来 来	298	注	338	是		
259	和	299	英	339	要		
260	到	300	苦	340	活		
261	事	301	始	341	面		
262	所	302	念	342	**後** 后		
263	**長** 长	303	武	343	看		
264	法	304	例	344	前		
265	定	305	雨	345	政		
266	**兩** 两 両	306	固	346	度		
267	明	307	夜	347	重		
268	使	308	**協** 协	348	相		

349	便	389	室	429	**記** 记		
350	**軍** 军	390	香	430	根		
351	建	391	退	431	料		
352	革	392	祖	432	**連** 连		
353	美	393	威	433	**師** 师		
354	南	394	洗	434	校		
355	**計** 计	395	昨	435	席		
356	界	396	拜	436	病		
357	海	397	秋	437	笑		
358	思	398	厚	438	除		
359	品	399	追	439	速		
360	指	400	皆	440	害		
361	科	401	勇	441	消		
362	保	402	恨	442	破		
363	**則** 则	403	皇	443	容		
364	信	404	怒	444	修		
365	省	405	俗	445	效		
366	**風** 风	406	祝	446	留		
367	持	407	拾	447	致		
368	**約** 约	408	泉	448	**財** 财		
369	神	409	柔	449	旅		
370	**飛** 飞	410	哀	450	益		
371	食	411	怨	451	素		
372	首	412	逆	452	恩		
373	故	413	**個** 个	453	酒		
374	草	414	**時** 时	454	降		
375	送	415	能	455	案		
376	音	416	家	456	**紙** 纸		
377	洋	417	起	457	借		
378	**紅** 红	418	高	458	**殺** 杀		
379	城	419	**氣** 气 気	459	射		
380	客	420	原	460	**針** 针		
381	屋	421	展	461	烈		
382	律	422	通	462	**訓** 训		
383	施	423	**華** 华	463	夏		
384	急	424	特	464	骨		
385	星	425	**書** 书	465	**孫** 孙		
386	待	426	**馬** 马	466	庭		
387	春	427	造	467	**島** 岛		
388	限	428	流	468	弱		

469	徒	509	參	549	雪	
470	浪	510	婚	550	**淨** 净 浄	
471	**純** 纯	511	球	551	**淺** 浅 浅	
472	乘	512	**細** 细	552	**虛** 虚 虚	
473	耕	513	推	553	惜	
474	悟	514	族	554	授	
475	泰	515	船	555	患	
476	浮	516	**魚** 鱼	556	宿	
477	胸	517	**婦** 妇	557	涼	
478	栽	518	**黃** 黄 黄	558	**晝** 昼 昼	
479	勉	519	**視** 视	559	崇	
480	眠	520	**賣** 责	560	祭	
481	浴	521	密	561	就	
482	**國** 国 国	522	**貨** 货	562	道	
483	得	523	救	563	**發** 发 発	
484	**動** 动	524	**終** 终	564	**過** 过	
485	都	525	停	565	等	
486	**進** 进	526	章	566	**無** 无	
487	著	527	**頂** 顶	567	然	
488	部	528	**假** 仮	568	**間** 间	
489	**問** 问	529	**訪** 访	569	量	
490	**從** 从 従	530	野	570	最	
491	**現** 现	531	**麥** 麦 麦	571	**結** 结	
492	著	532	唱	572	**給** 给	
493	理	533	菜	573	期	
494	第	534	堂	574	**萬** 万 万	
495	**將** 将 将	535	移	575	**報** 报	
496	情	536	**異** 异	576	**運** 运	
497	常	537	脫	577	**極** 极	
498	接	538	**執** 执	578	**統** 统	
499	**設** 设	539	**貧** 贫	579	**勞** 劳 労	
500	**許** 许	540	**敗** 败	580	**場** 场	
501	**務** 务	541	混	581	**達** 达	
502	基	542	探	582	**單** 单 単	
503	深	543	盛	583	**須** 须	
504	**處** 处 処	544	**鳥** 鸟	584	**備** 备	
505	眼	545	**陸** 陆	585	集	
506	望	546	**陰** 阴	586	**勝** 胜	
507	商	547	欲	587	**遊** 游	
508	**習** 习	548	**閉** 闭	588	喜	

589	落	629	喪 丧	669	聖 圣		
590	黑	630	閑 闲	670	暖		
591	**買 买**	631	惠	671	**誠 诚**		
592	**堅 坚**	632	晴	672	愁		
593	**陽 阳**	633	暑	673	慈		
594	富	634	**貯 贮**	674	**說 说**		
595	答	635	**會 会 会**	675	**對 对 对**		
596	**揚 扬**	636	**經 经 経**	676	**種 种**		
597	**葉 叶**	637	新	677	**實 实 実**		
598	朝	638	**電 电**	678	**領 领**		
599	**雲 云**	639	**業 业**	679	**認 认**		
600	敢	640	**當 当 当**	680	**圖 图 図**		
601	**圓 圆 円**	641	**義 义**	681	算		
602	**畫 画 画**	642	意	682	**廣 广 广**		
603	**減 减**	643	想	683	精		
604	短	644	**話 话**	684	**銀 银**		
605	**飯 饭**	645	**與 与 与**	685	**盡 尽 尽**		
606	善	646	路	686	**輕 轻 軽**		
607	童	647	**農 农**	687	**適 适**		
608	散	648	解	688	端		
609	**惡 恶 悪**	649	**愛 爱**	689	**聞 闻**		
610	**貴 贵**	650	**號 号 号**	690	**語 语**		
611	植	651	**節 节**	691	察		
612	登	652	**傳 传 伝**	692	**練 练**		
613	敬	653	**勢 势**	693	**誤 误**		
614	景	654	**遠 远**	694	歌		
615	**偉 伟**	655	感	695	**綠 绿 緑**		
616	遇	656	溫	696	**榮 荣 栄**		
617	**順 顺**	657	**試 试**	697	**穀 谷**		
618	**筆 笔**	658	**滿 满 満**	698	**鳴 鸣**		
619	街	659	**歲 岁**	699	鼻		
620	湖	660	**煙 烟**	700	**漁 渔**		
621	雄	661	**傷 伤**	701	**壽 寿 寿**		
622	稅	662	福	702	暮		
623	寒	663	**漢 汉**	703	**論 论**		
624	尊	664	罪	704	**數 数 数**		
625	番	665	暗	705	**線 线**		
626	勤	666	**園 园**	706	**質 质**		
627	**賀 贺**	667	**詩 诗**	707	**熱 热**		
628	悲	668	禁	708	**增 增**		

709	調 调	749	謝 谢	789	研 研 研
710	請 请	750	關 关 関	790	飲 飲 飲
711	德 德	751	題 题	791	絶 絶
712	談 谈	752	難 难	792	製 製
713	選 选	753	醫 医 医	793	衆 衆
714	價 价 価	754	藝 艺 芸	794	眞 眞 真
715	養 养	755	歸 归 帰	795	窓 窓
716	樂 乐 楽	756	蟲 虫 虫	796	採 採
717	敵 敌	757	藥 药 藥	797	淸
718	誰 谁	758	禮 礼 礼	798	靑
719	賣 卖 売	759	豐 丰 豊	799	韓 韓
720	諸 诸	760	識 识	800	鄕 鄉 郷
721	課 课	761	證 证 証	801	賢 賢
722	億 亿	762	願 愿	802	央
723	舞	763	勸 劝 勧	803	區 區 区
724	齒 齿	764	議 议	804	局
725	慶 庆	765	嚴 严 厳	805	茶
726	暴	766	鐘 钟	806	團 團 団
727	潔 洁	767	競 竞	807	寫 寫 写
728	遺 遗	768	權 权 権	808	點 點 点
729	賞 赏	769	鐵 铁 鉄
730	憂 忧	770	續 续 続
731	學 学 学	771	歡 欢 歓
732	頭 头	772	露
733	戰 战 戦	773	聽 听 聴
734	親 亲	774	讀 读 読
735	樹 树	775	驚 惊
736	錢 钱 銭	776	體 体 体
737	興 兴	777	變 变 変
738	餘 余 余	778	觀 观 観
739	獨 独 独	779	讓 让 譲
740	橋 桥	780	強 強 強
741	燈 灯 灯	781	開 開
742	靜 静 静	782	擧 舉 挙
743	憶 忆	783	敎 教
744	應 应 応	784	里
745	聲 声 声	785	晩
746	講 讲	786	冰
747	舊 旧 旧	787	産 產
748	鮮 鲜	788	歷 歷 歷

색인

ㄱ

가차 19, 223, 223
간체자 79, 119, 120, 124, 125
간화자총표 119, 123
간화편방 119
갑골문 12, 13, 34, 35, 36, 37, 39, 40, 41, 42, 58
갑골편 41, 48
강희자전 27, 145, 146, 164, 167, 176, 180, 189, 197
거연한간 49
검자법 164, 179, 180, 181, 182, 184, 186
결승 17, 29, 30, 31
경휘 244, 245
고문자 58, 59
고사기 224
고수부 118
고야왕 163, 176
골각문자 85
관지 87
광운 26
광초 78, 103, 105, 106
교정갑골문편 84
구두 30, 218, 219
구성궁예천명 111
구성궁체 111
구양순 110, 111, 117
구체 111
국가어언문자공작위원회 188
국립국어연구원 228

국음상용자휘 200
국자 128, 129
국자고 130
귀갑수골문자 75, 84
금문 12, 24, 34, 35, 36, 39, 40, 58
금문자 77
금문편 87
금예 109
금인 67, 68
금초 78, 103, 104, 105, 106
급취장 191
급취편 190, 191
기휘 244
길금문 87

ㄴ

나죽풍 177
나진옥 83
난정서 115, 116, 117
남윤진 228
납서문자 221
납서족 44, 221, 222, 223, 224
노봉 115
논어 64, 68

ㄷ

다리우스 30
다보탑비안근례비 112
당란 13
당해 109
대문구도문 85
대전 76, 90, 91
대한한사전 27, 172, 177
대한화자전 27

도문 12, 13, 14, 39
독초 104, 105
동몽선습 194
동문통고 130
동발음 입력법 256
동파교 223
동파문자 44, 221, 222, 223, 224
동형이자 124
두도 103
두조 104

―ㄹ

류합 194, 195

―ㅁ

마가만도문 85
마왕퇴백서 101
마우스 입력법 255
매응조 163, 167
모공정 88
목간 42, 43, 46, 49, 50
목독 50
몽념 40
무하미 입력법 255

―ㅂ

반절 61, 62, 63
반직방 130
번체자 122
범유경 82
복사 84
복희씨 29
봉선 92
봉선제 92

부수 105, 145, 146, 150, 156, 161, 162,
        163, 164, 165, 166, 167, 168, 169,
        170, 177, 178, 180, 181
부수검자법 163
부절 31, 33
부호 18, 19, 32, 48
부호묘 48
북사 246

―ㅅ

사각호마법 178, 179, 183
사기 218, 246
사마천 218, 246
사유 104, 191
사체서세 98
사해 180
삭정 104
삼국지 237, 245
상난첩 114
상서 245
상서고실 191
상용국자표준자체표 189
서계 29, 31, 32, 33
서원고 177
서원청화 171
석고문 45, 91
설문해자 26, 36, 54, 55
성부 120, 123
소경방 247
소전 13, 35, 67
속훈찬편 161
송풍 118
송풍각시권 118
수서 245

수호지 238
순자 16
시시안족 30
신양초간 98, 99
신자전 128
신정백석 130
신찬자경 130
신청년 219
신화자전 165, 180
심경 117
심이전병 256

─ㅇ

아르브라 31
안씨가묘비 112
안진경 110, 111, 112
암각화 28
약자 132, 136
엄복 219
여불위과 94
여씨중문 256
여씨춘추 15
역대천자문 193, 194
연석 43
영문한고 219
예서 34, 35, 36, 58, 59, 67
오필자형 255, 256, 257, 258, 259
오필획검자법 179
옥편 26, 163, 176
와노나노고쿠오 67, 68
왕국유 90
왕의영 82, 83
왕희지 104, 105, 109, 110, 111, 112,
114, 115, 116, 117, 118

용감수감 163
용경 87
우세남 117
운몽수호지진간 99
운몽진간 99, 100
운자 186
원사 56
위항 98, 103
유덕승 113
유사추간 218
육무덕 84
육서략 136
육조해 109, 110
은철석 191, 192
은허문자 84
은허복사 85
은허서계 84, 85
은허정복문자 84
의례 55
이로쿼이 31
이사 91, 92
이십육년조판 93
이연 246
이오니아인 30
이작 191
이체자 26, 121, 122, 136, 137
이체자전 26
이효정 13
일감정기 247
임모본 117

─ㅈ

자근 256, 257
자종수 25

자형수 25
자휘 27, 145, 163, 164, 167, 180
장봉 115
장사필 42
장삼식 177
장옥서 176
장욱 105, 111
장제 103, 108
장지 104
장천 101
장초 78, 103, 104, 105
저수량 111, 117, 118
저초문 94
전문 30, 35, 36, 38, 56, 58
전서 34, 76, 77, 78, 90, 102, 112
전주 223
정마법 255, 259
정막 95, 96, 97
정무원문화교육위원회 119
정복문자 84
정서 106, 109
정자 34, 78, 136, 137
정초 136
정해 109
제교철차 177
제부스 31
조일 103
조자방법 223
종요 114
종정문 87
종진객 136
좌전 55
주례 54
주문 76, 90, 91

주영편 128
주음부호 184, 185
주음부호 입력법 255
주흥사 191, 192
죽간 42, 43, 46, 47, 49, 50
중문대사전 27, 172, 177
중첩 20
중화대자전 177
중화자해 27
증명입력법 255
증휘 244
지사 80, 223, 224
지영 117, 192
지영천자문 192
진각석 52
진대량조극 93
진대량조앙동량 93
진사 171
진서 109
진예 100
진정경 176
집자성교서 117
쯔놈 69, 70, 71

― ㅊ

차운왕희지서천자 192
창주 130
창힐 15, 16
창힐 입력법 255
창힐편 26
채륜 52
천자문 68, 190, 191, 192, 193, 194, 195
청동문 86
청장관전서 128

초백서 50, 51, 98, 99
초서 74, 78, 102, 103, 104, 105, 107, 108, 109, 113, 121
초예 102
초전 102
최남선 128
최세진 195
측천무후 135, 136

―ㅋ

퀴푸 30
퀴푸 카마요크 30

―ㅌ

태산각석 52, 92, 93, 94, 99

―ㅍ

파음자 199
파음자사전 200
편방 36, 76, 77, 85, 90, 93, 101, 102, 105, 131, 136
피휘 244, 245, 246, 247
피휘자 242, 243, 244, 247
필순 115, 165, 172, 173, 182
필형 173, 182
필획 58, 75, 78, 88, 93, 98, 101, 102, 108, 110, 111, 113, 114, 120, 122, 123, 124

―ㅎ

하와이안 31
한국국어교육연구회 188
한국국어교육학회 188
한국어문교육연구회 188
한국한문교육연구회 188
한비자 15, 54
한서 55
한어대사전 177, 180
한어대자전 25, 27
한어병음 입력법 257
한어병음자모 178
한예 101
한예자 59
한예자원 58
한자간화방안 122
한자교육진흥회 188
한호 193
합체자 142, 145
해서 35, 36, 107
해서체 109
해예 109
행균 163
행서 74, 78, 111, 113, 114, 115, 116, 117, 118
행신서 114
허신 76, 103
허획 115
헤로도투스 30
현대한어빈율사전 230
형성 12, 21
형태병음중문 입력법 255
호부 94
황산곡 118
황상 104
황제 15, 176, 240
회남자 54, 246
회소 105
회의 80, 121

회인 117
효공 93, 94
후마맹서 98, 99
후한서 246
훈몽자회 194, 195
훈찬편 161
희평각석 101

한자의 즐거움
ⓒ 2016 이규갑

2016년 5월 5일 초판 1쇄 인쇄
2016년 5월 10일 초판 1쇄 발행

지은이 이규갑
펴낸이 이건웅
편 집 권연주·신효정
디자인 이주현·이수진
마케팅 안우리

펴낸곳 차이나하우스
등 록 제303-2006-00026호
주 소 서울시 영등포구 영등포동 8가 56-2
전 화 02-2636-6271
팩 스 0505-300-6271
이메일 china@chinahousebook.com
ISBN 979-11-85882-22-2 03700

값: 16,800원

이 책은 저작권법에 따라 보호받는 저작물이므로 무단전재와 무단복제를 금지하며 이 책의 내용물 전부 또는 일부를 이용하려면 반드시 저작권자와 차이나하우스의 서면동의를 받아야 합니다. 잘못 만들어진책은 구입한 곳에서 바꿔드립니다.